突发事件应急指挥理论与方法

夏登友　朱毅　臧娜　辛晶　编著

化学工业出版社

·北京·

内容简介

　　《突发事件应急指挥理论与方法》主要内容包括：应急指挥的内涵、应急指挥体系构建、应急信息管理、应急指挥决策、应急行动组织、应急协调控制、应急指挥风险控制和应急指挥效能评估等。全书既有应急指挥理论方法方面的概括、探索和创新，又有对应急指挥实践的指导，具有很强的实践性和应用性。

　　本书适用于从事应急管理、应急救援、指挥决策等方面工作人员的学习和培训，也适合军队指挥学、资源与环境（应急救援）等研究生专业和消防指挥、抢险救援指挥与技术、核生化消防、应急管理、应急管理与技术等本科专业教学使用。

图书在版编目（CIP）数据

突发事件应急指挥理论与方法/夏登友等编著. —北京：化学工业出版社，2023.6（2024.9重印）

ISBN 978-7-122-43226-1

Ⅰ.①突…　Ⅱ.①夏…　Ⅲ.①突发事件-应急对策-研究-中国　Ⅳ.①D63

中国国家版本馆 CIP 数据核字〔2023〕第 057708 号

责任编辑：提　岩　张双进
文字编辑：邢苗苗
责任校对：宋　玮
装帧设计：王晓宇

出版发行：化学工业出版社
　　　　　（北京市东城区青年湖南街 13 号　邮政编码 100011）
印　　装：大厂聚鑫印刷有限责任公司
710mm×1000mm　1/16　印张 12³/₄　字数 221 千字
2024 年 9 月北京第 1 版第 3 次印刷

购书咨询：010-64518888
售后服务：010-64518899
网　　址：http://www.cip.com.cn

凡购买本书，如有缺损质量问题，本社销售中心负责调换。

定　　价：68.00 元　　　　　　版权所有　违者必究

突发事件应急指挥是应用军事学的基础理论，它是结合应急救援指挥特点、重点研究解决应急救援组织指挥的理论和实践问题的科学。它以突发事件的应急指挥活动为研究对象，深入地开展应急指挥基本规律、应急指挥体系构建、应急信息管理、应急指挥决策、应急行动组织、应急协调控制、应急指挥效能评估和应急指挥风险控制等方面内容的研究，为应急指挥人员和指挥机关提供理论指导，以提高应急指挥活动的效能。

本书主要包含以下几个方面内容。

（1）应急指挥的内涵。主要包括应急指挥的含义、特点、要素，以及应急指挥活动同其他组织领导活动的关系。研究应急指挥内涵是为了更深刻地理解应急指挥的特定含义，为探究应急指挥规律和应急指挥体系奠定基础。

（2）应急指挥体系构建。主要包括应急指挥机构的建立、应急指挥职权的划分和应急指挥运行机制等内容。研究应急指挥体系构建是为了在应急指挥现场建立一种指挥、控制与协调的有效方法，解决各应急力量之间协调配合、信息互联等问题，达到快速正确制定决策、最大限度提高应急指挥效率的目的。

（3）应急信息管理。主要包括突发事件现场信息收集、信息储存、信息处理和信息传递、发布、报送等内容。研究突发事件现场应急信息管理是为了及时、准确、全面地掌握与应急行动和应急指挥有关的各种情报信息，为应急指挥提供情报信息支持和保障。

（4）应急指挥决策。主要包括应急指挥决策的基本要素、原则、程序、方法，应急指挥决策方案的生成与调整以及应急指挥决策系统等内容。研究应急指挥决策是保证应急指挥者实施有效指挥的前提，是提高应急指挥效能的重要保证。

（5）应急行动组织。主要包括应急行动区域划分、组织协同动作、组织物资保障、应急行动组织方式和方法等内容。研究应急行动组织是使应急救援力量明确担负的任务及需要采取的措施，确保应急指挥活动有效落实。

（6）应急协调控制。主要包括督导行动、协调行动、调整行动等内容。研究应急协调控制是为了更好地调控应急救援行动，保障应急救援行动顺利进行。

（7）应急指挥风险控制。主要包括应急指挥风险的概念、应急指挥风险控制的基本途径和方法等内容。研究应急指挥风险控制是为了有效分析应急指挥过程中的不确定因素及风险点，有效控制和降低应急指挥风险，确保应急指挥高效安全实施。

（8）应急指挥效能评估。主要包括应急指挥效能构成要素分析、应急指挥效能评估指标体系的构建以及应急指挥效能评估的方法等内容。研究应急指挥效能评估是为了科学地规范应急指挥活动，提高应急指挥效率，完善应急指挥运作机制。

参与本书编著的人员有：夏登友教授（第一章），朱毅副教授（第二章、第四章、第八章），辛晶教授（第三章、第六章），臧娜副教授（第五章、第七章）。

本书在编撰过程中得到中国人民警察大学有关业务部门的指导，中国人民警察大学救援指挥学院、涉外安保学院有关领导和专家也给予了大力支持和帮助。在此，谨向所有帮助过我们的领导、专家和同行表示衷心的感谢。

由于作者水平所限，书中不足之处在所难免，敬请广大读者批评指正，以臻完善。

编著者
2023 年 1 月

目录

第三章　应急信息管理 …………………………………………………… 053

第四章　应急指挥决策 …………………………………………………… 075

第一章

绪　论

突发事件应急指挥是应用军事学的基础理论，它是结合应急救援指挥特点、重点研究解决应急救援组织指挥的理论和实践问题的科学。它以突发事件的应急指挥活动为研究对象，深入地开展应急指挥基本规律、应急指挥体系构建、应急信息管理、应急指挥决策、应急行动组织、应急协调控制、应急指挥效能评估和应急指挥风险控制等方面内容的研究，为应急指挥人员和指挥机关提供理论指导，以提高应急指挥活动的效能。

第一节　突发事件概述

一、突发事件的含义

突发事件是指在事先没有通知、预兆的情况下，突然发生的、有一定的破坏力和影响力的事件。突发事件本身具有不确定性，可广义地理解为突然发生的事件。针对突发事件，不同的部门、不同的学者从不同的角度提出了不同的概念和称呼，如美国将其称为"紧急事件"，英国则称为"重大事件"。我国国务院颁布的《国家突发公共事件总体应急预案》中，强调事件的突发性及其对公共安全的危害性，将其称为"突发公共事件"，2007年颁布的《中华人民共和国突发事件应对法》将其统称为突发事件。本书采用《中华人民共和国突发事件应对法》的界定，即突发事件是指突然发生，造成或者可能造成严重社会危害，需要采取应急处置措施予以应对的自然灾害、事故灾难、公共卫生事件和社会安全事件。

突发事件按照其性质、严重程度、可控性和影响范围等因素，分为以下四级：

Ⅰ级（特别重大）、Ⅱ级（重大）、Ⅲ级（较大）、Ⅳ级（一般），社会安全事件不分级。无论何种性质和规模的突发事件，都会不同程度地破坏正常的工作秩序或给国家以及个人的人身和财产带来一定的损失。

二、突发事件的特征

科学分析突发事件的特征，是全面了解突发事件的种类、演变形式以及进行事件情景表示、分析演化路径和构建事件情景网络的依据和基础。由于各类突发事件的爆发形式、破坏程度及影响范围不同，导致不同的突发事件有其各自专属的特征，但纵观各类突发事件，除了具有一些自身事件性质的特征外，也存在和其他突发事件共性的特征。

1. 突发性

突发事件最为显著的特点就是其具有"突发性"，一般情况下都是在毫无征兆或者无明显征兆、人们没有任何准备的情况下突然爆发的，事件的发生具有很强的随机性和不确定性。突发事件发生前的征兆不明显，不易被提前察觉，事件发生的时间、地点无法提前预知。当突发事件发生后，在短时间内事件后果的严重程度也具有一定的不可预料性，以至于有时候事故处理的决策者会存在误判情况。加之此类事件的发生与发展都充满了不确定性，事件始终处于急速变化之中，都会给突发事件的发展情况的预估和判断带来难度，导致事态后果严重超过预期。

既然突然发生，那么处置起来也有紧迫性，事件的演变非常迅速，处置事件的机会稍纵即逝，不抓住就过去了。事件发生后的前 2h 是应对的关键时期，在这 2h 内抓住机会，就可能转危为安，否则后果可能会非常严重。比如化学品泄漏、爆炸等事故发生后可能已造成人员伤亡和财产损失，如不能立即采取紧急救助，人员伤亡和财产损失情况将会不断扩大。比如，美国的"9·11"事件发生得非常突然，人们根本无法预料。再如 1987 年英国伦敦的皇家十字勋章地铁站的火灾，从第一个火苗出现到形成火灾仅有 10min 的时间，这次火灾共造成 31 人死亡，20 人重伤。由于发生时间、地点、环境等因素不同，应急指挥者必须针对具体事件进行具体分析和应对，由此加大了应急处置的难度。

2. 危害性

当突发事件爆发后，往往破坏性很强，人力一般无法改变其发展、演化趋势，只有待事件自身能量减弱到一定程度，才会被各类应急救援活动所控制。首先是人员的伤亡，重则人员伤亡惨重，如我国 1976 年唐山大地震死亡 24 万人，印度洋海啸死亡 30 万人；其次是财产的损失，像美国的"9·11"事件，纽约世贸大厦被炸，这个事件造成的损失是 2000 亿美元，新奥尔良的飓风损失是 1500 亿美元，印度洋海啸损失是 40 亿美元，都是非常惊人的。

同时，损失还具有社会性，也就是关联性，对一个系统的基本价值和行为准则框架产生严重威胁，其影响和涉及的主体具有社会性。1998 年我国长江流域和嫩江、松花江流域发生了历史上罕见的特大洪水，直接经济损失达 2000 多亿元（约占 GDP 的 2%）；与此同时，还对灾区的各种基础设施（如水利设施、公路交通设施、电网与通信设施、文教卫生设施等）造成了严重破坏，给灾区的工农业生产和群众生活带来极大影响（1380 万人失去住所，1700 多万间房屋倒塌、损坏，2150 多万公顷农田被淹，仅江西和湖北两省就有 23530 家企业受灾，其中 12846 家企业停产）。再如 1971 年意大利的塞维索发生的化学危险品不慎泄漏对周围的农场和社区造成长期污染，使该地区面临着居民迁移和重建的压力。

3. 衍生性和扩散性

一些突发事件尤其是自然灾害、事故灾难等发生之后，有可能衍生出一系列其他灾害事故，这些灾害事故泛称为衍生灾害事故。衍生性就是指由原生突发事件的发生而导致其他类型突发事件的发生。通常有两种情况：一种情况是衍生突发事件的危害程度、影响范围低于原生突发事件，社会的主要力量和精力集中于原生突发事件的处置，应急活动的主要对象不会发生改变；另一种情况是衍生突发事件的危害程度、影响范围高于原生突发事件，从本质上讲，问题的主要矛盾已发生了转移，应急活动的主要对象已产生了变化，需要重新调整社会力量和精力，解决面临的主要问题。对于第二种情况只有少数情况是难以避免的，多数情况是由于处置时对问题考虑不周和控制失误所导致。

当然，突发事件的过程往往是很复杂的，有时候一种突发事件可由几种灾因引起，或者一种灾因会同时引起好几种不同的灾害。这时，突发事件类型的确定就要根据起主导作用的灾因和其主要表现形式而定。

突发事件的后果不仅是严重的，而且是连锁、广泛的。随着社会的进步和现代交通与通信技术的发展，地区、地域和全球一体化的进程在不断加快，相互之间的依赖性更为突出，使得突发事件造成的影响不再仅仅局限于发生地，还会通过内在联系引发跨地区的扩散和传播，波及其他地域，造成更为广泛的影响。而且有些突发事件本身带有一定的国际性色彩，其产生的背后具有某些国际势力的支持，自然会出现联动效应，比如恐怖事件、社会骚乱，这些都会给突发事件的应对带来更大的难度。比如美国"9·11"事件引发了美国外交战略的重大变化，将反恐和反大规模杀伤性武器扩散作为美国对外政策的两大战略目标。阿富汗战争、伊拉克战争以及美国与伊朗、叙利亚等其他中东国家关系紧张并波及欧洲、中亚、南亚、东南亚以外地区，战争和冲突中造成数以万计的军人和平民死伤，财产损失和环境破坏之大更是难以计量。在事态的演变过程中，如果受到了外部因素的干扰或者相关因素的刺激，很可能会造成事态的立即升级，极易超出可控制的范围，造成很严重的社会影响。

4. 多样性

突发事件的多样性是指突发事件可能发生在不同的地区，不同的单位，它的表现又是各种各样，所以突发事件没有重复的，每一个突发事件都不重复，就是第一次第二次发生也没有重复的，时间不会重复，地点也不会重复。每一个事件都有它自身特点，有时候可能无法照章办事，或许准备了一百个预案，但是事件最后的演变恰恰是这一百个预案之外，超出事先想象，对突发事件的准备是必要的，制定的预案需要很多。因此，对于应急救援部门来说，需要把突发事件看成一个多范畴的多样性的问题，结合区域内的多方面力量或跨区域力量进行应对，这样才能有效控制事件不朝着恶性方向发展。

5. 不确定性

突发事件发生后，在事件不断演变的过程中，往往会产生一系列次生突发事件和衍生突发事件，呈多种事件并存的状态，具有显著的多范畴性特征，即事件的发展具有不确定性。在突发事件发生后，由于通信网络系统、交通系统的中断等原因，对于突发事件的性质、级别、规模、对生命和财产造成的损失、持续的时间、救援物资的种类和数量等有关信息很难有一个准确的认识。事件越是紧急重大，就越难得到正确的信息，各种传言都会有，有时候还会以假乱真，所以事件的后果也具有不确定性。而这种高度不确定性，就是各种突发事件的一个非常明显的特征。比如2003年我国发生的SARS，到底一开始是细菌还是病毒？在潜伏期有没有传染性？在这些都不明确的情况下，要作出及时有效的应对，是非常困难的。

6. 决策的非程序化

应急管理是指政府及其他公共机构在突发公共事件的事前预防、事发应对、事中处置和善后管理过程中，通过建立必要的应急机制，采取一系列必要措施，保障公众生命财产安全，促进社会和谐健康发展的有关活动。

突发事件发生后，管理者必须在有限的信息、资源和时间条件下寻求"满意"的处理方案，而迅速地从正常情况转换到紧急状况的能力是危机管理的核心内容。因此，突发事件的发生具有很大的独特性、偶然性、随机性和不确定性，难以预测和预防。危机突然爆发，要求马上作出正确的、有效的应急反应，在时间的快速性上对应急组织提出了很高的要求，可以说是刻不容缓，一刻千金。因为危机突然释放的巨大能量通过传导机制，可能迅速蔓延，引起多米诺骨牌效应，导致更大危机，造成更大损失。突发事件发生之后往往变化极快，处置时机稍纵即逝，必须及时、果断、科学地采取紧急措施才能有效控制事态发展，防止事态迅速扩大，减少事件对人们生命财产和社会环境造成的威胁和损失。所以在处置突发事件过程中不能按部就班按照常规事件来对待，而需要"特事特办"，采用非常规措施进行处置。

7. 周期性

突发事件类型多种多样，但都具有基本相同的生存过程，都要经历潜伏期、爆发期、影响期和结束期四个阶段，这也就是突发事件的生命周期。潜伏期一般具有较长的时期，在此期间突发事件处于质变前的一个量的积累过程，待量积累至一定的程度后，便处于一触即发的状态，一旦"导火索"被引燃，就会立即爆发出来，给社会带来危害。爆发期是突发事件发生质变后的一个能量宣泄过程，此阶段一般持续时间比较短而猛烈。受导火索的触发，潜伏期逐步积累起来的能量通过一定的形式快速释放，产生巨大的破坏力，给整个社会带来不同程度的危害。影响期是在突发事件爆发之后，由此造成的灾难还在持续产生作用，破坏力还在延续的阶段。许多情况下，影响期与爆发期之间没有明显的界线划分，两者是交叉重叠的。突发事件的危害和影响得到控制之后进入结束期。这一时期按照不同的标准会有不同的结论。从管理的角度出发，可以以社会恢复正常运行状态为结束标志；从过程的角度出发，可以以危害和影响完全消除作为结束标志。

由以上七个特征可知，正是因为突发事件的不可预测、演变过程的不可控制以及事件后果的影响严重，使人们在应对过程中面临着极大的挑战。当灾难降临的时候，人们首先想到的是从政府那里得到支持和帮助，这就需要政府为应对突发事件采取积极的措施，为人民撑起保护伞，给人民一个避风港。同时，突发事件对应急管理部门的应急救援工作也提出了挑战，基于现有的应急预案或以往的经验教训很难对突发事件灾情演变过程进行全面的了解和准确的预测，必须探索新的、有效的方法动态认知此类突发事件的发生、发展及演变过程，才能做到当事件发生后，对事件当前状态进行针对性的响应，对下一时间段事件状态进行准确预测和及时防范。

三、突发事件的分类与分级

1. 突发事件的分类

突发事件根据其发生过程、性质和机理，可分为自然灾害、事故灾难、公共卫生事件、社会安全事件四大类，如图 1-1 所示。

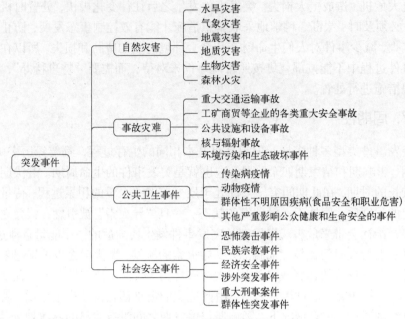

图 1-1　突发事件的分类

自然灾害主要包括：水旱灾害，如河堤决口、洪水、干旱等；气象灾害，如洪涝、冰雹、台风、极端天气等；地震、地质灾害，如地震、山体滑坡、泥石流等；生物灾害，如病虫害、植物入侵等；森林火灾，如森林大火、草原大火等。自然灾害的责任主体是应急部门和民政部门。

事故灾难主要包括：重大交通运输事故，如铁路事故、空难、海难、公路交通事故等；各类重大安全事故，如各类企业的安全生产事故；公共设施和设备事故，如水、电、油、气、热等事故；各类核与辐射事故，如核与放射源事故；环境污染和生态破坏事件，如赤潮、沙尘暴、水体污染等。事故灾难的责任主体是应急管理部门。

公共卫生事件主要是指严重影响公众健康和生命安全的事件，包括：传染病疫情，如 2003 年发生的 SARS，2005 年发生的禽流感；动物疫情，如猪链球菌事件；群体性不明原因的疾病（食品安全和职业危害），如安徽阜阳发生的因食用假奶粉而造成的"大头娃娃"事件，辽宁海城发生的学生集体中毒事件等以及其他严重影响公众健康和生命安全的事件。公共卫生事件的责任主体是卫生部门。

社会安全事件也包括很多不同的类型，主要包括：恐怖袭击事件，如"9·11"恐怖袭击事件等；民族宗教事件，如民族纠纷、宗教纠纷等；经济安全事件，如能源安全与粮食安全事件，投资、融资、集资等金融领域事件；涉外突发事件，如境外绑架、撤侨等；重大刑事案件；群体性突发事件，如大规模的群体冲突、上访等。社会安全事件的责任主体是公安部门。

2. 突发事件的分级

《中华人民共和国突发事件应对法》规定："按照社会危害程度、影响范围等因素，自然灾害、事故灾难、公共卫生事件分为特别重大、重大、较大和一般四级。"按照"既有效控制事态、又要应急管理措施适当"的原则，各类突发事件根据其性质、严重程度、可控性和影响范围等因素，一般分为以下四级：Ⅰ级（特别重大）、Ⅱ级（重大）、Ⅲ级（较大）和Ⅳ级（一般）。对突发事件进行分级，目的是落实应急指挥的责任和提高应急指挥的效能。

特别重大突发事件（Ⅰ级）是指突然发生、事态非常复杂，对区域公共安全、政治稳定和社会经济秩序造成严重危害或威胁，对生命财产安全和自然环境造成特别严重损害的事件。特别重大突发事件的认定标准是造成 30 人以上死亡（含失踪），或者 100 人以上重伤（中毒），或 1 亿元以上直接财产损失的事件（注："以上"包括本数，"以下"不包括本数）。

重大突发事件（Ⅱ级）是指突然发生、事态复杂，对一定范围内的安全、政治稳定和社会经济秩序造成严重危害或威胁，对生命财产安全和自然环境造成严重损害的事件。重大突发事件的认定标准是造成 10 人以上 30 人以下死亡（含失踪），或者 50 人以上 100 人以下重伤（中毒），或者 5000 万元以上 1 亿元以下直接财产损失的灾害事故。

较大突发事件（Ⅲ级）是指突然发生，事态较为复杂，对一定范围内的公共安全、政治稳定和社会经济秩序造成一定危害或威胁，对生命财产安全和自然环境造成较大损害的事件。较大突发事件的认定标准是造成 3 人以上 10 人以下死亡（含失踪），或者 10 人以上 50 人以下重伤（中毒），或者 1000 万元以上 5000万元以下直接财产损失的灾害事故。

一般突发事件（Ⅳ级）是指突然发生，事态比较简单，仅对较小范围内的安全、政治稳定和社会经济秩序造成严重危害或威胁，对生命财产安全和自然环境造成一般性损害的事件。一般突发事件的认定标准是造成 3 人以下死亡（含失踪），或者 10 人以下重伤（中毒），或者 1000 万元以下直接财产损失的灾害事故。

当然，分级是一个严谨而具体的工作，必须按照科学规律设定具体衡量标准。比如，在地震灾害中，按照死亡人数、直接经济损失程度、地震发生地区三个要素来划分；突发公共卫生事件按照疫情的性质、危害程度、涉及范围三个要素进行划分；突发群体性事件按照参与人数、伤亡人数和社会影响力来划分。这样，通过分类、分级，便于救援工作在不同层次上快速展开，减少突发事件带来的损失。

四、突发事件的演变机理

1. 演变机理内涵

如果从单一词义角度来理解演变,演变一般指历时较久的发展变化,与演化具有一定的区别,演化指的是事物的孕育、发生、成长、完善、转化、衰老、消亡等,是事物任何可能的变化。一般演化是量变的一个过程,演变是质变的一个过程,演化到一定的时间程度就达到了演变。演变重在变的过程,演化重在结果。我们要重点关注突发事件领域,事件各个要素的状态的变化规律和模式。突发事件演变是特定事件随着时间和空间的演变,其自身状态发生改变的过程。突发事件演变过程可以从系统角度来理解,是由事件主体行为、事件舆情信息、事件事理在时间和空间作用下所组成的相互联系、协同发展的事件系统,是事件存在和发展的一种系统性状态,这个系统由环境、主体、信息、演变、影响等不同要素构成,每个要素既相互独立也相互依存,共同构建起体量巨大、纷繁复杂的事件演变系统。一般来讲,每一个突发事件看似是一个独立的个体,但影响其演变发展的因素很多,不能就事件本身来研究突发事件的演变机理。突发事件演变是在事件发生节点上整个时间、空间及不同主体相互作用的较为复杂的过程,通常是由各种要素相互耦合叠加交织而形成,其背后往往遵循着一定的内在规律和运行原理。因此,突发事件演变机理内涵是指突发事件在演变过程中呈现出的特征、模式、规律等。通过对突发事件要素、要素间的逻辑关系以及事件的演变机理内涵的分析可知,突发事件演变机理是由事件演变过程中的各要素演变共同组成和揭示,主要包括突发事件主体、信息、事理逻辑三个维度的事件要素,如图1-2所示。

突发事件的机理可以按照事件起源的逻辑去分析,但是,不同类型的突发事件有各自不同的内在规律性,比如毒气泄漏,就要考虑到环境的因素和其独特性特征。如果是在公路上发生的这类事件,就要考虑车速、车流等对气体扩散的影响;如果发生在水面,就要考虑水流的方向、速度、下游具体情况等特点,以方便在最佳的时机采取最佳的应对策略和方案。除了环境因素,事件本身的内在规律性也会影响应对的方法,比如,在同一地点出现氯气泄漏和出现氰化物泄漏,其扩散和蔓延的特征就是不一样的,需要采取完全不同的处理措施。在机理的体系中,应该先确定原则性机理,然后再进行原理性机理的探索,通过优化的流程性机理进入实践分析的过程,最后考虑到现实的约束,才有具体的操作性机理,如图1-3所示。

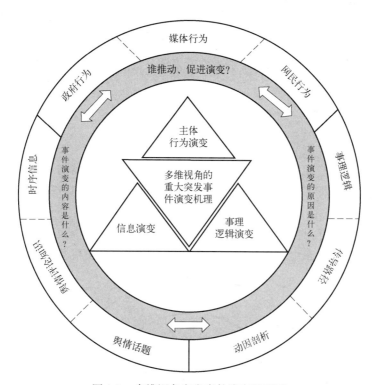

图 1-2　多维视角突发事件演变机理图

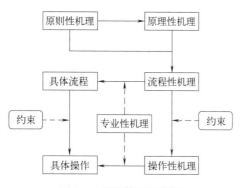

图 1-3　机理体系逻辑图

　　事件机理针对不同行业、专业、区域、领域具有多样性，各个不同行业的应急管理都有所不同，需要将具有代表性的行业的突发事件机理论述清楚，以方便该领域及相关领域的人使用。可以对突发事件给出以下的特征描述，如：突然性和信息的高度缺失，危害性及蔓延性，主体规律性和多范畴性。事实上，很难用几个特征说尽所有的突发事件，这几个仅仅是突发事件的一般性特征。应该从以下几个方面认识突发事件：自然特性和社会特性；内在规律性和外部表现特征；社会影响和经济损失；随机性和必然性。研究其发生的原因可快速找出突发事件发生的致灾源，研究事件演变的过程可为事件现场应急指挥者快速找出影响事件发展、演化的驱动要素，以便了解事件未来演变的可能路径，为制定合理的应急决策方案提供参考依据。

2. 发生机理

在突发事件发生前，如果许多具有相互关联的事件依次发生，就会导致突发事件的发生。这些相互关联的事件既包括人的方面，也包括物（环境）的方面，如图 1-4 所示。即当系统外部环境处于某种特定情况时，人的不安全行为和物（环境）的不安全状态在一定时间和空间发生碰撞，这种碰撞就会导致突发事件发生。其中人的不安全行为主要受人的心理活动、生理运动和周边环境等几个方面的影响；物的不安全状态主要包括工作的环境、工作的对象及机器的故障等。

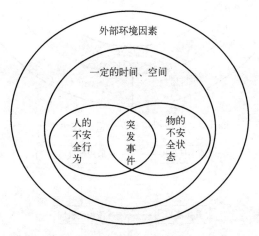

图 1-4　突发事件的致灾原理示意图

对突发事件的致灾原因进行细化可知，一起突发事件其实是由事件发生的本质原因、直接原因和间接原因三者在一定时间、一定空间下共同作用而产生的，如图 1-5 所示。其中突发事件发生的本质原因是由人、物和环境三者的共同缺陷构成。其中人的缺陷包括人的身体缺陷和人的意识缺陷，物的缺陷包括物的本身缺陷和物的状态缺陷，环境缺陷包括自然环境缺陷和社会环境缺陷。这六种缺陷互相影响、综合作用。突发事件发生的直接原因是由人、物和环境的不安全因素共同构成，它们也是互相影响、综合作用的。突发事件发生的间接原因是由日常管理不到位引起，主要是人员管理不到位、物的管理不到位和环境管理不到位，三者综合作用、互相影响。

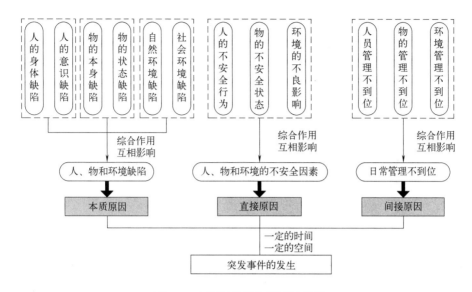

图 1-5 突发事件发生原因示意图

为了更加准确地分析突发事件的发生机理，可引入突变理论中的尖点突变模型。尖点突变的势函数如下：

$$f(x) = x^4 + ux^2 + vx \qquad (1\text{-}1)$$

式中，x 为状态变量；u、v 为控制变量。其中 $u=f_u(u_1, u_2, \cdots, u_n)$，$v=f_v(v_1, v_2, \cdots, v_n)$。该势函数组成了一个三维空间。平衡曲面 M 由对势函数求一阶导数确定，即 $f'(x) = 0$：

$$f'(x) = 4x^3 + 2ux + v = 0 \qquad (1\text{-}2)$$

对尖点突变的势函数 $f(x) = x^4 + ux^2 + ux$ 求二阶导数，计算奇点集方程，即 $f''(x) = 0$：

$$f''(x) = 12x^2 + 2u = 0 \qquad (1\text{-}3)$$

将式（1-2）和式（1-3）联立消去状态变量 x，得到分歧点集：

$$\Delta = 8u^3 + 27v^2 = 0 \qquad (1\text{-}4)$$

式（1-4）是平衡曲面的奇点集在 u-v 平面的投影。

由事件致灾原理可知，如果分别将人的不安全行为和物的不安全状态作为尖点突变模型的两个控制变量，其构建出来的模型具有简单、直观和容易构建等特点。

将尖点突变模型中控制变量 $u=f_u(u_1, u_2, \cdots, u_n)$ 表示为人的不安全行为，$v=f_v(v_1, v_2, \cdots, v_n)$ 表示为物的不安全状态；把系统的功能状态当作状态变量 x。当突发事件的系统处于尖点突变模型的上叶或下叶时，不会发生突变，此时可以对突发事件进行预警检测；当系统处于中叶边缘，为避免突发事件发生，需对人的不安全行为或物的不安全状态采取一定的措施，使得控制变量 u、v 的变化向平衡曲面的上叶或下叶发展；当系统处于中叶时，系统无论向哪个区域发展都会发生突变。此时，应急指挥者也须根据系统所处的实际情况决定救援力量是否采取相应措施使系统发生突变或保持中叶位置不变。当系统的外部环境允许系统发生突变，应急指挥者应果断使系统向平衡曲面的上叶或下叶发展；当系统的外部环境不允许系统发生突变，应急指挥者应采取有效的措施使系统保持在原区域防止系统发生突变。系统的外部环境是指突发事件现场的人员是否疏散、档案资料或精密仪器是否转移、风向等天气原因是否允许系统突变。图 1-6 为突发事件的尖点突变模型示意图。

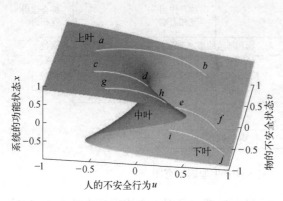

图 1-6　突发事件的尖点突变模型示意图

从图 1-6 中可以看出，当物的不安全状态和人的不安全行为同时处于恶化状态时，突发事件极易发生，事件规模的大小取决于二者的恶化程度。二者恶化程度越大，则事件规模越大。反之，当物的不安全状态处于良好状态，人的不安全行为急剧恶化时，往往不会有突发事件发生，但会造成系统的功能状态逐渐减退，有发生突发事件的可能，即曲线 ab 所描述的事件状态。而当物的不安全状态急剧恶化时，突发事件规模取决于物的不安全状态的恶化情况，恶化大，事件规模就大，即曲线 $ghij$ 所描述的事件状态；恶化小，事件规模就小，即曲线 $cdef$ 所描述的事件状态。

3. 发展机理

突发事件在发展、演变的过程中，明显的特点就是系统内部各致灾因素不断发生突变，随着时间的推移，造成新的、更为严重的次生突发事件和衍生突发事件发生，这些新的次生突发事件和衍生突发事件往往是破坏性更大、影响范围更广的突发事件。

突发事件的发展机理是研究突发事件在自身内部属性、人为外部控制以及系统外部环境等因素的相互作用下朝着不同方向演变的基础。利用机理方法论给出五个突发事件的具体发展机理，如图 1-7 所示。

（1）转化机理　是指突发事件在发展的过程中，在自身属性的影响下（内力演化），转化为新的、不同类别的且破坏力更强的突发事件。突发事件转化最重要的特点是源突发事件被新事件取代，即源突发事件 A 直接导致突发事件 B，当突发事件 B 发生后，源突发事件 A 消亡。例如，2013 年 3 月 29 日，吉林省八宝煤业公司发生的特别重大瓦斯爆炸事故，瓦斯爆炸的原因是封闭措施不到位，加之未按规定构筑防火门。爆炸发生时释放出来的巨大热量使公司周围温度迅速上升，与煤炭发生化学反应，这时瓦斯事故消失，出现了新的火灾。

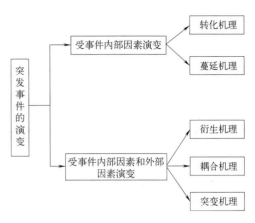

图 1-7　突发事件发展机理示意图

（2）蔓延机理　是相对转化机理而言的，是指一类突发事件的产生导致一系列其他的突发事件。此时，旧的突发事件不会消失，新、旧突发事件同时发生作用。即突发事件 A 导致 B、C、D 等其他突发事件的发生，但突发事件 A 不会很快消亡，而是会继续存在于事件中，持续一段时间后逐渐消失。例如，2008 年 5 月 12 日发生的汶川地震，地震发生的瞬间导致房屋倒塌、人员被困、山体滑坡等其他突发事件，但上述事件发生后，地震并未立刻消失，余震接连不断，给救援人员组织抢救带来严重威胁。

（3）衍生机理　是指突发事件发生的过程中，不仅受系统内部因素的影响，还受外部因素的影响。外部因素主要包括人的不合理措施，导致突发事件发生了质变。即源突发事件 A 消亡，内、外部因素共同诱发突发事件 B 的演化过程。如在 2008 年汶川地震中，救援人员在对被埋压的被困人员进行施救的过程中，由于人为的处置不当，导致建筑发生二次坍塌。

（4）耦合机理　同衍生机理一样，都是突发事件的内、外部因素共同作用下引起的演变，但耦合机理是源突发事件和次生事件之间相互影响、相互作用。即 A 事件诱发 B、C、D 等事件的同时，A 事件并没有消亡，而是它们彼此之间相互影响。例如，汶川地震发生后，造成山体土质松软，加之持续下雨，导致山体滑坡，形成了堰塞湖。

（5）突变机理　是指由于突发事件的内、外部因素相互作用，形成一种新的、破坏力更强的突发事件。突变机理与转化机理不同，它是由一个突发事件突然转变成另一个突发事件，这两起突发事件并非同时发生，具有明显的先后性。即 A 突发事件突变成为 B 突发事件。例如，2012 年天津蓟县的"6·30"莱德商厦火灾事件，火灾发生后，由于网络舆情控制不力，致使谣言四起，社会影响恶劣。该起事件是一起由火灾事件突变为舆情事件的典型案例。

第二节　应急指挥内涵

应急指挥作为一种特殊的实践活动,有其自身的本质属性和特征。正确认识和理解应急指挥的含义、要素、特点以及指挥过程等基本概念,对于准确把握应急指挥活动的本质具有十分重要的意义。

一、应急指挥的含义

指挥作为一个词语很早就在历史上出现过,在《荀子·富国》一篇中就有"拱揖指挥,而强暴之国莫不趋使"的记述。《辞海》的解释:指挥是源于我国元朝的一个官名,即在京城设五城兵马司,由指挥统领,下配副指挥,专职负责城区内坊巷的治安。后引申为法令调度,指的是一种调度行为或活动。

应急指挥,是应急指挥者(包括指挥员或指挥机关)为达成一定的目的,对所属力量进行的特殊的组织领导活动。在《中国人民解放军军语(消防部分)》中对这个概念的解释是:消防指挥员及其指挥机关对所属部队的灭火作战和其他行动的特殊组织领导活动。在管理学领域,法约尔、古利克、孔茨等人认为指挥是管理的一项职能。因此,指挥与管理、领导等概念密切相关,但又有所区别,见表 1-1。

表 1-1　指挥、领导和管理三概念的主要区别

项目	指挥	领导	管理
含义	发令调度	率领和引导	管辖、控制、处理
作用对象	所属消防队伍和参战力量	下属人员	人、财、物、时空、信息等
主要职能	制定应急作战计划、力量部署、协调控制等	制定方针、政策和方法,用人等	计划、组织、用人、指导、协调等
采用的方式和手段	以命令方式为主,思想动员为辅	以教育引导指导为主,采取经济、组织等措施为辅	除了领导所采取的措施外,还可采取模拟、控制和分析等多种手段
应用领域	应急救援等带有强制性的危险行动	思想、政治、军事、组织等领域	人类社会生活的一切领域
承担者称呼	指挥者	领导者	管理者

应急指挥既包括指挥者的思维活动,又包括指挥者的指挥行为活动,是应急

指挥者一系列思维活动和指挥行为的总和。正确理解应急指挥的含义，需从以下几个方面进行把握。

1. 应急指挥是特殊的组织领导活动

应急指挥是应急救援行动中一种特殊的领导活动，是应急指挥者根据应急救援行动的目的，有效组织所属力量采取行动，充分发挥各参战力量的总体效能，使应急救援行动始终有序进行的组织领导活动。从应急行动特点来看，应急救援行动具有迅速性、强制性，因而，应急指挥与一般意义上对生产、科研等工作的组织领导活动有明显区别。应急指挥是在特定背景条件、特殊的环境下，并在特定的时限内进行的，具有鲜明的特点和规律。

2. 应急指挥的主体由指挥员和指挥机关共同构成

应急指挥活动不是指挥员的个人活动，而是由指挥员和指挥机关共同进行的群体活动。在大型的应急救援行动中，往往要成立现场指挥部，由地方政府官员或应急管理部门领导担任最高指挥员，同时还吸收有关部门领导和行业专家参加。应急指挥部是一种临时组织，但对大规模突发事件现场应急指挥，往往要预先规定，虽然不能确定具体人选，但对组成人员和其职责有明确要求。应急指挥者在指挥活动中各有分工，如总指挥、安全指挥、交通指挥、通信指挥、后勤保障指挥等，对应急救援行动都担负指挥任务。因此，应急指挥通常是由指挥员和指挥机关共同完成的。

3. 应急指挥的客体由所属力量和其他参与行动的队伍构成

应急指挥的客体由所属力量和其他参与行动的救援队伍共同构成。应急救援行动具有时间长、救援难度大等特点，这些特点必然导致参与救援的力量众多、队伍构成比较复杂。在应急救援行动中，往往有多种成分的救援队伍，除了应急救援专业队伍外，还可能有企业专职队、公安民警、医疗救护单位、化工专业抢险队伍、水电气抢修队、环保部门、卫生防疫部门等，这些救援队伍在突发事件现场都是应急指挥的客体，都接受现场指挥部的指挥。

二、应急指挥的要素

应急指挥的要素，是构成应急指挥活动的必要的、本质的成分。一般来说，指挥者、指挥对象、指挥手段和指挥信息是实施指挥必不可少的条件，是构成应急指挥活动的主要因素。

1. 指挥者

指挥员和指挥机关统称为指挥者。指挥者是应急指挥活动的主体，是应急救援行动的筹划决策、组织计划和协调控制者。

指挥员是掌握应急指挥权力、负有应急指挥责任的人员，是对应急救援行动进行决策和监督执行决策的核心力量。指挥机关是应急指挥的中枢，是指挥员实施应急指挥的谋划、决策机构。

指挥者在整个应急指挥活动过程中居于支配地位，负责对应急救援行动进行筹划决断、组织计划和协调控制，是应急指挥活动的主体和核心要素。没有指挥者就不能构成应急指挥活动，一切应急指挥活动都起源于指挥者的活动，指挥者的活动决定着指挥的内容、方式、方法，决定着指挥任务能否完成，从而影响着应急救援行动的成败。

2. 指挥对象

指挥对象是应急指挥活动的客体，是指接受指挥者指挥的下级指挥员、指挥机关以及所属力量。应急救援活动过程中，没有指挥者就没有了核心，就失去了组织和目标；没有指挥对象，指挥者就没有了作用的对象，也就失去了指挥的意义。指挥对象作为指挥信息的接受者、领会者以及执行者、实践者，它的执行情况决定着能否最终实现指挥目的。因而，指挥者和指挥对象相互依存、相互作用，构成了应急指挥活动的两个最基本的方面。

指挥对象作为指挥活动的客观要素，它不是被动地存在的。首先，指挥对象包括下级指挥者，当对自己的部属实施指挥时，它也是指挥者，具有主动性；其

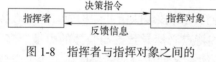

图1-8　指挥者与指挥对象之间的
双向作用过程

次，指挥者与指挥对象之间并不是单向作用过程，而是一个不断交流的过程，指挥者发出每一个指令后，都要根据指挥对象反馈回来的信息，及时地调整指挥信息，形成新的正确的指挥信息，发出新的指令，从而形成不间断的指挥。指挥者与指挥对象之间的双向作用过程，如图1-8表示。

3. 指挥信息

指挥信息是指保障应急指挥活动正常运作的各种信息。它主要包括三个方面的内容。一是供指挥者进行应急决策的各种情报信息，如灾害对象情况、环境情况、交通道路情况、水源情况和救援力量情况等，是指挥者定下正确应急救援决心的基本依据。二是体现指挥者决心意图的各种决策指令，如指挥者的决心、指

示、计划等，是指挥对象规范自身行动的基本依据。三是反映应急救援行动状况的各种反馈信息，是指挥者协调控制应急救援行动的依据。指挥对象往往处于应急救援的最前线，对救援现场的变化、指挥者的意图是否顺利实施、在实施过程中存在什么问题最清楚，应该主动反馈信息。指挥者应该根据指挥对象的信息反馈，把握情况，及时调整应急方案。

在应急指挥活动过程中，指挥信息与指挥手段一起构成了指挥者与指挥对象联系的纽带，成为应急指挥活动的基本要素之一。

4. 指挥手段

指挥手段是指挥者在应急指挥活动过程中运用各种指挥技术器材进行应急指挥的方式和方法。

在应急指挥活动过程中，指挥者与指挥对象之间存在着一种法定的指挥关系，指挥者有指挥的权利，指挥对象有执行的义务，但这并不意味着指挥就能自然发生。也就是说，指挥者的意图要想落实到指挥对象的应急救援行动之中，指挥对象要想准确地理解和执行指挥信息，指挥信息在指挥者与指挥对象之间的交流必须有一个中间媒介，促使指挥手段的存在成为必然。指挥手段作为指挥者与指挥对象联系的中间媒介，是构成应急指挥活动必不可少的内部要素之一。

指挥手段实质上包括两个方面的含义。一是指挥工具，即各种指挥技术器材。指挥工具是构成应急指挥手段的物质基础，是应急指挥得以顺利实施的必要前提。缺少了指挥工具，指挥者就无法了解情况，指令就无法传递给指挥对象，无法对指挥对象的行动进行协调控制，也就谈不上指挥。二是运用指挥工具的方法，就是指挥者运用指挥技术达到指挥目的的方法和措施。指挥工具构成了指挥者与指挥对象之间联系的物质基础，但这种物质基础并不是能动地发挥作用的，而是一种被动的作用，也就是说指挥工具效能的发挥还取决于对其运用的方法。它对指挥工具的发展具有促进作用，是指挥者的主观能动性在指挥手段上的体现，是指挥工具效能得以发挥的保证。

5. 应急指挥要素之间的关系

任何事物都不是全部要素的简单叠加，而是其各要素有机联系的整体。应急指挥要素之间的关系也是如此，指挥者、指挥信息、指挥手段、指挥对象并不是孤立存在的，它们之间相互联系、相互作用，共同构成应急指挥活动的有机整体。

（1）指挥者与指挥对象的关系　指挥者与指挥对象之间是主观与客观、指令与执行、作用与反作用的关系。一方面，指挥者的主观意志以指挥信息的形式，通过指挥手段作用于指挥对象。由于指挥者和指挥对象存在着法定指挥关系，指挥对象必须服从于指挥者的指挥，执行指挥者的指令，通过实际的应急救援行动实现指挥者的意图。另一方面，指挥对象对指挥者的指挥具有能动的反作用。指挥者与指挥对象之间的指挥与被指挥关系，并不是说指挥对象只接受来自于指挥者的指令，只是被动地执行，而是具有一定的能动性。在应急指挥活动过程中，指挥对象要根据实际情况，向指挥者提供反馈信息，促使指挥者作出符合客观实际的指令，从而作出正确的指挥。

（2）指挥信息与指挥手段的关系　指挥信息与指挥手段的关系，是信息和信道的关系。指挥者在应急指挥过程中的一切活动都是围绕着指挥信息的形成、传递、修订而展开的，指挥信息虽以指挥文书表现出来，但它不能自动地发挥作用，它必须通过指挥手段这一载体使指挥者和指挥对象发生紧密的联系，应急指挥活动才能运转起来，从而构成了应急指挥活动。在应急指挥活动中指挥信息与指挥手段相互结合，与指挥者、指挥对象相互联系，体现了主体、媒介、客体、环境相互矛盾又相互统一的辩证关系。

（3）指挥者与指挥信息、指挥手段的关系　指挥者与指挥信息、指挥手段的关系，反映了应急指挥目的与条件的关系。应急指挥从其实质来说就是定下应急救援决心和实现应急救援决心的活动，是指挥者借助于指挥手段，把指挥目的具体转化为指挥信息，再将指挥信息与指挥手段相结合作用于指挥对象，同时又能动地反作用于指挥者的过程。指挥者与指挥信息、指挥手段的相互影响、相互作用贯穿于应急指挥活动的全过程，指挥者的主观能动性正体现于这个过程之中。

（4）指挥信息、指挥手段与指挥对象的关系　指挥信息、指挥手段与指挥对象的关系，反映了条件与结果的关系。应急指挥活动的结果最终要靠指挥对象来体现，指挥对象的活动结果体现着指挥目的的实现程度。首先，指挥对象必须正确地理解指挥信息并将指挥信息付诸实施。其次，指挥对象必须借助于指挥手段才能接受、理解和实践指挥信息。指挥者与指挥对象之间的媒介因素由指挥信息和指挥手段相互联结共同构成，两者缺一不可。所以，指挥手段合适与否，直接决定着指挥对象对指挥信息的接受、理解和执行的结果。虽然指挥对象不能自主地选择指挥手段，只能被动地接受指挥手段的作用，但指挥对象是指挥者选择指挥手段的一个重要依据。因此，指挥信息、指挥手段这些应急指挥的物质条件必须与体现应急救援结果的指挥对象的实际状态相一致。

应急指挥活动的四个基本要素：指挥者、指挥信息、指挥手段和指挥对象，它们之间是相互依存、相互制约的。高效益、高质量的应急指挥同样是指挥者、指挥信息、指挥手段、指挥对象四个基本要素形成的统一整体共同作用的结果。

三、应急指挥的特点

应急指挥是在特定背景、特殊环境、特定时限内进行的一种特殊领导活动，具有鲜明的特点。

1. 强制性

强制性是指在应急指挥活动中，指挥者具有绝对的权威，对被指挥者的指挥是以命令、指示等强制性手段来进行的。各种指令都具有强迫执行而不违背的强制性。应急指挥的强制性，集中体现在指挥者与被指挥者之间主要是命令与服从的关系。这是突发事件现场的危险性和复杂性对应急指挥的客观要求。

应急指挥是一个相对比较复杂的应急行动过程，突发事件现场必须采取一些强制性措施进行有序化管理，而且突发事件规模越大、持续时间越长，应急救援行动就越需采取更多的强制性措施，在应急救援实施过程中，依法强制处理全局利益与局部利益的关系。在为了全局利益而需要牺牲局部利益时，如果没有必要的强制措施，就根本无法保证整个应急救援工作的顺利进行。

2. 时限性

时限性是指应急指挥活动要在一定时限内完成，有着严格的时间限制。指挥所拥有的时间是有限的，尽管不同的应急救援行动，其指挥时间长短不同，但绝不是随意确定的量，不是指挥者的主观意志所能决定的，是由突发事件性质、突发事件规模、参战力量及应急环境所决定的。指挥者必须在一定的时限内完成指挥活动，否则就会贻误战机丧失主动。组织指挥活动的各项工作都有很高的时限性。定下决心是指挥活动的核心，正确的决心才有成功的行动，但是定下决心有很强的时间限制，因为突发事件现场情况瞬息万变，此时的正确决心，彼时可能就是错误或危险的。应急指挥活动要争分夺秒，各项工作要有时限要求，要科学计算和合理分配时间，努力提高应急指挥的时限性。

3. 风险性

应急指挥的风险性，主要是由突发事件的危险性和危害性、突发事件现场情况的复杂性、险情的突发性和不确定性所决定的。应急救援现场，情况总是错综复杂，带有很大的不确定性，给应急指挥带来很大的困难，也决定了应急指挥具有较大的风险性。应急指挥者要正确认识指挥过程的风险性，不能因为怕担风险，怕承担责任，当断的不断，该决的不决。另外，要实施科学的指挥。在应急指挥的具体实践中，要正确地运用应急指挥的原则和方法，科学地规范应急指挥活动，减少盲目性和随意性，增强自觉性和科学性，最大限度地降低应急指挥的风险性。

4. 决断性

突发事件险情的突发性和应急预案中某些预测的不准确性，决定了应急指挥需要当机立断。由于突发事件发生的具体时间、地点、规模及危害方式等因素难以准确预测，预先制定的应急预案必然存在许多不确定的因素，因此，任何应急救援行动都不可能完全按照应急预案去组织实施，应急指挥者必须在有限时间和有限资源的条件下依靠自己的经验、智慧和对现实突发事件形势的判断而作出指挥决策，采取机动措施，以弥补行动方案的不足。同时，在应急救援的实施过程中，必然会发生许多突发情况，需要应急指挥者临场决定、当机立断，以提高应急救援行动的有效性。

四、应急指挥过程

应急指挥过程是指应急指挥活动进行和发展的基本环节和过程，是应急指挥规律、原则在实践中的运用，是指挥员及其指挥机关对所属救援力量实施指挥思维及行动的体现。

应急指挥过程可分为信息收集与处理、应急行动方案制定、应急行动组织与应急协调控制四个基本环节，应急指挥过程的四个环节互相衔接，构成一个完整的指挥周期，如图 1-9 所示。

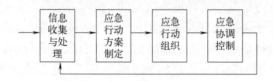

图 1-9　应急指挥活动的基本环节

信息收集与处理，是应急指挥者以侦察、检测、询问等各种方法和手段获取与应急救援有关的突发事件现场情况，并对这些情况进行加工整理的活动。信息收集与处理，是应急行动方案的制定、应急行动组织与应急协调控制的基础，是应急指挥过程的首要环节。

应急行动方案制定是应急指挥者在信息收集与处理的基础上，对本级如何完成应急任务进行筹划决策，并制定应急方案的活动。应急行动方案制定是应急指挥过程的核心环节。

应急行动组织是应急指挥者依据应急行动方案，对所属力量实施应急救援准备所进行的具体筹划和指导落实，是实施应急指挥过程的重要阶段。其目的是使所属力量明确担负的任务及完成任务的方法。

应急协调控制是应急指挥者掌握突发事件现场情况，调控应急救援行动的活动。其目的是保障整个应急救援行动顺利进行。

第三节 应急指挥理论体系

应急指挥理论是研究应急指挥活动过程及其指导规律的学科理论，应急指挥理论源于军队指挥理论，并与灾害学、灭火战术学理论和公共危机管理理论等有着密切的联系，具有明确的研究领域和丰富完善的理论体系。研究和发展应急指挥学理论，对于加强应急指挥系统建设，提高应急指挥人员的指挥能力，培养适应现代技术特别是高技术条件下高素质的应急指挥人才，高效能地完成应急指挥任务，具有十分重要的作用。

一、应急指挥理论基础

1. 军队指挥理论

军队指挥，作为我国军事科学的一个重要领域和军事学的基本学科，自 20 世纪 80 年代中期创立以来蓬勃发展，这个学科不仅具有内涵丰富、领域广阔的特点，而且应用性强、技术含量高，在现实和未来的军队建设、作战以及其他各项军事性活动中，都发挥着十分重要的作用。在应急指挥实践中运用军事指挥的原理，可大大提高指挥效益。

（1）作战指挥理论 一是军事辩证法。军事辩证法是马克思主义军事科学的理论基础和方法论，它不仅揭示了战争的本质问题，也科学地概括了军事活动中，带有新普遍性的规律，对研究与军事科学有关的问题具有普遍的指导意义。军事辩证法是解决军队作战活动中诸多矛盾的万能钥匙，它除了研究战争的局部与全局、主观与客观、军事与政治、军事与经济这些宏观性问题，也研究了时间与空间、武器与人、主动与被动这些基本战法问题，同时还研究了进攻与防御、虚与实、主要方向与次要方向、集中兵力与分散兵力等战术行为的辩证关系，它虽然不是针对某项具体的作战行动，但却对任何一项作战都有指导意义。二是战争指导的基本规律。即必须强调人的决定作用；必须把握战争的全局；主观指导要符合客观实际等。

（2）军事运筹学理论 军事运筹学是运用数学方法及现代计算机技术研究军事活动的数量关系，为军事领域的正确决策和选取最优方案，提供数量依据的一门新兴应用学科。它通过建立"作业""作业模型""判据""决策""最优决策"等概念，来分析作战及其他一些军事行动。"作业"就是指军事行动的描述，进行作业的方法即运用一套公式或算法建立一套作战行动模型。"决策"就是选定作战方案,"最优决策"就是在限定的条件范围内争取最大值(最大效益)或最小值(最小损失)。因此,它是研究现代指挥最有效的科学理论,在实践中多运用于军事决策、指挥保障和军事干预等。

(3)军事信息论 军事信息论是把侦察、通信、决策、指挥作为一个完整的系统,用现代科学方法,研究军事信息的收集、整理、加工、传递、处理等基本规律与原则的新兴应用学科。作战实践中,在遇到没有信息时,指挥员就会一筹莫展;一条重要的信息,可以作出一个重大决策。信息是指挥员运筹帷幄的基本依据。军事信息论为指挥员收集、整理、加工、处理信息提供了科学的工具。一是运用信息论的目标性原理缩短指挥周期;二是运用信息论的信源独立性原理鉴别情报;三是运用信息论的等级管理原理实施按级指挥;四是运用信息论的边缘参数理论寻找更多的作战方案等。

2. 灾害学理论

灾害学是揭示灾害形成、发生与发展规律,探求减轻灾害危害和影响的综合性学科。应急指挥以各种灾害为应对对象,研究应对各类灾害对象过程的应急指挥活动。因此,灾害学理论与应急指挥理论研究关系密切,是应急指挥研究的理论基础。

(1)灾害周期律 无论是自然灾害还是人为灾害都有其周期性,遵循一定的规律。因此,必须根据灾害发生、发展的客观规律,科学应对,未雨绸缪,积极防范。

(2)灾害链原理 灾害发生后,往往会诱发一连串的次生灾害,这种现象称为灾害链或灾害连锁反应。深刻理解灾害链产生的原理、规律及影响因素,研究、提出断链方法和应对措施,可有效降低灾害链带来的危害。

(3)灾害互变原理 "害"与"利"是可以相互转化的。应当加强灾害事件组织领导,采取一切必要措施,动员一切必要手段和力量,力争化危为机,转危为安,化害为利。

3. 灭火战术理论

灭火战术的研究对象虽然与应急指挥的研究对象不同,但灭火战术理论与应急指挥理论的研究有着密切的联系,特别是灭火战术对灭火救援规律的研究与应急指挥对指挥规律的研究一样,紧密联系,互相促进,其研究成果为应急指挥的研究思路和方法奠定了理论基础,对应急指挥理论的完善和发展产生重要影响。

(1)灭火战术思想 灭火战术思想包括灭火战术指导思想和战术原则,灭火战术指导思想是指导和实施灭火战斗的基本观点和总体思想,灭火战术原则是关于指导和实施灭火战斗行动的准则。灭火战术思想是应急指挥依据的主要基础理论。

（2）灭火战术方法　灭火战术方法包括堵截、突破、分割、夹击、合击、围歼、破拆、封堵、排烟、监控等灭火基本措施方法。灭火战术方法在火场上的灵活、合理和综合运用是应急指挥的重要内容。

（3）灭火战斗编成　灭火战斗编成是根据火灾对象特点和作战任务，对出动的消防车辆装备和人员，按照优化整体作战能力的要求，进行的科学、合理地战斗力量组合，以便充分发挥最大灭火救援作战效能。灭火战斗编成优化整体作战能力的思想为应急指挥奠定了科学组织指挥的理论根基。

4. 公共危机管理理论

危机管理起初被运用于外交和国际政治领域，随着社会多元化发展，各种突发灾害事故和公共危机事件发生逐渐呈现出上升态势。在这种大背景下，现代危机管理范畴不断扩展，学者们整合了一般管理学、国际政治学、公共关系学、心理学等多学科知识，逐渐形成一套综合性的跨学科的理论体系，即公共危机管理理论。应急指挥在危机管理的范畴之中，其相关理论是应急指挥的基础理论。

（1）系统理论　该理论将组织作为一个有机的生产经营实体，主要研究如何优化内部环境，提升组织的危机处理能力；组织者以当事者和旁观者的双重身份来预防、处理组织危机。

（2）结构理论　组织采取积极反应来应对外部环境变化压力，以达到规避风险与危机的目的；将组织危机来源主要锁定于组织所处外部环境之中，组织危机管理重心不再只是注重内部效率性规范管理。

（3）危机变化的结构理论　在危机爆发的前、中、后期都要实施有计划管理。如果组织没有考虑每一危机形态和风险的冲击范围与强度，那么准备成效将大打折扣。组织管理中枢（高级管理层）在危机处理中处于核心地位，高级管理人才应加强危机意识，及时作出抉择，力争转危为安或转危为机。同时危机变数动态与互动理论为组织危机管理者敲响警钟，管理者在危机处理时，要作出周全的应对策略。

（4）战略管理理论　在组织中，每位高层领导都要为危机做好准备，强化全员危机意识和建立危机文化体系。突发性危机管理的首要问题就是领导者的可信度和同情心。领导者可信度是其最重要的财富。组织必须将危机意识落实到具体行动上，建立切实可行的组织预警保障体系。

（5）供应链管理理论　公共部门危机管理需要打破部门、地区之间的壁垒，进行统筹部署，集成资源，协同作战。通过构建具有快速反应能力的公共部门应急供应链，提升公共部门管理公共危机能力。当重大危机突然来临时，能够快速启动供应链，在链主（公共部门）的统一指挥下，结合事先制定的处置预案和危机现状从容应对，化险为夷，保障公共利益以及人民生命和财产安全，实现社会正常运转和可持续发展。

二、应急指挥理论框架

应急指挥理论的主要研究任务是，总结应急指挥实践经验，揭示应急指挥的一般规律，预测应急指挥的发展趋势，阐明应急指挥的原理原则，为提高应急指挥效能、达成应急指挥目的、对应急力量实施科学有效指挥提供理论指导和科学方法。

应急指挥理论体系按照学术界"三分法"理论，应包括应急指挥基础理论、应急指挥技术理论和应急指挥应用理论，如图 1-10 所示。

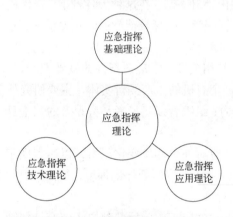

图 1-10　应急指挥理论框架

应急指挥基础理论，是对应急指挥具有普遍的指导意义，反映应急指挥本质、基本规律、基本原理和基本原则的理论。应急指挥基础理论在应急指挥理论体系中抽象程度最高、指导覆盖面最大、理论生命力最长。应急指挥基础理论研究和解决的是应急指挥的共性问题，主要包括应急指挥本质、应急指挥特征、应急指挥要素、应急指挥规律、应急指挥原则、应急指挥方式等。

应急指挥技术理论，是关于各种指挥技术手段在应急指挥活动中运行机制和操作方法的理性认识。应急指挥手段的发展来源于科学技术的发展，没有科学技术的支撑，就没有高效的应急指挥手段。应急指挥技术理论主要包括应急指挥平台技术（如地理信息技术、GPS 定位技术等）理论、应急通信技术理论等。

应急指挥应用理论是联系实际最紧密、实用性和操作性最强、变化最快的理论。其主要内容包括应急指挥体系构建理论、应急信息管理理论、应急指挥决策理论、应急行动组织理论、应急协调控制理论、应急指挥风险控制理论、应急指挥效能评估理论等。应急指挥应用理论受应急指挥基础理论指导，以应急指挥技术理论作支撑。本书主要研究阐述应急指挥应用理论及其在应急指挥实践过程的运用方法。

三、应急指挥学的学科定位

应急指挥学属于军事学科中一级学科军队指挥学的重要组成部分，拥有明确和丰富的研究领域与内容。应急指挥学主要应用军队指挥学的基础理论，结合应急力量救援特点，重点研究解决应急救援组织指挥的理论和实践问题。应急指挥学的主要研究任务是，总结应急指挥实践经验，揭示应急指挥的一般规律，预测应急指挥的发展趋势，阐明应急指挥的原理原则，为提高应急指挥效能、达成应急指挥目的、对应急救援力量实施科学有效指挥提供理论指导和科学方法。应急指挥学的研究成果必须能够用于指导应急指挥实践，为应急指挥任务的完成提供理论、方法和程序等指导。

第四节 应急指挥学的研究内容和方法

任何一门学科或课程都有其相对系统的研究内容和研究方法，准确把握应急指挥的研究对象和研究内容，掌握其研究方法是学习应急指挥课程、掌握应急指挥理论知识的前提。

一、应急指挥学研究的对象

应急指挥学之所以能成为一门独立学科，是因为其有着明确的研究对象。任何一门科学，要成为一门独立学科，都必须有自己特定的研究对象。正如毛泽东同志所指出的那样，"科学研究的区分，就是根据科学对象所具有的特殊的矛盾性。因此，对于某一现象的领域所特有的某一种矛盾的研究，就构成某一门科学的对象。"在应急指挥活动中指挥者的主观认识能力和应急救援过程中的客观实践之间形成了其特有的矛盾，应急救援过程中的指挥者必须正确地认识应急救援的规律，并正确运用应急救援规律，实施有序有效的指挥和管理，以达到确保应急救援任务圆满完成的目的。因此，应急指挥学研究的对象是应急指挥活动以及由此所涉及的各方面问题。

理解应急指挥的研究对象，应严格将其与灭火救援战术的研究对象区分开来。灭火救援战术是以各种灭火救援战斗为研究对象，研究灭火救援战斗的方法、原则、规律以及灭火救援战斗指导规律的学科理论。应急指挥是以应急指挥活动为研究对象，研究应急指挥要素、指挥规律、指挥方式等理论和实践问题，以解决应急救援过程中指挥问题和矛盾为主要目标，规范应急指挥员行为和程序为主要任务的学科理论。灭火救援战术的研究对象和应急指挥的研究对象有着本质的不同，区分两者的不同是准确理解和把握灭火救援战术和应急指挥内涵和研究内容的前提。

二、应急指挥学研究的内容

任何一门学科除了要有独立的研究对象外，还必须有相对系统的研究内容。应急指挥学，一方面要揭示应急指挥活动的本质与规律，另一方面还要确立符合应急指挥活动的内容、方法以及建立应急指挥体系，控制应急指挥风险，评估应急指挥效能等。根据应急指挥学的研究对象，其研究内容主要包括以下几个方面。

1. 应急指挥的内涵

应急指挥的内涵主要包括应急指挥的含义、特点、要素，以及应急指挥活动同其他组织领导活动的关系。研究应急指挥内涵是为了更深刻地理解应急指挥的特定含义，为探究应急指挥规律和应急指挥体系奠定基础。

2. 应急指挥体系构建

应急指挥体系构建主要包括应急指挥机构的建立、应急指挥职权的划分和应急指挥运行机制等内容。研究应急指挥体系构建是为了在应急指挥现场建立一种指挥、控制与协调的有效方法，解决各应急力量之间协调配合、信息互联等问题，达到快速正确制定决策、最大限度提高应急指挥效率的目的。

3. 应急信息管理

应急信息管理主要包括突发事件现场信息收集、信息储存、信息处理和信息传递、发布、报送等内容。研究突发事件现场应急信息管理有利于及时、准确、全面地掌握与应急行动和应急指挥有关的各种情报信息，为应急指挥提供情报信息支持和保障。

4. 应急指挥决策

应急指挥决策主要包括应急指挥决策的基本要素、原则、程序、方法，应急指挥决策方案的生成与调整以及应急指挥决策系统等内容。研究应急指挥决策是保证应急指挥者实施有效指挥的前提，是提高应急指挥效能的重要保证。

5. 应急行动组织

应急行动组织主要包括应急行动区域划分、组织协同动作、组织物资保障、应急行动组织方式和方法等内容。研究应急行动组织是使应急救援力量明确担负的任务及需要采取的措施，确保应急指挥活动有效落实。

6. 应急协调控制

应急协调控制主要包括督导行动、协调行动、调整行动等内容。研究应急协调控制是为了更好地调控应急救援行动，保障应急救援行动顺利进行。

7. 应急指挥风险控制

应急指挥风险控制主要包括应急指挥风险的概念、应急指挥风险控制的基本途径和方法等内容。研究应急指挥风险控制是为了有效分析应急指挥过程中的不确定因素及风险点，有效控制和降低应急指挥风险，确保应急指挥高效安全实施。

8. 应急指挥效能评估

应急指挥效能评估主要包括应急指挥效能构成要素分析、应急指挥效能评估指标体系的构建以及应急指挥效能评估的方法等内容。研究应急指挥效能评估是为了科学地规范应急指挥活动，提高应急指挥效率、完善应急指挥运作机制。

三、应急指挥学研究方法

任何一门学科都有其自身的研究方法。掌握了科学的研究方法，就拿到了打开这门学科知识大门的钥匙，就可以顺利地研究这门学科，掌握这门学科的知识体系。同时，还可以以这种学科研究的方法，去探究这门学科尚未被涉猎的处女地，深化和拓宽学科研究领域。应急指挥学同其他学科一样，也有其自身的研究方法。其主要研究方法有历史总结法、实验演习法和系统科学法。

1. 历史总结法

历史总结法，是指通过对应急指挥的历史发展、经验教训和理论成果等研究来研究应急指挥学问题的方法。任何理论都是实践的积累，任何一门学科都是一定历史发展阶段的产物。应急指挥的产生和发展的实践表明，应急指挥理论来源于应急指挥的实践，同时不断发展的应急指挥实践又迫切需要先进的应急指挥理论作指导。因此，不论研究应急指挥基础理论，还是研究应急指挥应用理论，都必须以历史的、现实的实践为基础，在总结历史经验的同时，注意结合新的条件下，特别是先进的技术手段不断出现情况下的应急指挥问题。从理论上作出科学的回答，以更好地为应急指挥的实践服务，避免脱离应急指挥实践的空洞的应急指挥理论。

2. 实验演习法

应急指挥学必须善于运用实验演习的研究方法。所谓实验演习，是指采取一定的形式和技术手段，在一定条件控制下，模拟应急指挥活动的发生和变化，从而研究应急指挥的问题。这种方法既可以现地，也可以在图上或利用计算机模拟实施，具有近似性和可控性等特点。实验演习法既可以利用实践实训基地，也可利用计算机软件训练系统开展。实验演习法的运用是一个重要的研究方法，通过这种实验和演习可以检验理论合理性。

3. 系统科学法

应急指挥学应注重综合运用系统论、控制论、信息论方法。新形势下应急指挥的成败在很大程度上取决于有没有一个组成科学、结构合理、功能完备的应急指挥系统。系统科学法与传统的方法相比，有综合性、最优化、定量化、信息化和有效性特征。充分运用和借鉴系统科学的方法，对于研究和解决应急指挥所面临的重大现实问题，发展和完善应急指挥理论体系，具有十分重要的意义。

上述应急指挥理论研究的几种方法，是借鉴以往应急指挥理论研究的成果，从不同角度或侧面加以概括的，可以说是多年来应急指挥理论研究中常用的基本方法，并不是应急指挥研究方法的全部。更多的方法有待于进一步地研究和探讨。在学习研究应急指挥理论过程中，既要注意研究理论产生的背景，深刻领会其内在的本质，又要尽量做到理论联系实际，增强学习的针对性和可操作性，真正把握应急指挥理论的精髓，为后续应急指挥理论的实践应用奠定坚实的基础。

第二章
应急指挥体系

应急指挥体系是指在突发事件应急处置过程中，由实施应急救援的各级指挥机构按照一定的指挥关系构成的有机整体，具体包括应急指挥机构的设置、应急指挥职权的划分、应急指挥体系运行保障机制等。应急指挥体系承担着突发事件先期处置、信息接报、应急响应和组织指挥等关键角色，是突发事件应急管理体系建设的重要一环。

第一节　应急指挥机构的设置

应急指挥机构是指突发事件发生以后，各级政府部门、应急救援队伍、解放军和武警部队等救援突击力量以及社会组织等为顺利完成突发事件的应急处置和灾后重建所设置的临时性机构。应急指挥机构是突发事件救援现场的最高权力机构，负责对事件现场的各类人员、应急资源进行统一管理、指挥和调度，以协调参与突发事件应急处置的各个单位、部门和人员相互配合，最大限度提高应急处置的效率。

一、应急指挥机构的分类与分级

根据《国家突发公共事件总体应急预案》的要求，应根据突发事件的类型、特点及应急救援实际需要，设立突发事件应急指挥机构，以组织、协调和指挥突发事件的应对工作。此外，《中华人民共和国突发事件应对法》规定，突发事件发生后，应根据实际需要，设立国家突发事件应急指挥结构，负责突发事件的应对工作，必要时，国务院可派出工作组指导有关工作。县级以上地方各级人民政府设立由本级人民政府主要负责人、相关部门负责人、驻当地中国人民解放军和中国人民武装警察部队有关负责人组成的突发事件应急指挥机构，统一领导、协调本级人民政府各有关部门和下级人民政府开展突发事件应对工作。

1. 应急指挥机构的分类

由于不同类型突发事件的主责部门不同，其参与机构和部门也会存在不同程度的差异，因此，不同类型突发事件的应急指挥机构设置存在差异。北京市专项应急指挥机构包括市群体性事件应急指挥部、电力事故应急指挥部、重大网络与信息安全事件应急指挥部、通信保障应急指挥部、核应急指挥部、反恐和刑事案件应急指挥部、突发事件应急救助指挥部、空气重污染应急指挥部、建筑工程事故应急指挥部、城市公共设施事故应急指挥部、交通安全应急指挥部、防汛抗旱应急指挥部、突发公共卫生事件应急指挥部、涉外突发事件应急指挥部、生产安全事故应急指挥部、森林防火应急指挥部、人防工程事故应急指挥部、重大动植物疫情应急指挥部、消防安全应急指挥部、地震应急指挥部、食品药品安全应急指挥部等。

此外，当突发事件规模较小时，可由企事业单位自身成立应急指挥机构，如《中国石化应急管理规定》规定，中国石化应急指挥中心是中国石化的最高应急指挥机构，负责各类突发事件的应急指挥工作，总部机关各部门及各下属单位均接受其统一领导。本节主要结合国家预案介绍安全生产事故、地震灾害事故、公共卫生事件和食品安全事故应急指挥机构。

（1）安全生产事故应急指挥机构 针对火灾、爆炸等安全生产事故，《国家安全生产事故灾难应急预案》规定，国家安全生产事故灾难应急领导机构为国务院安全生产委员会（简称国务院安委会），综合协调指挥机构为国务院安委会办公室，国家安全生产应急指挥中心具体承担安全生产事故灾难的应急管理工作，专业协调指挥机构为国务院有关部门的专业领域应急指挥机构。地方各级人民政府的安全生产事故灾难应急机构由地方政府确定。应急救援队伍主要包括国家综合性消防救援队伍、专业应急救援队伍、生产经营单位的应急救援队伍、社会力量、志愿者队伍及有关国际救援力量等。国务院安委会各成员单位按照职责履行本部门的安全生产事故灾难应急救援和保障方面的职责，负责制订、管理并实施有关应急预案。

（2）地震灾害事故应急指挥机构 《国家地震应急预案》规定国务院抗震救灾指挥部负责统一领导、指挥和协调全国抗震救灾工作，应急管理部中国地震局承担国务院抗震救灾指挥部的日常工作。必要时，应成立国务院抗震救灾总指挥部，负责统一领导、指挥和协调全国抗震救灾工作，各成员单位按照各自职责参与抗震救灾行动；在地震灾区成立现场指挥机构，在国务院抗震救灾指挥机构的领导下开展事故救援。县级以上地方人民政府抗震救灾指挥部负责统一领导、指挥和协调本行政区域的抗震救灾工作。地方有关部门和单位、当地解放军、武警部队、民兵组织、社会组织等，按照职责分工，各负其责，密切配合，共同做好抗震救灾工作。

（3）公共卫生事件应急指挥机构　《国家突发公共卫生事件应急预案》规定，中华人民共和国国家卫生健康委员会（简称国家卫健委）依照职责和本预案的规定，在国务院的统一领导下，负责组织、协调全国突发公共卫生事件的应急处置工作，并根据应急处置工作的实际需要，提出成立全国突发公共卫生事件应急指挥部，指挥部设在国家卫健委突发公共卫生事件应急指挥中心。省、市地方各级人民政府卫生健康行政部门依照职责和本预案的规定，在本级人民政府的统一领导下，负责组织、协调本行政区域内突发公共卫生事件的应急处置工作，并根据应急处置工作的实际需要，向本级人民政府提出成立地方突发公共卫生事件应急指挥部的建议。各级人民政府根据本级人民政府卫生行政部门的建议和实际工作需要，决定是否成立国家和地方应急指挥部。

（4）食品安全事故应急指挥机构　《国家重大食品安全事故应急预案》规定重大食品安全事故发生后，根据需要成立国家重大食品安全事故应急指挥部，负责对全国重大食品安全事故应急处置工作进行统一领导和指挥。国家应急指挥部办公室设在国家药品监督管理局，国家应急指挥部的成员单位根据重大食品安全事故的性质和应急处置工作的需要确定。2018年3月，根据第十三届全国人民代表大会第一次会议审议通过的《国务院机构改革方案》，组建国家市场监督管理总局，不再保留国家食品药品监督管理总局。食品安全事故发生地县级以上地方人民政府应当按照事故的级别成立重大食品安全事故应急指挥部，在上级应急指挥机构的指导和本级人民政府的领导下，组织和指挥本地区的重大食品安全事故应急救援工作。

2. 应急指挥机构的分级

《国家突发公共事件总体应急预案》根据突发事件的性质、严重性、可控性和影响范围等因素，将每一类突发事件分为四级，即特别重大事故（Ⅰ级）、重大事故（Ⅱ级）、较大事故（Ⅲ级）和一般事故（Ⅳ级）。因此，根据突发事件类型的不同，突发事件主责部门可设立分灾种的专项应急指挥机构。此外，根据突发事件的严重程度，也可将应急指挥机构进行分级，如《北京市突发事件总体应急预案》提出的三级应急指挥机构，分别是市级应急指挥机构、区县级应急指挥机构和专项应急指挥机构，分别负责Ⅰ级和Ⅱ级、Ⅲ级、Ⅳ级突发事件的应急指挥工作。

二、应急指挥机构的组成与设置要求

1. 应急指挥机构的组成

突发事件应急指挥机构由指挥人员和指挥机关构成，指挥人员由指挥员、指挥机关人员和各种保障人员组成。指挥员在突发事件应急处置过程中掌握着绝对指挥权力，处于核心地位，对突发事件指挥起主导和支配作用，指挥机关人员协助指挥员进行应急指挥，在指挥行动中起着辅助决策、计划组织和协调控制的作用。为了确保指挥活动的不间断进行，应急指挥机构需要编配一定的指挥保障人员，主要负责通信与信息保障、救援装备与应急物资保障、经费保障等。指挥机关是具有指挥职能的组织和部门，主要包括各级指挥部及其组织架构，指挥机关的功能主要用于各种信息的收集、处理和传递，是应急指挥方案的制定者和执行监督者。

2. 应急指挥机构的设置要求

指挥机构的设置要求包括设置层次、设置级别和机构内部各相关成员单位的构成及人员组成等。设置层次指从最基本的指挥机构到最高层的指挥机构之间设置几级指挥机构，设置级别指不同层次的指挥机构应有的职责和享有的权力。指挥机构部门构成应当根据应急指挥任务和可能的条件来合理确定，比如，建立一个基本的应急指挥机构，需要指挥中心、通信中心、保障中心、专家决策中心等组成。在突发事件指挥体制中，指挥机构的设置往往受到一些主观和客观因素的影响，比如指挥对象的数量和层级、指挥手段的先进程度、指挥人员的素质和指挥能力等。因此，在设置应急指挥机构时，应综合考虑突发事件的类型、性质、影响范围、应急处置需要等因素进行设置。信息化条件的应急指挥机构设置，应尽可能减少指挥机构的层级和部门数量，压缩人员数量，缩小应急指挥机构的规模，即指挥机构的设置要精干、高效，以提高应急指挥信息流动的速度和指挥效能。具体来说，应急指挥机构应该根据指挥职能划分的需要设置和编配相应的部门和人员，确保能指挥到每个作战单元；各级指挥机构的部门设置、人员构成必须与本部门所担负的任务相适应，使得整个指挥体系上繁下简，不搞层层对口，上下一般粗。

三、应急指挥机构的组织结构与职责

应急指挥机构通常包括以下几种形式：国家级应急指挥机构、省（直辖市）级应急指挥机构、地市级应急指挥机构、业务主管部门应急指挥机构、企事业单位应急指挥机构，也可根据实际需要设立多层级的应急指挥机构，即一个总指挥部和多个现场指挥部，现场指挥部现在又被称为专项应急指挥部。解放军、武警部队和民兵预备役参与突发事件应急处置工作时，可以按照自己内部的组织机构和运行特点成立军队应急指挥机构。建立标准化的应急指挥机构，应严格根据预案要求明确各层级指挥部的主要成员单位、主要负责人以及其他组成人员，并赋予其相应的职责。

1. 应急指挥机构的组织结构

当突发事件规模较大，需要大范围协调人力、物力和财力以支持应急救援时，应成立多层级的国家级或省市级的应急指挥机构，指挥机构通常由"1 个总指挥部+1 个现场指挥部"或"1 个总指挥部+多个现场指挥部"构成，后一种模式通常适用于大型救援现场有多个受灾点的情况，如图 2-1 所示。总指挥部主要负责突发事件现场的统一指挥、协调和应急保障工作，但不承担突发事件的具体应对处置工作。总指挥部应根据突发事件的类型和处置需要设置必要的办公室、常设成员单位、相关成员单位、协调小组、专家组以及新闻媒体小组等。常设成员单位一般应包括公安、消防、应急、卫生健康、环境保护、解放军、武警、交通运输、城市轨道交通、城市燃气电力保障部门等机构。如《北京市突发事件应急指挥与处置管理办法》提出的"六必到"，规定公安、消防、医疗急救、应急、宣传、突发事件应对主责部门为突发事件第一到场力量。相关成员单位包括民政部门、企事业单位应急救援力量等，协调小组主要协调其他各方应急力量、有关部门和单位以及两级指挥部之间的信息沟通，比如灾情信息、保障通信联络、舆情反馈等。现场指挥部则负责突发事件的具体处置工作，一般由突发事件主责部门负

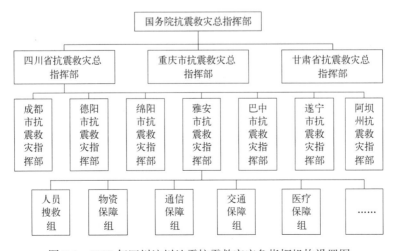

图 2-1　2008 年四川汶川地震抗震救灾应急指挥机构设置图

责组建,比如火灾、爆炸事故由消防部门负责组建现场指挥部,公共卫生事件由卫健部门负责组建现场指挥部。

在我国,不同的专项应急预案往往规定了不同应急指挥部的结构,现场应急指挥部尚未形成统一的标准和规范,难以实现人员、资源和信息等要素的快速整合。但在某些突发事件应急救援过程中,长期作战积累形成的宝贵经验已形成了一些约定俗成的规定。

以国家综合性消防救援队伍处置重特大火灾事故为例,两级指挥部的组织架构理念最早始于1993年金陵石化南京炼油厂火灾事故,由于事故波及范围大,救援任务繁重,参与救援的力量多,成立了总指挥部和现场灭火指挥部。总指挥部设在位于距离着火的310储罐约400m的建筑内,指挥长为江苏省当时主管安全生产工作的副省长。总指挥部主要负责现场灭火救援的后勤保障、协调、信息传达和作战命令下达等,下设后勤保障组、交通保障组、信息报送组和救灾救助组,总指挥部不参与具体的灭火救援行动。现场灭火指挥部靠近310罐区,总指挥为原南京消防救援支队支队长,主要负责现场灭火救援作战方案的制定、上报和执行,并统一指挥现场各类灭火救援力量,现场灭火指挥部参与总指挥部的工作并对总指挥部负责。

当前,国家消防救援局为了标准化应急指挥部的设置,提出了现场指挥部"一部六组"设置模式,包括综合信息组、指挥协调组、应急通信组、战地政工组、战勤保障组和新闻宣传组,并对各组的职责分工作了详细规定。在重大灾害应急指挥体系建设方面,国家消防救援局创新推出"1+3+N"现场指挥部,即1个现场指挥部,1个救援指挥中心、1个通信控制中心、1个综合办公中心和N个综合保障车的指挥部建设模式。

2. 应急指挥机构的优化调整

需要指出的是,突发事件应急处置过程中,应急指挥机构的组织架构并不是一成不变的,需要根据突发事件的发展阶段和任务需求而不断调整和优化,比如在2008年四川汶川地震救援过程中,国务院抗震救灾总指挥部从5月12日成立至10月14日国务院成立恢复重建工作协调小组、不再保留国务院抗震救灾总指挥部时止,应急组织架构随事态发展而演化,表现出先扩展后缩减的特征。以5月12日和5月23日的组织架构为例,与前者相比,后者以横向方式扩展。考虑到水库及饮用水源安全等应急需求、灾后的重建规划以及决策咨询等,增设了水利组和灾后重建规划组。

原《公安消防部队执勤战斗条令》对现场作战指挥部的编组规定如下,任务组包括作战指挥组、通信联络组、技术专家组、政工宣传组、后勤保障组及其他相关人员。以 2019 年响水"3·21"特大火灾处置为例，现场灭火指挥部为江苏省消防救援总队，由于现场危化品种类较多，应急救援主要围绕灭火、救人和侦检三个主要任务展开，因此，指挥部下设灭火、侦检、搜救、供水、洗消、保障、政工、宣传 8 个任务组。而 2013 年青岛"11·22"输油管道爆炸事故应急处置过程中，由于现场应急救援主要围绕救人和灭火两个主要任务展开，现场灭火指挥部下设灾情处置、信息报送、舆情监控、宣传报道、通信保障和战勤保障 6 个任务组。因此，指挥部任务分组需要综合考虑突发事件的类型、规模、应急救援任务的主要方面等进行优化设置，同时必须保留保障、宣传等常设工作组。各任务组还可以根据救援工作需要进一步细化，如消防救援的保障组可下设供水保障、供药保障、食品保障、医疗保障、洗消保障等多任务小组。

因此，应急指挥机构的调整必须考虑组织架构横向扩展的合理性，规范组织架构扩展模式的可行性，以及如何保证应急响应前后的一致性。

3. 应急指挥机构的职责

应急指挥机构的职责由指挥部成员单位的职责构成，根据突发事件应急处置需要，应急指挥机构的成员单位根据其日常工作职能分别承担不同的应急处置任务。例如，《生产安全事故应急条例》规定，当应急指挥机构及其职责调整变化时，应急救援预案制定单位应及时修订相关预案。

（1）各级指挥部的职责　各级指挥部包括总指挥部和现场指挥部，各级指挥部在日常工作中主要负责应急预案的修订和修改；检查督促成员单位做好重大事故的预防和应急救援的各项准备工作；批准预案的启动和终止；组织指挥应急救援队伍实施救援行动；向上级汇报事故情况；组织实施应急救援演练；组织事故调查，总结应急救援经验等。

（2）指挥部办公室的职责　执行总指挥部的决定，统一组织、协调、指导、检查突发事件的应对工作；收集、分析研究各部门报送的事件信息，对于重大突发事故事件预警信息要及时报送总指挥部；定期组织修订突发事件总体应急预案，审定各类突发事件专项应急预警，督促检查预案演练工作；组织协调应对突发事件的宣传教育和培训工作；承担应急指挥中心交办的其他应急事项；提供协调与技术支持，组织应急救援技术组参加救援工作，协调医疗救护、交通运输、信息保障等工作。

（3）指挥部各任务组的职责　上述已经提到，突发事件根据现场应急处置需要会成立不同的工作组，为了避免救援现场混乱，必须厘清各个工作组的职责。例如，医疗救护组主要负责组织医护人员对受伤人员进行急救和治疗；及时转移受伤人员进行救治等。技术专家组主要负责协同现场总指挥制定救援方案及安全措施；对救援过程中遇到的技术难题及时给予技术指导，并协助现场总指挥及时修订、补充和调整应急处置方案；协同现场指挥部制定应急结束后的恢复计划；负责进行灾情原因分析，查找事故根源、发生的具体地点，分析事件发展状况等。

第二节　应急指挥职权的划分

指挥职权是法律法规赋予各级指挥员的职责和权力，也是指挥员实施应急决策、规划、计划的重要保障。指挥职权的划分，是突发事件应急指挥机构建立以后，对各级指挥机构应具有的职责和权力进行确定。合理界定各级指挥员的指挥职权，是确保突发事件应急指挥活动正确、高效开展的重要前提。在应急指挥体系中，由于各级指挥机构的层次级别和承担的应急任务不同，处于各级指挥机构指挥员的指挥职权范围是不一样的。

一、应急指挥职权的形式

应急指挥职权是突发事件应急处置过程中指挥员职责和权力的统一体，指挥职权有三种形式，分别是直线职权、参谋职权和职能职权。

1. 直线职权

直线职权是依靠法律法规赋予指挥员指挥其下一层级指挥员的权力，这种从上级到下级构成的职权关系从应急指挥机构的最顶层贯穿到最底层，就形成了所谓的指挥链。显然，对于由多个层级组成的突发事件应急指挥结构，每一层级的指挥员都具有这种职权，只不过每一管理层级的功能不同，其职权的大小及范围不同。直线职权是应急组织中最基本、最重要的职权，没有直线职权的有效行使，整个应急指挥机构的运转就会出现混乱，甚至陷入瘫痪。

（1）总指挥的直线职权　一般来说，应急指挥机构一般设总指挥1名，副总指挥1名或若干名，常设成员若干名，总指挥的直线职权包括从全局上对突发事件的应急处置工作负责，比如启动应急预案，签署实施处置方案或下达作战指令，向上级部门和领导汇报突发事件处置进展并请求支援，将突发事件应急处置进展情况向社会发布信息，协调保障应急指挥机构各任务小组顺利开展工作等。在某些突发事件应急处置过程中，由于总指挥承担的工作任务比较繁重，为了减轻总指挥的工作压力，总指挥可根据需要委托或授权某个副总指挥担任总指挥，但最终责任必须由总指挥承担。

（2）副总指挥的直线职权　副总指挥主要协调总指挥开展应急救援工作，对其主责的任务小组负责，每个副总指挥一般会根据任务需要负责一个或多个任务小组，副总指挥应向总指挥报告情况，对突发事件的应急处置提出意见和建议并对总指挥负责。《国家突发重大动物疫情应急预案》规定，突发重大动物疫情发生后，国务院主管领导担任总指挥，办公厅负责同志、农业农村部部长担任副总指挥。应急指挥机构的成员主要包括政府各下属机构、企事业单位以及属地军队和武警等部门的负责人。此外，根据需要确定非常设成员，非常设成员是根据突发事件的性质或处置工作需要设立的单位负责人，如环境突发事件中的生态环境部门、森林火灾中的应急管理部门等，非常设成员由总指挥根据实际需要确定。

总指挥和现场指挥在履行各自指挥职权的同时要理顺行政决策与技术决策之间的关系，突发事件现场指挥部的决策是一种侧重技术层面的决策，而总指挥部更多侧重行政层面的决策。出于科学应急处置需要，现场指挥部应在技术专家组的支持下负责现场处置的技术性决策并承担技术决策责任，总指挥部应尽量避免干预技术决策或替代技术决策。但是，如果总指挥部认为现场指挥部的决策方案不科学，也可否决或另行决策，但此时技术决策主体的职权由总指挥部承担。

2. 参谋职权

随着指挥规模的不断扩大，特别是精简指挥层级，横向指挥规模不断延伸，直线指挥员面临的指挥工作日益繁重和复杂，因此，仅凭指挥员依靠直线指挥已无法满足重特大突发事件应急处置的需要，需要借助参谋职权来支持和协助指挥员完成应急指挥工作，为指挥员提供建议，帮助他们更好地行使直线指挥职权。

3. 职能职权

职能职权是指应急指挥组织结构体系中某个职位或某个部门所拥有的原属行使直线职权人员主管的那部分权力。随着应急指挥和管理活动的日益复杂和庞大，指挥员不可能精通所有类型突发事件处置专业领域内的知识，尤其是复合型灾害事故的应对，为了提高应急指挥的效率，指挥员需要对指挥职权的关系进行调整，把一部分属于自己的直线职权授予某个副指挥员、参谋人员或某个部门的指挥员，这部分权力就是职能职权。职能职权介于直线职权和参谋职权之间，是一种有限的应急权力，只有在被授予的职能范围内有效。突发事件应急指挥过程中，由于各种因素，一旦职能职权不清楚往往会造成多头指挥，影响应急指挥的效率，需要引起指挥员的注意。

二、应急指挥职权的法律依据

1. 国家法律法规

确定突发事件应急处置指挥职责，就是要确定现场各级指挥员并明确界定指挥员的指挥职权，指挥职权的确定包括纵向确定和横向确定，以及应急指挥机构未到场时的临时指挥职权的确定。如《国家重大食品安全事故应急预案》《国家安全生产事故灾难应急预案》《中华人民共和国消防法》等均有相关规定，现场应急指挥机构成立前，先期到达的应急救援队伍和事故单位的救援力量必须迅速和有效地对事故实施先期处置；事故发生地人民政府负责协调，全力控制事态发展，防止次生、衍生和耦合事故（事件）发生，果断控制或切断事故危害链，严格贯彻"谁先到达谁先指挥，依法逐步移交指挥权"的原则。

以消防救援现场指挥员为例，《中华人民共和国消防法》对火场总指挥的职权进行了明确规定，主要包括以下职权：

① 使用各种水源；

② 截断电力、可燃气体和可燃液体的输送，限制用火用电；

③ 划定警戒区，实行局部交通管制；

④ 利用临近建筑物和有关设施；

⑤ 为了抢救人员和重要物资，防止火势蔓延，拆除或者破损毗邻火灾现场的建筑物、构筑物或者设施等；

⑥ 有权调动供水、供电、供气、通信、医疗救护、交通运输、环境保护等有关单位协助灭火救援。

2. 地方性管理办法

近年来，广东省、陕西省、四川省、贵州省等省市从文件层面对现场指挥官的职权进行了规定，如《广东省突发事件现场指挥官制度实施（办法）》《西安市突发事件应急指挥与处置管理办法》《突发事件初期处置现场指挥官实施办法（试行）》分别从指挥职权和职责对突发事件现场指挥官的岗位职权和边界进行了规定。例如《遵义市突发事件现场指挥官工作制度》规定，现场指挥官是指在突发事件应急处置过程中负责现场组织、指挥、协调应急处置工作的指挥长或副指挥长。现场指挥官包括市级现场指挥官、县级现场指挥官和乡镇（街道）级现场指挥官。市级现场指挥官由市应急救援总指挥部或市专项应急指挥部指挥长和副指挥长组成，指挥较大及以上突发事件的应急处置工作；县级现场指挥官由县应急救援总指挥部或县专项应急指挥部指挥长和副指挥长组成，指挥一般级别及以上突发事件的应急处置工作；乡镇（街道）级现场指挥官由乡镇（街道）政府领导组成，负责辖区内突发事件的先期应急处置工作。

突发事件应急处置结束后，负责确定现场指挥官、现场副指挥官的单位决定终止行使现场指挥权，表 2-1 是广东省现场指挥官的职权和职责划分。

表 2-1 广东省现场指挥官的职权和职责

职权	职责
决定采取的应急处置方案；指挥、调度现场应急处置力量；统筹调配现场应急救援物资和装备；协调有关单位参与现场应急处置；协调增派处置力量及增加救援物资；决定依法实施应急征用；提请负责牵头处置突发事件的县级以上人民政府或者专项应急指挥机构主要负责人、分管负责人协调解决现场处置无法协调解决的问题和困难；法律、法规规定的其他职权	遵守法律、法规有关规定，依法行使指挥权；严格执行负责牵头处置突发事件的县级以上党委、政府处置决策，全力维护公众及应急救援人员生命安全；及时汇报负责牵头处置突发事件的县级以上人民政府或者专项应急指挥机构依法对处置工作作出的决定和命令执行情况，尽最大努力把损失降到最低；及时、如实向负责牵头处置突发事件的县级以上人民政府或者专项应急指挥机构报告现场处置情况，通报下一步采取的措施；动态听取专家意见，优化现场处置方案；参与审定授权对外发布的信息，根据授权举办新闻发布会；提出完善现场处置的意见和建议；组织现场处置总结评估；注重自律，保守秘密

正确区分各级指挥员指挥职权的基本要求是：从实际出发，做到赋予指挥员的指挥职责和指挥权限相统一。指挥职责和指挥权力相统一，就是在赋予指挥员的指挥职责时，必须为指挥员履行职责给予相应的权力。否则，指挥的权力不够，就会出现指挥不动的现象，指挥权力不清可能造成指挥活动混乱，同时，在给予指挥员一定的权力时，也必须赋予其相应的职责，使其能够充分发挥权力的作用。总之，从法律法规上赋予现场各级指挥员必要的职权，能够提高现场指挥员的权威性和协调能力，进而确保突发事件应急指挥的统一、有序、高效。另一方面，有权必有责，对现场指挥员约定一定的责任，也能有效防范现场指挥员滥用职权、玩忽职守、弄虚作假等问题。

三、应急指挥职权的移交

《中华人民共和国突发事件应对法》和《国家突发公共事件总体应急预案》规定，突发事件发生后，各级政府负责突发事件应急指挥工作的机构通常有两个，一个是政府的应急委办公室或值班室，另一个是启动预案后成立的突发事件专项应急指挥部。当专项指挥部成立后，参与突发事件应急处置的机构和部门应将指挥权移交给专项指挥部，指挥权的移交应贯彻妥善、有效的方式移交，严禁在指挥权移交的过程中出现"指挥真空"或"多头指挥"等情况的发生。特别是当前我国经济高速发展，社会转型的历史进程中，各种急、难、险、重的救援任务日益突出，应急救援部门承担的任务日益繁重。在处理重特大灾害面前，往往需要多个部门和机构的联合作战，以保证应急救援力量满足现场需要。在这种情况下，对于救援持续时间长，应急处置难度大，社会影响大的突发事件，采取逐级指挥时，纵向指挥层级较多，指挥权移交的时间较长，往往导致上级指挥员还未全面掌握突发事件现场信息时，又出现新的指挥层级，出现指挥混乱的情况，影响应急救援的顺利进行，因此，必须对应急指挥职权移交的步骤、方式和内容作出详细规定。

一般来说，指挥职权的移交可能是因为突发事件规模较大或有扩大的趋势，较高级别的指挥人员到达事故现场，或是现场指挥需由更高管辖单位指派的指挥人员接替。指挥职权的移交可以由上往下转移，例如，当突发事件被有效控制时或者即将结束时就有可能将指挥职权移转给较低级别的救援机构进行指挥，如火灾被完全扑灭后，支队全勤指挥部可以将火场清理工作的指挥职权移交给辖区救援站进行善后处理。突发事件现场指挥职权的移交，应根据突发事件的复杂性、现场总指挥的资历和经验、突发事件的处置成效决定。

1. 指挥职权移交的步骤

指挥职权转移的步骤包括：接管指挥职权的总指挥应尽可能亲自与现场总指挥共同评估突发事件现场情况，拟接管的现场总指挥必须听取突发事件进展情况汇报。由现场总指挥提出事故简报并且当面报告后，再由现场总指挥决定指挥职权转移的时机。指挥职权转移以后，应及时告知突发事件应急指挥中心、现场各层级指挥员以及所有现场参与人员等。

2. 指挥职权移交的方式

指挥职权的移交一般通过两种方式进行，一是整体移交，比如突发事件现场指挥机构和部门将指挥权整体移交给独立的上级专项应急指挥部或属地指挥部门，先期到达现场的应急处置部门完成应急指挥工作；二是局部移交，比如在既有人员不变的情况下，按照突发事件应急处置指挥机构的指令，先期到达的应急处置部门和力量继续承担部分应急指挥职权和实施应急指挥工作，实现应急指挥工作的"软过渡"。比如原《公安消防部队执勤战斗条令》第五十四条规定"两个以上公安消防支（大、中）队协同作战时，上级指挥员到达现场前，实施属地指挥；上级指挥员到达现场后，应当实施直接指挥或者授权指挥"，对灭火指挥权移交的方式进行了明确规定。

3. 指挥职权移交的内容

指挥职权移交的目的主要是让新接管的指挥员根据掌握的现场信息，以更加专业化和高效的方式处置突发事件，以最快的速度降低突发事件造成的影响。突发事件应急指挥职权的移交应包括以下五个重要内容：现场灾情态势、已采取的措施、已经取得的成效、面临的挑战和拟采取的措施。以火灾扑救现场指挥职权的移交为例，灭火指挥权的移交通常发生在救援站与救援站、救援站与大队、救援站与支队、大队与支队、支队与总队、总队和消防救援局 6 个层级的指挥员之间，移交的内容包括火灾现场基本情况、已经采取的控制措施、火灾的发展趋势、利用现有力量和装备控制火势面临的挑战、下一步需要的控制措施。

总之，指挥员是突发事件现场指挥活动的主体，要科学、灵活运用指挥职权，灵活运用指挥方式，提高突发事件的应急处置效率。指挥员应坚定果断，迅速抓住当前的主要矛盾，审时度势，把握重心和关键环节，敢于合理冒险，当机立断作出决策，应急处置过程中，指挥员任何表现在指挥决策上的迟缓和犹豫不决，都有可能造成无法挽回的损失。

第三节　应急指挥体系运行机制

突发事件应急指挥运行机制指在突发事件处置现场，应急指挥体系中各组成部分之间相互作用的方式和规律，主要包括应急响应级别确定机制、应急指挥体系确定机制、应急指挥协调机制、应急信息报告机制、应急通信运行保障机制五个方面。

一、分级响应

根据突发事件的性质、严重程度、可控程度和影响范围等因素，《国家突发公共事件总体应急预案》将应急响应设定为Ⅰ级、Ⅱ级、Ⅲ级和Ⅳ级四个等级，诸如火灾、地震、防汛抗旱等突发事件的分级均沿用此分级标准。初步判断发生特别重大突发事件和重大突发事件，分别启动Ⅰ级和Ⅱ级应急响应，由事发地省级人民政府负责应对处置；初判发生较大突发事件，启动Ⅲ级应急响应，由事发地的市级人民政府负责应对工作；初判发生一般突发事件，启动Ⅳ级应急响应，由事发地县级人民政府负责应对工作。当突发事件发生在易造成重大影响的地区或重要时段时，可适当提高响应级别，应急响应启动以后，可视事件损失情况及其发展趋势调整响应级别，避免响应不足或响应过度。对各类突发事件的响应级别进行快速、准确识别，是突发事件报送和分级处置的重要依据，只有针对不同级别启动相应的应急预案，才能更加科学利用应急救援资源，既不造成资源浪费，也不会出现救援力量不足的情况。

以灭火救援为例，消防救援队伍通过接警，根据火灾现场的信息对险情作出判断，确定响应级别，并派出应急救援力量，完成初级响应。到场的救援力量判断灾情信息，将具体情况反馈到指挥中心。全勤指挥部根据事态的影响范围及出动力量的控制能力，决定是否扩大应急响应范围。扩大应急响应的主要目的是提高指挥级别，增加救援力量，扩大应急资源的调用范围。在救援队伍具体的作战中，诸如大型油罐火灾、重大险情的社会救援，涉及的救援力量、应急物资及其他保障，很大程度上需要政府的协调。通过扩大应急响应等级，可以为救援创造更好的外部条件，充分发挥队伍的作战能力。

二、属地为主

属地为主强调突发事件现场的应急指挥工作，在一般情况下应坚持属地化、专业化为主的原则，由事发地或负责该区域的专业应急机构负责应急救援工作的现场指挥。实施增援的应急救援力量执行现场总指挥下达的任务要求，完成所承担的应急任务。实行属地为主指挥，能让熟悉事发地现场情况的政府迅速反应、及时报告、快速处置，是适应反应灵敏应急指挥体制的必然要求。强调属地指挥为主，是因为突发公共事件发生地政府迅速反应和正确、有效的应对，是有效遏制突发事件发生、发展的关键所在。因此，必须明确属地政府是预防突发事件发生、先行应对和防止扩散及衍生新事故的第一责任人，赋予其统一实施应急指挥处置的权力。当然，实行以属地指挥为主的指挥模式并不排斥上级政府及其有关部门、人员对应急处置工作的指挥和指导，也不会影响与事发地其他部门和单位的协同配合。

原《公安消防部队战斗执勤条令》指出，两个以上消防支（大、中）队协同战斗时，上级指挥员到达灭火救援现场时，应实施属地指挥。在灭火救援现场，由辖区救援站、支队指挥员或属地指挥员实施指挥，这种方式即为属地指挥。由于属地指挥员熟悉本辖区情况，因此，这种指挥方式便于迅速定下决心，迅速实施灭火救援。在消防救援队伍由两个以上救援站参加的灭火战斗行动中比较常见，在支队指挥员到达现场以前，由辖区救援站实施指挥。

三、多种指挥方式相结合

1. 统一指挥与分散指挥相结合

统一指挥是指在应急处置过程中由现场最高指挥员或指挥部统一确定应急处置方案，将各种应急救援力量统一起来，并下达行动命令，保证现场力量部署的整体性和应急救援行动的协调性，各领受任务的下级指挥员必须协调一致去达成总指挥部定下的应急救援目标。这种指挥方式的实质，是对突发事件现场的应急救援力量保持指挥权的高度集中统一，其优点是便于统一组织应急救援行动，形成整体合力。

分散指挥，也称为分权式指挥，是指应急救援现场各区域或各战斗段的指挥部门和指挥员，根据突发事件现场总指挥部的命令，结合所承担的任务和队伍及人员特点所进行的独立自主的一种指挥方式。分散指挥能够使下级指挥员充分发挥主动性和创造性，依靠其自身经验和能力，便于机断行事。

统一指挥与分散指挥是对立统一的关系，他们在指挥权的集中和分散程度上有不同的要求，统一指挥强调应急救援现场指挥权的相对统一，而分散指挥则要求指挥权相对赋予下级指挥员。突发事件应急指挥实践中，集中和分散两种组织方式是相互依赖和渗透的，职权上的绝对集中和绝对分散是没有的。统一指挥离不开分散指挥，下级指挥员在上级指挥员的统一意图下勇于负责，机断行事，有利于总指挥部的意图和决策的实现；分散指挥也离不开集中指挥，下级指挥员只有在总指挥部的指挥前提下，全面、正确地理解上级的总体意图，才能充分发挥各自的主动性和创造性。

2. 逐级指挥与越级指挥相结合

逐级指挥，是指依照隶属关系逐级实施的指挥方式，其要求是总指挥下达命令时应按照隶属关系逐级下达，逐级控制。逐级指挥的特点是层次清楚，分工明确，有序性强，便于发挥各级指挥职权的作用。采取逐级指挥方式能够维护正常条件下建立起来的指挥关系，各级指挥员对本级指挥职权熟悉明确，便于逐级发挥作用，形成合力。采取逐级指挥方式通常所占时间较长，为了提高指挥的时效性，还应灵活运用其他方式弥补。

越级指挥，是指突发事件情况比较紧急时，应急救援现场指挥员超越一级或多个层级的指挥方式。其实质是为了应对救援现场的紧急情况，打破正常的指挥关系，越级对一线指挥员或战斗员实施直接指挥，这种指挥方式减少指挥层级，节约时间，是紧急情况下不得已所采取的组织指挥方式，能为突发事件的应急处置争取宝贵时间。比如，大型油罐火灾扑救现场，发生沸溢、喷溅时，或突然出现大面积流淌火，严重威胁一线作战人员的人身安全时，可以实施越级指挥。

逐级指挥和越级指挥是一般与特殊的关系，没有逐级指挥，就不存在越级指挥，两者的区别在于指挥职权的直接作用层次不同，适应的范围不同。在实践中，逐级指挥和越级指挥有时是需要交替使用的，一般突发事件处置现场，应以逐级指挥为主，越级指挥为辅。在坚持逐级指挥和越级指挥的同时，还要坚持一元化指挥，即下级指挥员向上级指挥员报告情况时，严禁越级报告，必须坚持逐级报告情况。

3. 分权指挥与授权指挥相结合

授权指挥，是指在突发事件应急处置现场，由总指挥部或指挥员将总指挥部或总指挥的某一部分权力分出来并授予与其同级或低一级指挥机构或指挥员，以完成某些特定应急处置任务的行为，一旦任务完成，所授权力自动收回。实施授权指挥时，上级和指挥机构及指挥员必须承担指挥责任。例如，在 1993 年金陵石化南京炼油厂万吨轻质油罐爆炸事故处置中，江苏省和南京市政府以及江苏省消防救援总队领导都在现场，但江苏省和南京市政府却将现场灭火指挥权交给了熟悉油罐火灾特点和灭火方法的原南京消防救援支队支队长，这就是典型的授权指挥。

四、应急通信保障机制

应急通信是应急保障支撑体系的重要内容，重特大突发事件往往造成通信网络中断、无线通信网络拥堵，导致指挥信息无法及时、准确、畅通传达到各级指挥部和一线每一个应急救援人员，严重影响突发事件应急处置的效率。因此，有没有一个快速响应、韧性可靠的应急通信保障体系已成为决定应急救援成败的关键因素。

从网络类型看，应急通信网络是由专用通信网络、有线通信网络、移动通信网络、互联网等组成的公共通信网络，其中专用通信网络主要用于突发事件现场指挥调度和信息传输，公共通信网络主要用于面向公众发布预警信息等。应急通信往往是综合利用各种通信系统与通信技术，根据突发事件和应用场景的不同选择使用不同的通信手段，以满足不同群体在复杂环境和条件下的通信需求。无论是有线网络、移动网络、卫星网络、专用集群网络还是自组网络，都拥有各自的特点和常规应用方式。为满足突发事件现场通信的可靠性，必须采取多样化的通信方式，合理将适用于突发事件现场应急救援通信技术整合到一个网络系统中，其相互之间应该互相联通、相互补充，以满足极端复杂条件下的应急指挥需要。

1. 应急通信装备和人员装备配备

针对断网、断路、断电极端恶劣条件下的通信保障，卫星通信作为最基本的通信手段，发挥着至关重要的作用。应急救援部门要以卫星装备为基础，配置新型卫星便携站，做到一主一备，提高卫星通信指挥车在极端条件下的应用，配备性能良好的前突通信保障车、卫星电话和小型侦察类无人机等必要装备，还要辅助助力小推车、三家运营商的电话卡、三脚架、三轴稳定器、多链路聚合终端、便携式发电机等辅助保障装备。

2. 应急通信人员数量配备

针对地震、洪涝、台风等极端突发事件，需要依靠现有装备开展断网、断路、断电极端条件下的通信保障测试训练。及时搭建前方指挥部，需要强化卫星通信装备在不同环境下的测试性训练，测试各类卫星装备的抗雨能力，测试雷雨、大风等恶劣环境对应急通信装备性能的影响，形成在特殊情况下快速选择最佳架设地点的实战操法。

3. 应急通信协同保障机制

由政府牵头，并出台相关文件从经费、政策、机制等方面提高通信基础设施的建设水平，加强应急通信协同过程，同公安、交通、水利、气象、电力等政府相关部门，以及当地的军队、武警部队加强信息互通，约定通信联络规则，定期开展联合通信演练和综合会商，提升整体保障水平。还要主动同电信运营商进行对接协调，充分整合社会和政府应急通信资源，强化多部门应急通信协同保障水平。

第四节　国外典型应急指挥体系

为应对频繁发生的地震、飓风、森林火灾、恐怖袭击等突发事件，发达国家从 20 世纪 80 年代开始不断总结实践经验，结合本国体制，先后构建了适合本国国情的突发事件应急指挥体系，主要有美国模式、德国模式和日本模式等。尤其是从 20 世纪 80 年代至今，美国国家突发事件管理系统通过吸取"9·11"恐怖袭击事件、福岛核事故、卡特里娜飓风等事件经验教训，不断优化突发事件应急指挥体系，已经发展到目前的第三代管理系统。

一、美国应急指挥体系

1. 突发事件管理系统

美国是最早研究突发事件现场指挥体系的国家之一，目前，美国第三代突发事件管理系统包括四个重要子系统，分别是突发事件指挥系统（ICS）、应急操作中心（EOC）、多机构协调群（MAC Group）和联合信息系统（JIS），其中 ICS 是实施现场指挥、控制和协调应急机构的重要工具和方法，MAC Group 则用于支持突发事件现场应急资源协调和信息协调等，ICS 和 MAC Group 是美国突发事件管理系统的核心，突出强调"统一指挥"和"多方协调"在突发事件现场的重要作用；EOC 用于突发事件场外支持现场应急指挥任务，类似于我国的应急指挥中心；JIS 主要用于支持突发事件现场各类信息的沟通和交流，类似于我国突发事件现场的宣传机构。

2. 突发事件指挥系统

ICS 是一套实施应急指挥的标准化工具，主要由行动计划支持、专业行动处置、财务资金支持和后勤保障等部门组成（图 2-2）。ICS 具备以下几个显著特征，并被世界大部分国家和地区所采用：通用术语、模块化组织、目标管理、遵循事故应急预案、有限的管理幅度、预设行动场所与设施、综合性资源管理、整合通信、指挥的建立与转移、指挥链与一元化指挥、联合指挥、明确义务、分配权力界定、信息与情报管理。

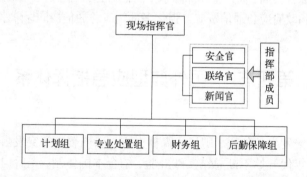

图 2-2　美国 ICS 组织结构

ICS 为典型的面向现场的应急指挥系统，其上层为州一级的应急运行中心和政策决策层，ICS 的现场指挥官主要负责突发事件现场的应急救援行动，并不负责政策层面和重大策略的制定。虽然 ICS 源于森林火灾应急救援，但该体系不断完善并广泛应用于各级各类突发事件应急处置并取得了较好的效果，已经被大多数国家公认为处理典型突发事件应急指挥最有效的指挥系统。其适用于以下突发事件现场应急指挥：危险化学品事故、自然灾害、恐怖袭击及相关活动、洪涝灾害、城市与森林火灾、核事故、飞行器事故、地震、龙卷风、飓风、台风以及战争导致的相关灾害等。根据现场应急任务的不同，ICS 下设计划组、专业处置组、财务组和后勤保障组 4 个小组。此外，根据突发事件的类型和级别，在保证基本框架完整的同时可对以上 4 个小组向下进行扩张，例如各个小组可以根据承担任务的需要，向下划分为分支、分队、单元等（图 2-3）。

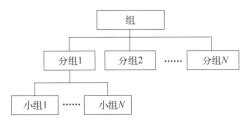

图 2-3　美国 ICS 的组织扩编

3. 指挥体系运行机制

突发事件发生后，当地州政府按照预案迅速成立以州长、相关部门以及州应急指挥中心为核心的总指挥部，并根据突发事件的类型和性质，依靠相关法律任命现场指挥官，再由现场指挥官任命指挥人员和其他成员。同时，ICS 从机制上规范了不同应急响应部门和不同层级指挥员的权责关系、指挥程序、指挥关系、指挥术语、指挥权移交以及具体操作层面的问题等，从而确保指挥过程明确、有序和高效。

美国 ICS 的重要机制是强调联合指挥与协调，即当重特大突发事件涉及多个部门或多个区域时（类似于我国的多灾种突发事件），指挥体系下的各个分组可以由政府不同机构的人员组成，可以由多个部门人员进行联合指挥，即现场指挥部向下采取联合指挥的方式运行。这种联合指挥的方式，能够大大提高应急指挥的协调性和应急资源的配置。其具有如下特点：①形成了统一的指挥机构；②实现了统一的目标和协同工作；③有利于从全局统筹考虑应急计划；④共同使用计划、后勤、财政行政等部门；⑤有利于协调应急资源的调度。

在信息报告方面，美国规定下属应急组织和人员不能越级报告，每个下级单位只能向其上一级部门报告，即形成从下至上的一元化应急指挥体系。在指挥层级方面，向同一上级报告的所有具有区域管辖权和应急救援责任的人，构成一个指挥层级。ICS 指挥层级的设立根据灾情的需要和涉及的当局机构而定，一般设置 4 个指挥层级，不同层级的指挥部不能超过以下规定：3~5 个下级单位；2 个 9 人下级单位，或者 3 个 3 人下级单位。此外，当突发事件规模较大，需要分段、分片、分组指挥时，为了提高应急指挥的效率，每个区段和分组也可实施横向的独立指挥。而且，根据事件复杂程度的不同，在地域上

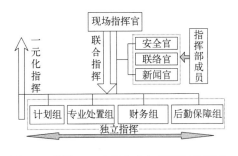

图 2-4　美国 ICS 多元化应急指挥运作模式

复杂性较高时，还可以采取"区域指挥"的概念，在几个地方的指挥员上层设区域指挥员，协调该区的应急指挥工作。图 2-4 为美国 ICS 多元化的应急指挥运作模式。

4. 通信保障机制

美国应急管理部门将突发事件现场划分为事故区域、指挥区域、通信中心、集结区域和待命区域。其中，通信中心是现场指挥的中枢，为了保证前方和后方的指挥协调，美国联邦应急管理署（FEMA）针对事故规模专门成立不同数量的移动应急响应特遣分队，包括多功能无线通信车、多频段通信车、Ku 频段移动通信车和快速反应车等。美国应急通信管理体系的核心是美国国家通信系统，主要成员包括联邦应急管理署、国土安全部、交通运输部、消防局、气象部门等 35 个部、委、局机构。此外，美国 50 个州也建有覆盖全州的公共安全通信系统及其下属地方政府的专用应急通信系统。其中，以基于 4G-LTE 技术的国家 FirstNet 无线宽带网络系统最为先进，该系统利用 700MHz 的频率实现全美范围内的广泛覆盖，部分偏远地区利用卫星覆盖，以向警察部门、消防部门、医疗部门及其他现场应急救援机构和人员提供全国性的、完全共享的数据和视频传输数据。

美国国土安全部、联邦通信委员会是美国应急通信管理的主要机构，以美国国家无线宽带网络为例，负责 FirstNet 建设和管理的委员会共有 15 名成员，其中 3 人来自国土安全部、总检察署和美国行政管理与预算局，其他 12 名成员由美国商务部长任命，12 名成员中至少有 3 名成员必须为各州、市、县、镇的代表，同时，至少有 3 名成员具备公共安全领域管理的经验。

二、德国应急指挥体系

德国的"应急操作指南：指挥与控制系统的领导与指挥规则"来自 1875~1980 年间的消防条例 12/1 和 1982 年的前国家灾害控制条例 KatSDV100 中的"使命中的领导"。后来，根据德国公民保护政策的变化，产生了新的"DV100"条例，并用于警察、军队和非政府卫生组织。德国的 DV100 条例分为总则、领导与指挥、突发事件指挥体系三章。对于持续时间较长的重特大突发事件，地区或地方政府的领导需要在政治层面成立性质指挥部，并任命总指挥，负责突发事件现场和行政管理所有任务的执行、协调和责任，为了确保完成应急任务，总指挥部需要设立行政指挥部和战术指挥部（图 2-5）。根据应急任务的不同，两个指挥部是一种特殊的机关组织形式，互不隶属，在处理同一突发事件时，可以同一时间在不同的行政或领导级别上设立多个行政指挥部和战术指挥部。

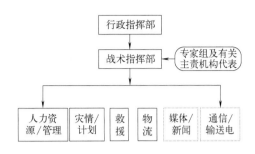

图 2-5 德国应急指挥组织结构

1. 行政指挥部

行政指挥部是根据联邦州法律法规进行的政务会，根据控制突发事件和灾后恢复重建的需要包含所有相关的组织、机构和部门。其任务是在行动上快速完成综合决策，在时间压力下平衡所有的方方面面，具体在后方负责突发事件应急救援的行政决策与协调沟通，一般位于突发事件后方的指挥中心，类似于我国的应急指挥中心。根据联邦法律法规，行政指挥部所具有的权力主要有：疏散周围民众、照顾或替换其他相关人士、依据行政法规对其他人采取措施、卫生与健康保护、财产保护等。行政指挥部主要有指挥部总指挥、行政指挥部协调小组、指挥部常设成员、相关成员等（图 2-6）。总指挥一般由事发地的副市长或副县长担任，常设成员包括交通秩序、消防、灾难保护、卫生、环境、公关等内部成员，还包括警察、军队、能源供给等外部成员，通常由各部门或单位的负责人担任；相关成员包括议会所有厅局、办事机构等内部成员，以及乡镇、第三方专业人员等外部成员。协调小组负责协调内部事故，如两个指挥部在灾情信息通报、通信联络、接听市民热线、与媒体进行沟通、起草汇编文件等。

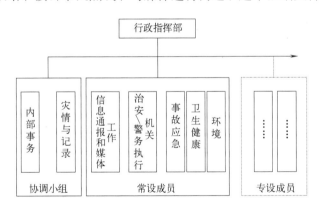

图 2-6 德国行政指挥部组织结构图

2. 战术指挥部

战术指挥部则主要承担一线救援、现场处置等技术层面的工作，办公地点一般设置在事故现场的固定地点或移动的指挥车上，是典型的面向现场的应急指挥机构。战术指挥部的总指挥一般由消防局长担任，在德国范围内，战术指挥部都是统一的标准化构成，从任务分工下设人力资源管理、灾情及计划、救援和应急物流四个通用编组，也可根据灾情需要增加新闻/媒体和通信两个编组。战术指挥部的外部成员则包括远程通信中心人员和一个信息处理人员，仅承担应急信息的收发和处理工作，不参与具体决策。通过内部成员和外部成员间的合作，战术指挥部保持了指挥信息的畅通。当然，在德国个别地区，也有仅设一个指挥部的情况，即共同指挥，这种方式融合了行政指挥部和战术指挥部的全部职能。

3. 指挥体系运行机制

德国突发事件发生后，一般由事发地的最高行政长官宣布成立两级指挥部，并根据突发事件的性质分别任命行政指挥部（由副市长或副县长任总指挥）和战术指挥部（由消防局长任总指挥）的指挥人员。同时各州从法律层面对两级指挥部的功能、职责、构成、设置、指挥程序、指挥关系、指挥术语等作出了标准化规定。

三、法国应急指挥体系

法国在突发事件应急指挥体系方面实行的是中央政府、大区、省和市镇的四层管理体系，在管理模式上，与我国较为类似，实行的是分类管理、属地为主和分级响应。

1. 应急指挥机构设置

（1）中央层面应急指挥机构设置　在中央层面，负责突发事件综合应急管理的机构是内政部下属的公民保护与危机应对总局及几个大区办公室，主要负责各类自然灾害、工业及技术灾难等突发事件的应急预案管理和应急资源协调等工作。其主要机构包括消防处、应急预案及危机管理处、全国应急资源管理处三大部门。其中，消防处负责全国消防力量的行政管理和全国范围内消防人员的培训工作；应急预案及危机管理处主要负责国家层面上的风险预防，国家级应急预案的规划、编制与指导，重大危机的预警、处置、沟通及恢复等工作；全国应急资源管理处则主要统管各类应急救援队以及救灾资源等物资的管理。总局对国家级的应急部队及其他应急救援力量行使管辖权，可以在全国范围内实现各类应急队伍的调遣。

公民保护与危机应对总局下设有全国应急指挥中心，实行 24h 运行，平时主要负责对全国范围内突发事件情况及舆情信息的监控、预警和分析，必要时可根据监控分析情况向总局提出事件介入和处置决策建议，战时则主要作为全国范围内重大突发事件和危机的应急指挥平台。全国应急指挥中心设有各相关部门的联合指挥席位，视事件的性质和规模启动相应协同应对机制，相关部门成员纳入总指挥部。一旦事件升级到需要总理府出面协调应对时，需要启动临时部际联席会议作为最高决策指挥机构，指挥中心则变为中央政府总指挥部的指挥决策平台，如图 2-7 所示。

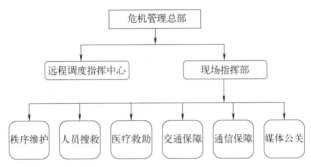

图 2-7　法国突发事件应急指挥机构设置

参与应急救援的国家层面机构如工业部、社会事务和卫生部、交通部、生态能源部、农业农产品和林业部等部门作为成员单位参与事件指挥决策。一般情况下，这些部门主要负责各自行业范围内的突发事件应急处置，一般只有当事态超出部门应对能力上升为跨行业、跨部门重大危机时，才启动部际联席会议工作机制，由多部门联合应对。例如，在 2020 年新冠疫情的防控过程中，由法国社会事务和卫生部、内政部、外交部共同牵头启动联合应对机制，从源头防控开始抓起，严格控制疫情从周边国家传入法国本土，同时指定了专门收治新冠肺炎病例的专业医院，卫生部门负责感染人员救治并实施跟踪监测。

（2）地方政府应急指挥机构设置　在地方政府层面，不同层级的突发事件实行统一指挥和属地管理，市镇一级政府机构为突发事件救援的主体。一般意义上的常规突发事件，如火灾、交通事故、小范围自然灾害等，主要在市镇一级完成处置，市镇长或省级专员公署派出人员是现场指挥官。自然灾害、事故灾难等突发事件的应急救援主要依靠当地消防救援力量，消防指挥官是现场指挥员，并对其制定的救援方案和方案的实施过程负责。

当事态严重程度超出市镇级响应能力或者事态影响范围扩大至省级范围时，指挥权则会上移至所在的省，省级如果仍然处置不了，则继续上移至防区层级。在省和防区层级上，法国中央政府驻该地的行政长官（防区专员及省级专员）是最高指挥官，省和防区的主要应急救援力量是辖区内的消防队伍和警察队伍，必要时周边各省会在接到援助请求后派出支援力量，并接受当地行政长官的统一指挥。

需要指出的是，当发生社会安全类事件或者其他突发事件处置中涉及社会治安维护时，一般由各市镇的市政警察在现场执行安全秩序的维护和处置工作。如果事态超出地方控制范围，还可由内政部国家警察局派出警员协助处置，情况再严重时甚至可以动用国防部的宪兵队伍。

2. 应急指挥体系架构

由于法国行政体制的特殊性，省一级政府自身并没有设立专门的应急管理指挥部，当突发事件发生后，国家驻省专员通过省消防与应急救援处置中心履行应急指挥职能。根据需要，驻省专员可向上级机构，即公民保护与危机应对总局区域办公室求援，或直接向总局求助。上级将协调区域或国家资源支援，但通常情况下不会接管省的管理权或驻省专员指挥权。当然，上级机构也可以根据需要直接介入或指挥地方的应急救援工作，此时救援责任由上级承担。也就是说，中央和地方共同分担应急救援的指挥与协调职责。法国突发事件救援现场消防指挥官主导技术层面救援方案的制定和实施，而行政指挥官（市镇长、驻省官员、内政部长、总理等）则负责行政组织层面的应对，例如应急资源的协调与保障等。当然，如果行政指挥官认为有必要，也可以直接对技术救援方案进行干预，甚至直接接管现场救援的指挥。此时，技术救援的责任也由行政指挥官承担。虽然指挥工作在行政和技术上有着明确分工，但在政治上，行政指挥官对于救援的最终结果负总责。图2-8为法国突发事件应急指挥体系结构图。

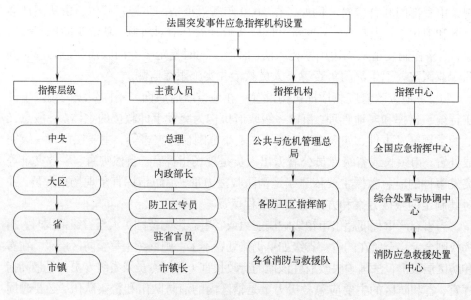

图 2-8 法国突发事件应急指挥体系

第三章

应急信息管理

应急信息管理是突发事件现场信息收集与整理，信息分析与研判，信息传递与储存，信息报告、发布和报送的总称，目的是及时、准确、全面地掌握和突发事件应急处置与救援有关的应急信息，并为应急指挥与决策提供信息支持和保障。

第一节　概　　述

突发事件应急处置与救援是以应急信息为导向的，因此，应急信息管理是突发事件应急指挥活动的基础。突发事件应急信息管理有其自身的本质属性和内涵，只有正确认识和理解应急信息及应急信息管理的含义，才能准确把握突发事件应急信息管理的内容及本质，提高突发事件应急处置能力和应急指挥决策的效能。

一、应急信息及其特点

1. 应急信息

应急信息是突发事件应急处置与救援的核心要素之一。从狭义上理解，掌握应急信息是制定应急救援行动方案的前提和基础；从广义上理解，突发事件应急指挥过程就是一个将突发事件的情况信息和救援任务信息加工成为救援行动指令信息的过程。实际上，突发事件应急救援行动方案的制定需要借助应急信息进行判断、方案的组织实施和调整需要借助应急信息进行控制、方案执行终结后需要凭借突发事件应急信息进行总结评估。

突发事件应急信息是指突发事件发生后，政府机构或其他应急管理主体发布的，与广大公众、法人或其他组织切身利益相关的，需要社会公众广泛参与应对突发事件的相关信息。主要包括突发事件的类别、发生的时间和地点、损失情况、相关措施、影响范围、警示事项、事态发展、下一步工作措施和咨询电话等。

2. 应急信息的特点

突发事件应急信息具有时效性、准确性和连续性的特点。时效性要求信息的获得和传递要及时，因为突发事件不同阶段应急救援行动方案的制定需要利用突发事件现场的信息。准确性是指获得的信息要符合突发事件现场的实际情况，这就要求在收集和加工处理信息时要实事求是，不能凭借个人的主观臆断和猜测。连续性是指要不间断地对突发事件现场的信息进行收集，以便了解现场情况的变化，并根据对信息的分析判断及时调整和更改应急救援行动方案。

二、应急信息管理的含义

《中华人民共和国突发事件应对法》第三十七条规定："国务院建立全国统一的突发事件信息系统"，"县级以上地方各级人民政府应当建立或者确定本地区统一的突发事件信息系统，汇集、储存、分析、传输有关突发事件的信息，并与上级人民政府及其他有关部门、下级人民政府及其有关部门、专业机构和监测网点的突发事件信息系统实现互联互通，加强跨部门、跨地区的信息交流与情报合作"。根据该条规定，突发事件应急信息管理可理解为信息收集，信息储存，信息处理，信息传递、发布和报送等的总称。

从信息的视角看，突发事件应急指挥决策过程实际上是一个信息输入、信息加工处理、信息输出及信息反馈的不断反复的过程。因此，突发事件情境下现场信息从源头到现场指挥部及指挥者接收、解码、研判并作出反应的动态演进过程，就是突发事件应急信息管理的过程。应急信息管理贯穿于突发事件应急处置与救援指挥过程的始终。

三、应急信息管理的内容

根据《中华人民共和国突发事件应对法》，可将突发事件应急信息管理的内容分为信息收集、信息处理、信息传递与储存、信息报告与发布和信息报送等。

1. 信息收集

信息收集是应急信息管理的逻辑起点。信息收集的基本任务就是将突发事件的类型、地理位置信息、救援资源等相关信息汇集到应急信息管理平台中。为保证应急信息的及时性、真实性与完整性，首先要建立科学规范的突发事件应急信息收集机制，主要包括建立各级应急信息系统，并加强相关职能部门的信息系统之间的整合，确保应急信息传递畅通无阻，实现应急信息共享。其次要建立应急数据库，持续收集和储存突发事件及应急资源等应急信息。最后要完善信息收集制度，发挥专家或专业机构在信息收集中的作用，以有效地获取有价值的信息。

2. 信息处理

信息处理是指对收集到的突发事件原始信息进行整理、加工和分析，使信息有序化和系统化。信息处理不仅能揭示信息的内容和本质，而且能为信息传递做准备。只有经过处理的信息才能被适时有效地利用，因为加工处理后的信息是具有重要价值的信息，也是突发事件应急指挥决策需要的信息。信息处理主要包括信息真伪和准确性的判断；利用相关信息对突发事件发展趋势及态势的预测；对零散和无序的突发事件信息开展分类、排序、统计和分析等工作，从而为突发事件现场应急处置与救援指挥决策提供综合的信息支撑。

3. 信息传递与储存

信息传递是指信息在时间和空间上的转移，是突发事件现场信息从信息源到应急指挥部接收、解码、作出反应，并以行动指令发布和应急救援力量实施的过程。信息传递主要包括应急指挥中心与现场应急指挥部之间、现场应急指挥部与各应急救援力量之间、后方保障力量与前沿救援力量之间的横向和纵向的信息传递与反馈。信息送到使用者手中，有的并非使用完后就无用了，有的还需要参考和保留，这就是信息储存。通过信息的储存不仅可以总结和揭示突发事件应急响应的规律，而且能够为突发事件的事后调查和应急处置与救援评估提供参考资料。

4. 信息报告与发布

国务院办公厅要求通过应急平台向国务院报告突发公共事件信息，有条件的同时报告音视频信息。紧急情况下，可先通过电话口头报告，再书面报告。突发事件发生后，政府机构或其他应急管理主体，为了保障社会公众的知情权和参与权，为突发事件应急处置构建一个和谐的舆论环境，按照法定程序，主动向社会成员或组织公开发布突发事件信息的行为过程就是信息发布。《中华人民共和国突发事件应对法》规定："履行统一领导职责或者组织处置突发事件的人民政府，应当按照有关规定统一、准确、及时发布有关突发事件事态发展和应急处置工作的信息""任何单位和个人不得编造、传播有关突发事件事态发展或者应急处置工作的虚假信息"。

5. 信息报送

信息报送是指向上级有关部门报送突发事件发生、发展、应急处置等基本情况信息，以便上级领导掌握突发事件现场情况。按照《中华人民共和国突发事件应对法》的规定，"获悉突发事件信息的公民、法人或者其他组织，应当立即向所在地人民政府、有关主管部门或者指定的专业机构报告"。因此，突发事件所在地的人民政府是信息上报的主体，专业机构、监测网点和信息报告员是所在地政府及有关部门的重要信息源。《中华人民共和国突发事件应对法》规定："地方各级人民政府应当按照国家有关规定向上级人民政府报送突发事件信息"，"专业机构、监测网点和信息报告员应当及时向所在地人民政府及其有关主管部门报告突发事件信息"。根据《中华人民共和国突发事件应对法》《国家突发公共事件总体应急预案》等有关规定，特殊情况下，事发地市、县级人民政府在向上级人民政府报告突发事件信息的同时，可直接向国务院总值班室报告情况。信息报告主体获知突发事件线索后，应及时主动核实。对达到或可能达到突发事件标准的情况，应立即电话报告，同时编报书面信息上报；突发事件应急处置过程中，应密切跟踪事态发展，全面掌握相关情况，加大续报工作力度；突发事件处置结束后，应及时终报。

第二节 应急信息收集与处理

应急信息收集与处理是突发事件现场应急指挥决策、应急行动组织和应急协调控制的基础。突发事件现场信息种类繁多、来源广泛，合理地对突发事件现场信息进行分类并掌握其来源，有助于突发事件现场信息的收集工作。通过现场信息的分类，得到与突发事件应急救援行动有关的现场信息，并对这些信息进行加工整理，能够准确判断突发事件现场的情况，从而获得应急指挥的主动权。

一、应急信息的分类及来源

根据突发事件发展阶段和现场信息用途的不同，可将突发事件应急信息分为空间地理信息、救援资源信息和重大危险源信息三类，对应的信息由主要负责部门提供，以保证信息来源的及时可靠。突发事件现场应急信息分类如图3-1所示。

1. 空间地理信息及来源

突发事件空间地理信息包括突发事件发生地的地理位置、波及区域的位置、空间及平面布局、突发事件发生区域道路的损毁情况、通行状况、应急救援力量抵达突发事件发生地点可供优先选择的路线、实时交通管制等。空间地理信息在数据源上有卫星遥感数据、航空拍摄的影像数据、地面跟踪数据、移动终端设备获取的位置等。突发事件现场应

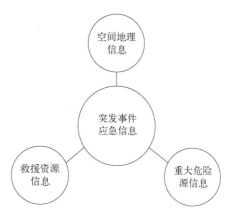

图 3-1 突发事件现场应急信息分类

急指挥部成立后，可组成由信息主责部门负责的救援任务小组，以获取突发事件的空间地理信息。以某市突发事件应急处置为例，可由市公安局和市交通委负责成立治安交通组，负责空间地理信息的采集工作。

2. 救援资源信息及来源

救援资源信息主要包括可调用的专业救援力量和社会救援力量信息、实时气象信息和其他辅助资源信息。救援力量信息具体包括所需各类救援力量的类型及区域分布情况、救援人员的分布及执勤情况、专家组信息、灾民安置和救助的需求信息；实时气象信息主要包括受灾区域的天气情况、实时风力、风向突变、降雨量或降雪量及未来可能发生的天气突变等信息；其他辅助资源信息包括突发事件救援所需的资源类型和数量信息，救援物资储备库及附近避难场所等其他基础设施的信息，需要重点保护的场所和单位等信息，救援所需的医疗卫生资源信息，供水、供电、供暖、供气、通信等部门的协同保障信息。突发事件救援资源信息主要由各信息主要负责部门提供。以某市突发事件为例，救援资源信息的来源和主要负责部门见表 3-1。

表 3-1 救援资源信息的来源及主要负责部门

	信息内容	信息来源	信息主要负责部门
应急 救援 资源 信息	专家组成员信息	专家组	各灾种主要负责部门
	供水、供电、供气、供热等信息	综合组	市城市管理委、市水务局、市电力公司、市排水集团、市热力集团、市自来水集团、市燃气集团
	医疗卫生资源信息	医疗卫生组	市卫生健康委、市中医管理局
	通信保障信息	通信组	市经济和信息化局、市通信管理局、市大数据局

续表

	信息内容	信息来源	信息主要负责部门
应急救援资源信息	灾民安置和救助需求信息	救灾救助组	市民政局、市财政局
	辖区内可调用的专业救援力量、资源及装备信息	专业处置组	市应急管理局、市消防救援总队、市地震局、市气象局、市水务局、市电力公司、市排水集团、市热力集团、市自来水集团、市燃气集团
	可供调用的社会救援力量	总指挥部	市委、市政府
	需要警戒、管制的范围、区域,重点保护的场所、单位等信息	专业处置组	突发事件主要负责部门

3. 重大危险源信息及来源

突发事件重大危险源信息包括突发事件的类型、级别及其预案信息;涉及地理区域大小、人员和财产的数量;已经造成死伤人数和现场被困人员的信息、可能引发的次生灾害类型、波及范围、人员数量、经济损失及社会影响;已经造成的直接经济损失和社会影响等信息。可采取基层统计上报、遥感图像或航片识别、基于历史统计资料的评估、现场调查统计、新闻媒体报道等方法获取突发事件重大危险源的信息。以某市突发事件为例,重大危险源的信息来源和主要负责部门见表3-2。

表 3-2 重大危险源的信息来源及主要负责部门

	信息内容	信息来源	信息主要负责部门
重大危险源信息	突发事件引发的舆情信息	新闻协调组	市委网信办、市委宣传部、市广播电视局
	突发事件的预案信息	专业处置组	各灾种主要负责部门
	人员伤亡信息	医疗卫生组	市卫生健康委
	受灾级别、时间、地点、受灾人口、需要转移人口、受灾面积、经济损失	总指挥部	市应急委
	可能引发的次生灾害、波及区域及影响范围、时间信息	总指挥部	市应急委

二、应急信息收集

突发事件现场应急信息收集,是现场应急指挥部以侦察、检测、询问等方法和手段获取突发事件现场及应急救援情况的活动,是突发事件应急救援指挥决策的基础。

1. 信息收集方式

突发事件应急信息收集要在信息来源的基础上，由各执行救援任务的小组进行，并独立完成信息的筛选和甄别工作。突发事件现场设立总指挥部，指挥部下设专门的信息收集中心，统一负责总指挥部下辖各执行救援任务小组信息的纵向传递，同时负责将指挥部的决策信息传递给相关救援任务小组，实现信息共享以及向社会发布与突发事件相关的信息。各执行救援任务的小组下辖的分组只可以向其上级进行信息上报。总指挥部信息收集中心要以移动通信指挥车为依托，建立信息收集制度，从硬件和技术层面完成对各执行救援任务小组的数据、音频、视频、图像等分类采集和分析工作。

以某市突发事件为例，现场指挥部成立了以固定信息资料库和治安交通组、通信组、医疗卫生组和新闻协调组等八个任务小组组成的信息网，如图3-2所示。

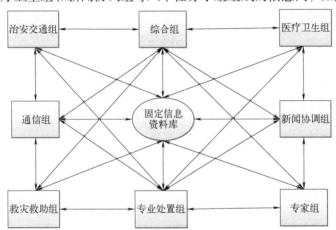

图 3-2 以任务小组为节点的信息网

突发事件现场应急信息收集可综合利用现场灾情信息勘察与测绘技术，如遥感图像或航片识别、网络舆情采集技术、城市视频监控系统等，实现突发事件现场信息收集和信息共享。以某市突发事件为例，信息收集方式见图 3-3。固定信息资料库是应急指挥部下辖各任务小组用于本小组开展突发事件应急救援工作和其他组调用；流动信息主要指突发

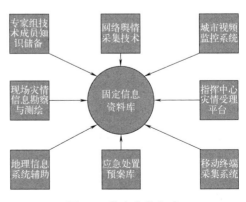

图 3-3 信息收集方式

事件应急救援过程中产生的信息，这些信息需要实时传递到各任务小组，以实现信息共享。

2. 信息收集方法

（1）接受通报与报告　接受通报与报告是通过上级情况通报、友邻情况通报和下级报告等获取有关突发事件现场应急信息的一种重要方法，也是各级指挥机关信息收集中心的一项基本工作。建立上下、左右、友邻之间及时交流现场信息的通报与报告制度可以从更高层次了解有关突发事件现场信息，有利于掌握有关突发事件应急救援行动全局的情况。上级往往具有更强的现场信息收集能力，因此，接受上级情况通报所收集到的现场信息更具有宏观性和准确性。接受友邻情况通报可以及时掌握友邻方向上有关的现场信息，特别是友邻方向上的灾情情况、友邻的行动进展及完成任务的情况、友邻方向上的态势对所辖任务区域行动的影响等。听取下级报告可以直接掌握有关所属应急救援力量的现场信息，下级行动是本级行动的重要组成部分，通过听取下级报告所收集的现场信息更具有直接性、针对性、及时性和准确性。在现场信息收集活动中，指挥者通过接受上级和友邻的情况通报以及听取下级报告，能从不同层次上收集掌握有关突发事件现场信息，使所收集到的现场信息更为全面、准确、及时。

（2）查询　查询是通过调查和询问等活动收集突发事件现场应急信息的一种方法。查询的主要方式有查阅资料和询问情况。查阅资料是指挥者根据突发事件应急救援行动的需要，直接从已掌握的资料中查取有关现场信息的方法。指挥者既可从平时建立的现场信息库中查取，还可以利用先进的现场信息网进行查阅。信息技术的飞速发展，为建立现场信息库和组建现场信息网提供了极大方便，利用计算机建立的现场信息库具有容量大、精度高、查阅速度快、操作简便的特点；利用网络云、大数据建立的现场信息网使陆、海、空、天、电多维空间的侦察平台联为一体，信息共享；各大数据平台成为指挥者查阅现场信息不可缺少的手段。询问是指挥者根据需要，直接对掌握情况者进行询问而收集突发事件现场应急信息的方法。如需要了解自然灾害的灾情时，可直接询问地震局和水利部门的负责人，需要了解事故灾害现场情况时，可向事故灾害报警人员和现场的知情者咨询。

（3）侦察　突发事件现场指挥部组织救援力量进行侦察，直接收集突发事件现场应急信息，以获得突发事件当前的情况。通常可采用外部观察、内部侦察、询问知情人和使用突发事件发生单位的监控系统、仪器检测或探测系统等方法。

① 利用传统的侦察手段获取现场信息。传统的现场侦察手段包括外部观察（侦察人员通过感觉器官对火灾事故现场外部火焰的高度、方向、温度、烟雾的

颜色、气味、流动方向和周围情况等进行侦察，以判断火源位置、燃烧范围、燃烧物品的性质、火势蔓延方向、对毗连毗邻建筑物和其他物体的威胁程度、受到火势威胁或被火势围困的人员的位置以及飞火对周围可燃物的影响等）、内部侦察（侦察人员进入火灾事故现场燃烧区内部，采取听、看、嗅、喊、敲、摸、水枪射流等方法，观察火势燃烧情况、蔓延方向和途径，人员、贵重物资和仪器设备等受火势威胁的程度，进攻路线与疏散通道，建筑物有无倒塌征兆，是否需要破拆，寻找对灭火战斗有利因素等）、询问知情人（侦察人员直接向火灾发生单位负责人、安全保卫干部、工程技术人员、值班员、周围群众和目击者询问现场的详细情况）等手段。

虽然传统的侦察手段相对比较简单，具体操作时间比较长，对实施侦察者的经验、阅历、心理等方面的因素依赖性比较强，但是这些侦察手段可以获得突发事件现场的详细信息。如火灾事故现场整个外部周边环境、内部火势当前状况、燃烧区域正在发展情况和燃烧区外围的被困人员物资情况等信息。

②　利用固定设施获取现场信息。通常，重要的建筑以及工业设施都安装有固定的火灾和安全监控系统。不仅可以通过固定的检测系统获得电信号，而且还可以通过视频监控系统获得监控区域内的可视图像。如火灾事故现场可以利用这些固定的侦察设施详细全面地获得内部的燃烧、发展蔓延情况和被困人员以及贵重物品情况等信息。再如，大型商场、超市以及星级酒店等建筑，除了安装有火灾自动报警系统外，一般都设有电视监控系统，侦察人员可以直接通过消防监控中心获得现场的原始信息。

③　利用仪器检测获取现场信息。随着经济发展和科技进步，应急救援装备建设正在快速发展。在突发事件应急救援中可以利用具有侦察检测功能的高新技术产品，如空中飞行器（无人机、直升机及卫星）、可燃气体测爆仪、有毒气体检测仪、辐射侦察仪、红外线火源探测器、红外线可视仪、建筑倒塌事故经纬仪、智能位移监控器等，获取突发事件现场应急信息。

（4）勘察　现地勘察是指挥者到突发事件现场观察和察看现场情况，收集掌握有关现场信息的方法。指挥者通过现地勘察可以直接掌握现场的"第一手"资料。由于现地勘察具有一定的危险性，指挥者在组织现地勘察时必须拟制现地勘察计划，严密组织勘察保障，以保证现地勘察活动安全有效进行。在很多情况下，现地勘察需要借助某些器材装备来实施。

三、应急信息整理

在突发事件应急处置与救援过程中，现场指挥部指挥决策使用的信息不是收集的原始信息，而是经过分类整理、各工作组和指挥部工作人员筛选、专家组综合评价后得到的真实且有重要价值的突发事件现场应急信息。

1. 信息整理的方法

对来自多方面、原始的杂乱信息进行处理，使之变成可用的决策信息，是实施突发事件应急指挥科学性的重要方面。突发事件现场应急信息整理主要有分类整理和鉴别提炼两种方法。

（1）分类整理　对现场信息的分类整理是提高突发事件现场信息利用率的重要方法。对现场信息的分类整理，实质上是一个归纳、排队的梳理过程。经过分类整理后的现场信息必须清晰、简练、易懂，具有条理性和时序性，便于使用。

突发事件现场应急信息可以按照信息反映的内容、信息的时序和信息的重要程度进行分类整理。按照突发事件现场情况所反映的内容进行分类，可分为指挥部决策部分、上级指令部分、突发事件现场灾情及其他情况部分、应急救援力量情况部分、环境与气象部分等。按照现场信息本身的时序进行分类，可分为突发事件预案信息、突发事件发生情况信息、突发事件发展情况信息等。按照突发事件现场信息的重要程度进行分类，可分为重要信息、一般信息、参考信息等。在突发事件应急处置与救援过程中，可综合使用上述三类信息分类整理方法。

（2）鉴别提炼　对现场信息的鉴别提炼是提高现场信息处理质量的重要一环，实质上是一个真伪鉴别、质量分类的过程。在突发事件应急指挥过程中所获取的现场信息，特别是突发事件变化情况，往往掺杂着一些不确定的假信息，加之侦察上报渠道的不同往往会使同一个问题出现多种不同的、甚至是相互矛盾的方面。因此，在对现场信息进行处理时，必须进行对比分析和多角度的鉴别，及时识别假的现场信息，剔除含糊不清、模棱两可的现场信息，修正有欠完整的现场信息，提高现场信息的可信度。通常情况下，经过提炼后的现场信息，应当能够回答"是什么""可能怎么样""何时""何地""情形""性质""数量""发展趋势"等一些具体问题。鉴别提炼后的现场应急信息才是突发事件应急指挥决策所需要的有重要价值的信息。

2. 信息整理的程序

突发事件信息整理要坚持逐级处理制度。由于突发事件现场信息源多、信息格式多样化，特别是当前大数据采集技术的应用，突发事件现场指挥部必须建立一支专业化的信息上传和下达的专业人才队伍，在保证信息真实可靠的基础上，对信息能够实现逐级筛选、甄别和挖掘。

（1）各工作组整理　各工作组在将信息共享到数据库前必须要对突发事件

现场信息进行处理，认真核对各项数据的真实性，确实掌握突发事件发展变化的程度，避免因为错误的信息而影响现场指挥部的决策。

（2）指挥部工作人员筛选　突发事件现场往往会出现多组同时采集了同一类信息，但是信息的内容却不相同。此时，现场指挥部工作人员对于各组传输到数据库中的数据要进行第二次筛选，通过联系相关实施救援任务的小组和实地考察等方法保证信息的准确性。

（3）专家组评价　突发事件现场指挥部的专家组要根据经验对信息库中的信息进行综合评价，对于某些违反现实客观规律或实际常识的信息要质疑，并请求指挥部对此类信息进行再次确认，从而保证现场指挥决策时利用的信息是准确的。

四、应急信息分析

突发事件现场应急信息分析，是对整理后的应急信息采用定性分析和定量分析相结合的方法，对突发事件发展的态势进行预测和判断，从而为指挥部制定正确的应急救援方案和实施科学的应急指挥决策提供参考。

1. 分析方法

（1）定性分析方法　定性分析方法是指对所收集到的突发事件现场应急信息进行由此及彼、由表及里所采用的方法。影响突发事件现场应急救援能力的因素既有有形的，又有无形的；有些可以用数量反映，有些无法用数量反映。如指挥人员的组织指挥能力、威望和由此产生的非权力性影响力，参与救援行动的人员的士气和纪律，训练水平，勇敢精神和协作精神等是无形的因素。因此，运用定性方法对突发事件现场信息之间的相互联系和作用进行分析，可以揭示突发事件现场应急信息的本质。

（2）定量分析方法　定量分析方法是指运用数学方法，对收集整理后的信息进行量化分析的方法。对突发事件现场信息进行定量分析，主要是进行有关计算，包括如下几点。

① 应急救援行动能力计算。如主要应急救援力量和救援装备的种类与数量，救援行动保障和后勤保障力量的种类与数量等。

② 指挥与控制能力计算。如指挥与控制的范围，指挥保障力量数量，指挥系统的配置场地，现场信息与指令传递的速度等。

③ 救援力量使用计算。如计算一次救援行动、一个阶段的救援行动需要的救援力量，及其可能形成的实际救援行动效能。

④ 时间计算。即根据各种救援力量的行动速度，各种行动准备的时间，完成调整补充所需时间等计算应急救援能力。

⑤ 空间计算。如各应急救援力量的配置位置和到达救援区域的距离等。

⑥ 消耗与补给能力计算。如救援力量装备的损耗数量，应急生活物资的种类与数量，单位时间的消耗量、补给量、救援能力水平下降与可能恢复的程度等。

⑦ 专业数据计算。如各种主要救援装备的技术指标及其他专业保障的数据等。在进行了这些单项计算的基础上，再进行综合计算，进而得出有关救援行动能力、可能采取的救援方法、救援效能等方面的基本数据结论。

对突发事件现场应急信息进行分析时，要注重定性分析与定量分析的结合，两种分析方式的结合是预测和研判突发事件现场态势的重要方法。

2. 态势判断

（1）态势判断的内容　态势判断是指突发事件现场指挥部在全面掌握各种信息的基础上，对突发事件当前的状态以及未来的发展趋势进行分析和预判。在应急救援对象方面，主要分析人员的被困情况、安全威胁的程度、突发事件的发展情况等；在可供使用的应急救援力量方面，主要分析应急作战企图，各救援力量的编成、装备器材、救援特点、救援能力和社会相关保障能力等；在救援及处置环境方面，主要分析救援消防通道、周围车辆和人员、救援车辆停靠位置和救援实施的空间情况等。在分析上述情况的基础上，得出情况判断结论，判断结论内容一般包括：突发事件发展及威胁状况，应急力量的救援企图及救援能力，应急现场所需的应急力量和突发事件态势的对比等。

（2）态势判断的要求　为了准确地分析判断现场态势，要求在收集和处理现场信息时要快速、准确、详细，主要体现在以下几个方面。

① 全方位掌握。突发事件的恶性化、复杂化和应急救援方式方法的多样化，决定了现场信息收集活动要具有全方位性。指挥员只有在立体、综合、实际、及时的前提下全面掌握突发事件现场信息，才能满足应急指挥决策的需要。

② 实时收集整理。现场信息的价值就在于准确及时，如果不能对现场信息实时收集、实时处理，准确掌握突发事件现场的情况，就会贻误最佳救援与处置的时机，造成不必要的人员伤亡和财产损失。

③ 信息共享。共享就是现场各应急救援力量围绕实行同一应急行动，实现同一目标而展开的现场信息获取活动，形成一体化现场信息，按应急救援所需共同使用。按照共享性要求，从事现场信息的获取活动应以应急指挥部为中心，对现场信息汇集加工，实施统一集中管理，从而避免各应急力量条块分割、各自为战、互通性差、利用率低、现场信息资源的浪费。

④ 统一管理信息。对现场信息实行统一管理，便于统一调度和使用各种现场侦察力量和资源，统一计划和组织各种现场侦察力量的行动，形成整体合力。这就要求对各种渠道获取的信息进行印证，以便去伪存真，得出较为准确的判断结论。统一管理信息不仅可以减少指挥人员在现场信息分析判断过程中的工作量，缩短指挥周期，而且有利于各级指挥员、各应急救援力量及时了解所需要的信息，提高现场信息的使用效率和应急指挥活动的时效性。

第三节　应急信息传递

突发事件现场应建立功能多样、纵横贯通、安全可靠的一体化通信网络，以传递和反馈指挥中心与应急指挥部之间，应急指挥部与各应急力量之间，后方力量与前沿阵地之间的应急信息。这就要求现场通信网络必须保持畅通无阻，保证现场应急指挥、力量协同等信息的实时传递和反馈，以支撑指挥决策、组织实施、协调控制等突发事件应急处置与救援行动。

一、信息传递的含义与内容

1. 信息传递的含义

信息传递是指从一端将命令或状态信息经信道传送到另一端，并被对方所接收。信息传递是一个交替往复循环的过程，包括传送和接收，是信息的闭环管理过程。信息传递需要信息工作人员及必要的工具和技术，才能确保信息及时、迅速、准确、不间断和全面地传递。实际上，在信息传递过程中，要通过变换载体才能使信息准确地传递给接收者。经过信息的处理，输入的信息才能变成所需要的信息，才能被适时有效地利用。因此，突发事件情境下现场信息从源头到现场应急指挥部及指挥者接收、解码、作出反应，并以行动指令发布、应急力量实施的过程，就是突发事件信息传递的过程。

2. 信息传递的内容

突发事件应急处置与救援过程中的信息主要分为固定信息和流动信息。固定信息主要是突发事件应急指挥部下辖各任务小组的力量编成、应急预案等资料，用于本组开展突发事件处置和其他任务小组调用。流动信息是指突发事件应急处置与救援过程中产生的信息，这些信息要实时传递到各执行救援任务的小组，以实现信息共享。突发事件应急指挥部汇总各个任务小组共享的信息后形成突发事件应急救援行动方案，并以行动指令的形式下达给各执行救援任务的小组。

二、信息传递的方式

突发事件应急处置与救援过程中的信息传递包括突发事件现场指挥层级之间以及指挥部内部之间应急信息的横向和纵向传递、突发事件影响地区之间及突发事件应急处置与救援部门之间应急信息的横向传递。突发事件层级间的应急信息传递如图3-4所示。

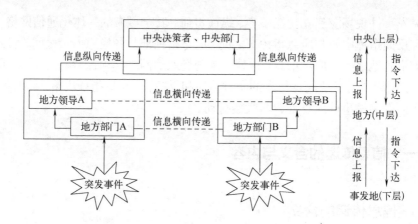

图3-4　突发事件层级间的应急信息传递图

1. 纵向传递

纵向传递是指从纵的方向传递信息，即向上或向下传递信息。可以分为自下而上和自上而下两种形式。

自下而上是指组织内部同一系统内的较低层次人员向较高层次人员的沟通，如应急指挥部下辖各执行救援任务的小组的请示和汇报；现场指挥部汇总各个部门和小组的上报信息后向其上级汇报救援行动的总体方案和进展情况。信息从下级组织到上级组织的交流，是依靠上级组织对下级组织的等级权威来完成的，以明确的上下级关系为核心，且要保持上级组织的信息畅通。准确、及时、全面采集和上报突发事件信息，是突发事件发生地政府和各相关部门的重要责任。如果发生突发事件的地方政府和部门敏感性不够，报告不及时、内容不完整，甚至迟报、漏报、谎报、瞒报，是导致上级政府和部门未能在第一时间迅速作出准确判断，未能在第一时间采取有效救援措施，事态进一步升级和扩大的重要原因。如2005 年的卡特里娜飓风救灾过程中，美国各市、州、联邦政府之间缺乏通信工具，导致指挥混乱，这是造成初期沟通不畅和救援工作进展迟缓的主要原因。再如 2014 年 11 月 22 日青岛市中石化东黄输油管道泄漏爆炸特别重大事故发生后，开发区应急办未严格执行生产安全事故报告制度，压制、拖延事故信息报告，谎报开发区分管领导参与事故现场救援指挥等信息。开发区安全监管局也未及时将青岛市中石化有限公司报告的厂区内明渠发现原油等情况向政府和有关部门通报，也未采取有效措施。

自上而下是指组织内部同一系统内的较高层次人员对较低层次人员的沟通。如突发事件应急指挥部对其下辖的各执行救援任务的小组进行应急救援命令的传达和救援力量的部署。突发事件发生地政府和各相关部门准确及时地将突发事件应急救援的相关信息报告给上级政府和部门后，有助于上级政府和部门在第一时间迅速作出准确判断，采取有效救援措施，防止事态进一步升级和扩大。当突发事件应急响应级别提高后，现场要及时成立应急指挥部，指挥部下辖多个部门、职能分部和任务小组。现场指挥部汇总各个部门和小组的上报信息后要快速研判，向下传达应急行动方案，将指挥部的决策信息以命令的形式传输给各执行救援任务的小组。

2. 横向传递

横向传递是指地区与地区之间、组织与组织之间以及组织内部不同部门之间的信息传递。它们之间并没有明确的上下级关系，没有隶属关系，彼此是信息的传播者和接收者。信息横向传递的关键是同级部门要各负其责，协同配合。如果在信息横向传递过程中出现部门职责划分模糊、信息无法共享、协同配合不够等问题时，会在一定程度上影响突发事件应急指挥的效率。例如 2011 年 7 月 23 日甬温线特别重大铁路交通事故发生后，救援涉及铁道部和地方政府权力的条块分割，由于现场指挥部组建迟缓，各方权力分工不清晰，影响了救援工作的有序开展。

三、信息传递的流程

按照突发事件先期处置、区级响应、市区联动、市级响应、善后与恢复的应急处置阶段，可将信息传递分为信息网准备阶段、信息网快速组建、信息网逐渐扩大、信息网调整升级、信息网重心转移五个流程。以某市为例，突发事件现场应急信息传递的流程如图 3-5 所示。

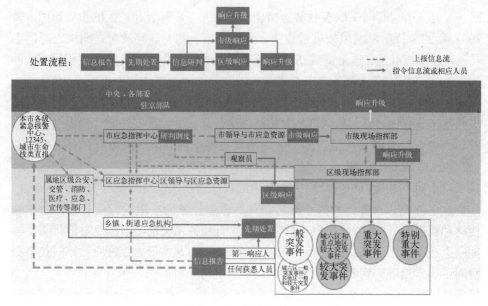

图 3-5 某市突发事件信息传递的流程图

1. 先期处置——信息网准备阶段

先期处置阶段是信息网的准备阶段，虽然还没有形成指挥部和各个任务小组，但是各个小组已经开始准备信息网，同时，固定信息资料库已经基本组建完成。

2. 区级响应——信息网快速组建

在区有关领导到达现场后，事件由先期处置进入区级现场指挥阶段。区级主责部门到达现场后成立区级现场指挥部，组建各救援任务小组，同时以任务小组为节点的信息网也建立起来，随着信息网的运作，应急信息在各任务小组之间传递，推动突发事件应急处置进程。某市突发事件应急指挥部的信息传递如图 3-6 所示。

3. 市区联动——信息网逐渐扩大

如果某市应对突发事件呈现"两级联动，统一应对"的特有态

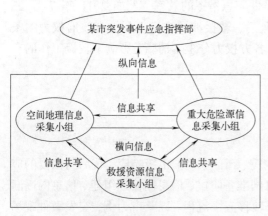

图 3-6 某市突发事件应急指挥部的信息传递图

势，作为责任部门的区级和市级联动至关重要。同时，信息网的拓展也存在独特性，一是信息上报阶段，在已经建立的信息网基础上，信息的采集和处理要更加频繁。二是态势研判和力量调集阶段，根据突发事件应急预案，要尽量保证多个任务小组对现场信息的共享，从而为初期应急指挥提供信息支撑，最大限度地发挥各级救援力量的自身优势，避免和减少因突发事件造成的人员伤亡和财产损失。

4. 市级响应——信息网调整升级

市级响应启动后，现场各救援任务小组由区级调整升级为市级，同时信息网也随之调整升级，随着信息接收和处理、现场管控、现场指挥部建立、应急救援行动方案实施、协同联动和信息发布等工作的展开，信息网逐渐丰富，得到最大化利用。

5. 善后与恢复——信息网重心转移

突发事件应急处置完成后，信息网随之缩减为单独单线网，主要由救灾救助组与属地政府和相关部门对接，信息网重心转移，完成善后与恢复工作。

第四节　应急信息报告、发布与报送

在突发事件应急处置与救援过程中，各级人民政府及其有关部门、专业机构、监测网点及公民、法人或其他组织要及时收集、报告、传递突发事件及其处置情况的应急信息，法定的行政机构要依照法定程度在第一时间将真实信息发布于公众，否则可能引发突发事件的扩大或升级。

一、信息报告

1. 信息报告机制

突发事件发生后，地方政府、涉事企业事业单位或其他生产经营者必须采取应对措施，在启动预案的同时立即向上级政府、当地突发事件主责部门和其他相关部门报告，同时通报可能受到事件影响的周围单位和居民。事发地突发事件主管部门接到突发事件信息报告后，应当立即进行核实，对突发事件的性质和类别作出初步认定，按照国家规定的时限、程序和要求向上级突发事件主管部门和同级人民政府报告，并通报同级其他相关部门。突发事件已经或者可能涉及相邻行政区域的，事发地人民政府或突发事件主管部门应当及时通报相邻行政区域同级人民政府或突发事件主管部门。地方各级人民政府及其突发事件主管部门应当按照有关规定逐级上报，必要时可越级上报。接到已经发生或者可能发生跨省级行政区域突发事件信息时，国务院突发事件主责部门要及时通报相关省级突发事件主管部门。对于初判为特别重大或重大突发事件、可能或已引发大规模群体性事件的突发事件、可能造成国际影响的境内突发事件、境外因素导致或可能导致我国境内突发事件、省级人民政府和国务院突发事件主责部门认为有必要报告的其他突发事件，省级人民政府和国务院突发事件主责部门应当立即向国务院报告。

2. 信息报告的时限

信息报告的时间影响突发事件应急处置的效率。《中华人民共和国突发事件应对法》要求，突发事件发生后，发生地县级人民政府应当向上一级人民政府报告。《国家突发公共事件总体应急预案》规定："特别重大或者重大突发公共事件发生后，各地区、各部门要立即报告，最迟不得超过 4h，同时通报有关地区和部门。应急处置过程中，要及时续报有关情况。"国务院应急办则进一步要求："重特大事件发生后，要采取一切措施尽快掌握情况，力争 30min 内向国务院总值班室电话报告、1h 内书面报告。"

3. 信息报告的程序

突发事件信息报告分为初报、续报、核报和终报，也均具有其相应的报告时限。无论突发事件是否有新情况、新变化、新进展都要进行报告。突发事件发生之后到事态稳定之前，要持续报告。以《自然灾害情况统计调查制度》为例，初报要求在第一时间了解灾情，并在灾害发生后的 2h 内报告。在重大自然灾害稳定之前均需执行 24h 零报告制度。县级民政部门每天 9 时之前将截止到前一天 24 时的灾情向地（市）级民政部门上报，地（市）级民政部门每天 10 时之前向省级民政部门上报，省级民政部门每天 12 时之前向民政部报告情况。行政村（社区居委会）每天 8 时之前将截止到前一天 24 时的灾情上报乡镇（街道），乡镇（街道）在每天 8 时 30 分之前汇总上报到县（市、区）。续报要求每天 9 时、10 时、12 时之前将截止到前一天 24 时的灾情分别向地（市）级、省及国家民政部门上报。核报则要求地（市）级民政部门在接到县级报表后，应在 2h 内审核、汇总灾情数据；省级民政部门在接到地（市）级报表后，应在 2h 内完成审核、汇总灾情数据的工作。

4. 信息报告的内容

国务院办公厅对突发事件信息报告的内容进行了规范，要求突发公共事件信息报告的内容要简明、准确，应包括以下要素：时间、地点、信息来源、事件起因和性质、基本过程、已造成的后果、影响范围、事件发展趋势、处置情况、拟采取的措施以及下一步工作建议等。对突发公共事件及处置的新进展、可能衍生的新情况要及时续报；突发公共事件处置结束后，要进行终报。

5. 信息报告的方式

国务院办公厅要求通过应急平台向国务院报告突发公共事件信息，有条件的同时报告音视频信息。紧急情况下，可先通过电话口头报告，再书面报告。涉密信息的报送遵守相关规定。突发事件信息报告的方式可以分为电话、传真、网络、平台以及会议等。每种方式都有其特点、优劣势和适用条件。

二、信息发布

突发事件应急信息发布指的是突发事件发生后，政府机构或其他应急管理主体等法定的行政机构，依照法定程度将其在应急处置过程中获得的突发事件信息，以便于知晓的形式主动向社会成员或组织公开发布的行为过程。目的是保障社会公众的知情权和参与权，为突发事件应急处置构建一个和谐的舆论环境。

1. 信息发布的意义

突发事件，特别是重大突发事件发生后，舆情的管理极为重要，为避免境外一些媒体恶意抹黑政府，同时更为了安抚群众情绪，应在突发事件发生后尽早发布相关事件信息，新闻协调组要及时向现场指挥部请示信息发布的尺度，利用已经掌握到的现场信息，编写准确、科学描述现场处置进度、人员获救情况、救灾物资发放点等可以安抚群众情绪的文本，并向市委宣传部及市委、市政府领导汇报。当收到发布指令的时候，第一时间准确发布事件信息。

应急信息的发布地点取决于突发事件的规模和应急行动是否正在确定的突发事件现场展开。在小规模、短期、有确定现场的突发事件中，应急信息的发布以现场为基础；在大规模突发事件中或没有确定事件现场的地方，应急信息是通过应急指挥中心进行处理的。突发事件管理者应该任命一名博学多识的首席发言人，他要能够动员专家回答具体的问题，所有其他应急人员应该引导媒体向发言人提问。媒体的信息要求能够通过记者提出的问题来确定，公众的信息要求能够通过日常监控打给辖区谣言控制信息的电话内容加以确定。反复提出的问题应该在记者招待会中被阐明。

2. 信息发布的流程

突发事件信息发布通常包括收集整理核实相关信息、确定发布目的重点和时机、确定发布方式并适时发布、后续发布或补充发布四个主要环节。

（1）收集整理核实相关信息 负责处置突发事件和参与处置突发事件其他的主体是突发事件应急信息发布的第一责任人，应遵循"谁发布、谁负责"的原则，及时收集整理核实相关信息，从源头上做好突发事件应急信息的分析研判工作，保证突发事件应急处置过程中信息的真实、客观、准确和全面。

（2）确定发布目的重点和时机 突发事件应急处置与救援过程中信息发布的目的是通过权威信息的发布做好舆论引导工作，使公众掌握突发事件相关情况，采取相应措施避免遭受更大损失，同时使公众了解和监督政府应对突发事件的举措和行为。信息发布的重点包括突发事件的性质、程度和范围、受影响的公众及其行为建议、事态发展的趋势以及政府已经和正在采取的应对措施等。

（3）确定发布方式并适时发布 突发事件应急信息发布的主体应该综合考虑突发事件的性质、程度、范围、媒体的特点、目标受众范围与接受心理等因素，选择"公众知晓"和"适当"的应急信息发布方式，如积极发挥政府网站、政务微博、主流新闻媒体等主力军作用，同时考虑突发事件应急处置过程中动态变化的复杂性，利用开通热线电话等方式回答公众提出的问题，以确保应急信息发布的权威性和时效性，达到消除公众疑虑和稳定社会的目的。

（4）后续发布或补充发布 《国家突发公共事件总体应急预案》规定：事件发生的第一时间要向社会发布简要信息，随后发布初步核实情况、政府应对措施和公众防范措施等，并根据突发事件应急处置情况做好后续发布工作。突发事件应急信息的后续发布或补充发布要根据先期发布信息的舆情反馈情况适时进行。

3. 信息发布的方式

信息发布人员在收到突发事件应急总指挥的发布指令后，应在第一时间利用多样化的渠道和方式将突发事件的性质、程度和范围，初步判明的原因，已经和正在采取的应对措施，事态发展趋势，受影响的群体及其行为建议等相关信息，主动地向社会公众公开，而且以便于公众知晓的方式主动公开。如发布和举行新闻发布会，接受媒体和记者采访，拟写新闻通稿，通过政府网站发布信息，通过政务微博、微信手机客户端发布信息，发送宣传单，通过手机短信发布信息，通过信息公告栏或电子信息屏公开信息，通过电视、广播、报纸、宣传车或组织人员通知，利用手机、传真和电子邮件答复记者和公众问询等。如果政府、公安部门及其他应急管理部门政治敏感性不强，不及时上报和发布权威信息，就可能引发突发事件的升级。2008 年 6 月 28 日，贵州省黔南市布依族苗族自治州瓮安县部分群众和中小学生，因对一名女中学生死因的鉴定结果从怀疑到对公安机关的不满，两万多人聚集到瓮安县公安局和县人民政府请愿，导致极少数不法分子趁机鼓噪，甚至在光天化日之下发生打砸抢烧的大规模群体性事件。由于瓮安县没有正常、权威开放信息发布渠道满足公众了解事件的真相的需求，没有具备公信力的信息发布可以疏导民意，造成一些负面信息比新闻舆论主渠道发布的正面信息快得多而且信息量很大，从而激起公众对死者的同情和对政府及公安人员的强烈不满。

　　一般来说，突发事件信息发布有大众传播和个人传播两种方式。大众传播主要是通过电视、广播、网络等公共媒体渠道实现的。如发布政府公报、举行新闻发布会、拟写新闻通稿、政府网站发布、发送宣传单、发送手机短信等。如日本建立了针对地震灾情的电视速报系统，由日本气象厅统一发布灾情，通过网络系统传送到各电子媒体，由电视及时插播系统发布，便于民众及时获悉地震灾情。一旦发生有感地震，日本电视上会立即出现一排告知民众发生地震的警报字幕，过了几十秒后则提供包括震中、震源、震级、伤亡及损失情况、引起海啸的可能性以及海啸到达特定地点的预计时间等详细信息。日本电话公司研发了一套针对个人的信息留言系统，为灾害发生后家属立即获得亲友信息提供帮助。如在地震、台风等较严重的自然灾害发生后，日本电话公司开设"灾害用留言电话"，受灾者可以拨打 171 留言，别人再拨打 171 时，只要输入受灾者的电话号码就可以听到相应的留言。

4. 信息发布人员及职责

　　信息发布的主体是法定行政机关，具体指由有关信息发布的法律、法规所规定的行政部门。信息发布人员的主要职责包括组织与管理所有的媒体相关事务；担任应急总指挥对外沟通和与媒体联络的主要顾问；向应急总指挥建议有关救援措施可能给公共事务带来的影响；准备任何可能被提问的问题回复；确定有哪些公众团体对突发事件关注，并了解他们的主要关注内容；采取与公众代表接触和主动前往公众区域等措施回应公众的关注点；在向公众发布信息之前要获得应急总指挥的批准；与政府部门的人员协调准备对公众的声明；为应急总指挥准备与媒体的联系；监控媒体发布的报告；确保应急总指挥知晓媒体的报道内容和要旨；组织或协调安排新闻单位到突发事件现场的采访；选定协助进行公共事务的人选安排，并监督他们的工作；保留报纸、电台、电视的新闻报道信息，以及在新闻发布会上发布的新闻内容；向上级管理部门提供当前公共关系事务的各项进展状态报告，确保上级知晓在公共关系上所遇到的问题和解决方案，以便于评估可能需要上级提供支持的内容。

三、信息报送

突发事件应急信息报送是指各级人民政府及其有关部门、专业机构、监测网点及公民、法人或其他组织在应急处置过程中收集、报告、传递突发事件应急信息的活动。

1. 信息报送的内容

突发事件情境下现场信息报送的主要内容包括已经发生的突发事件的时间、地点、单位和涉及的相关人员；突发事件的简要经过、伤亡人数、直接经济损失的初步估计及发生原因的初步判断；突发事件发生后已采取的初步处置措施、下一步将采取的处置措施、事故控制情况及未来走势预测；应急信息报送单位、签发人、联系人及联系电话。

2. 信息报送的程序

突发事件现场紧急信息要随事件发生随时报送，报送以书面报告为主，情况特别紧急时，可用电话口头初报，随后再书面报告。在第一时间报送紧急重大事件信息时，情况尚不清楚，还需进一步核实的，可先报告初步所掌握的基本情况，再根据事态发展和对情况了解的深入，进行后续跟踪报送。

3. 信息报送的方式

突发事件现场指挥部应通过电话、视频或移动终端等设备向其上级汇报救援行动的总体方案和进展情况。在时限紧的情况下，要打破常规、简化流程，改变层层上报、逐级审签的工作方式，确保紧急信息快速及时报送。

第四章

应急指挥决策

应急指挥决策是指当突发事件出现征兆或发生以后，指挥员及指挥机关在较短的时间内搜集处理有关信息、明确应急处置目标、拟定并选择方案、组织实施与协调控制，直到应急行动结束的一个动态过程。应急指挥决策是为应对突发事件而进行的一系列决策活动，涵盖了突发事件响应、处置和善后三个阶段。

第一节　概　　述

突发事件应急决策与常规决策有着本质区别，深刻理解和掌握应急决策的内涵和实质，需要掌握应急决策相关基本概念、应急决策的本质与主要矛盾、应急决策的基本原则等。

一、基本概念

1. 决策

决策，即为拟定和选择决策者未来的行动目标以及行动方法所进行的一系列思维活动和行为活动的过程，分为决策信息搜集、决策方案设计和决策方案优选三个关键阶段。决策有狭义和广义之分，广义的决策包括问题的提出、目标的确立、方案的制定和方案优选等过程；狭义的决策是指决策者在多种备选方案中作出选择的过程。此外，更为狭义的决策特指对在不确定条件下发生的事件所做的应急处置和决定，由于非常规突发事件应急处置缺少先例和可遵循的规律，其决策过程往往需要承担一定风险。

2. 应急决策

应急决策是指突发事件发生以后，指挥员及指挥机关在较短的时间内必须采取非程序化和非常规化方法所作出的及时决策。突发事件应急决策需要在短时间内收集和处理大量信息，对应急预案和行动方案进行分析并选择最优方案进行实施，同时，在方案实施的过程中需要根据现场信息和态势的变化对方案进行持续跟踪和调整，直至突发事件得到控制。因此，应急决策过程是根据突发事件态势发展的不同阶段，进行多阶段多目标的不确定性动态决策过程。突发事件应急决策过程具有以下特点。

① 应急决策通常是在应急预案的基础上根据应急处置目标和现场态势动态制定应急处置方案。

② 应急决策是一个由多部门、多机构、多组织、多主体共同参与的应急组织决策与协调过程。

③ 应急决策是一个多阶段不确定性决策的动态过程。应急决策动态环境的不确定性包括：突发事件的发生、发展和演化具有不确定性；应急处置措施实施效果具有不确定性；应急处置措施在时间、资源消耗上等具有不确定性；应急信息搜集和处理具有不确定性等。

二、应急决策的实质和主要矛盾

1. 应急决策的实质

应急指挥决策，从形式上看，表现为定下决心和制定行动计划的过程，即应急指挥决策主体为确定作战行动目标和行动方法，在一定条件下所进行的一系列思维活动和行为活动。但从实质上看，应急决策是应急决策主体将要见之于突发事件客观实际和实践行动的主观意志和主观能力，它体现了应急决策主体的主观指导对于现场客观实际的认识，以及对未来应急救援行动的驾驭能力。

应急决策正确与否，主要通过应急救援实践行动结果来检验。如果应急救援实践行动的结果符合应急决策主体的主观愿望和主观意图，则证明主观指导和突发事件现场客观实际相符合，所执行的应急决策是正确的；如果应急救援实践行动的结果没有完全达到指挥决策主体的主观愿望和主观意图，甚至与决策主体的主观愿望和主观意图相违背，则证明主观指导和客观实际不完全符合、甚至完全不符合，所执行的应急决策是不完善的、甚至是错误的。因此，应急决策体现了决策主体的主观指导对于突发事件客观实际的认知。

应急决策具有超前性，它是对未来应急救援行动的方向、目标和方法等所作出的决定。对于已经过去的应急救援行动和正在进行的应急救援行动，都无所谓决策。所以，应急决策是一种对未来应急救援行动的驾驭能力。

2. 应急决策的主要矛盾

在应急决策活动中，指挥员依据所获得的各类情报信息，对所属队伍的任务目标、行动方法、采用何种战术手段和战术方法，要达到什么样的行动目的和行动结果进行综合筹划、优选和决断。指挥员在进行指挥决策时，常常是面对不完整、不确定的情报信息，如被困人员的数量及具体位置，着火建筑较长时间燃烧有没有坍塌危险，事故现场有没有爆炸等其他危险发生等。这些不确定性都将极大地影响和制约指挥员决策的质量。在这种情况下，指挥员和指挥机关通过各种渠道、方法，进一步搜集情报信息，以消除决策上的不确定性，这样对提高指挥决策的质量无疑是有作用的；但是，这又会极大地影响指挥决策的时效性。在某些突发事件的应急救援行动中，决策的时效性往往是至关重要的。

基于以上决策"质量"与"速度"的矛盾与冲突，产生了"决策效能"的概念。应急决策效能是决策时效性和决策正确性的综合体现。决策的时效性，具体表现为指挥决策系统输出指令信息流的速度；而决策的正确性，则具体表现为所输出的指令、命令信息流的质量。决策的质量与决策的速度反映了指挥决策活动效能的两个不同侧面，同时也是指挥决策活动中的一对基本矛盾。

作为矛盾的两个方面，两者既相互制约，又相互依赖。在一般情况下，指挥员和指挥机关搜集、补充情报信息的时间越多，指挥员思考越充分、决策时间越充足，越有利于提高决策的质量，并越有利于作出正确的决策；反之，时间越紧迫，或在仓促的情况下，在很短的时间内要作出决策，其决策的质量是很难得到保证的。因此，这是矛盾反映的第一个层面，它反映了这对矛盾的冲突性。然而，指挥决策矛盾还有另外一个层面的复杂性，即在指挥决策中，决策时间并非越长越能获得高质量的决策及行动效果。因为，随着时间的延长、流逝，各种现场情况、行动条件会不断发生变化，指挥决策活动所依据的情报信息会在时间的流逝中逐渐降低其决策价值，甚至完全过时。原来存在的行动机会也可能会因时间的流逝而完全丧失。在这种情况下，适合于原来情况的正确决策也会变得不那么正确，在原来情况下可能是高质量的决策，现在却可能成为低质量，甚至是不正确的决策。由此可见，在这对矛盾中，过于强调决策的正确性以致影响了决策的时效性，反而会降低决策的正确性；反之，如果过于强调决策的时效性以致影响了决策的正确性，那么时效性本身也会失去其意义。

三、应急决策的基本原则

应急指挥决策原则，是关于指挥决策活动的主观指导规律，是应急指挥主体在组织实施应急指挥决策活动时必须遵循的具有普遍意义的基本行为准则。应急决策原则是人们根据对突发事件应急指挥决策活动客观运动规律的理论认识，结合不同类型突发事件指挥决策的实践需要，所总结和提炼出的对人们有效开展应急决策活动具有普遍指导意义的一般行为准则。由于不同类型突发事件的应急处置有其自身特点，因此，应急指挥决策原则不是教条，而是在应急处置行动中供指挥员及指挥机关参考的行为准则。一般来说，突发事件应急决策应遵循以下几个原则。

1. 系统性原则

"统一指挥、专业分工、属地为主、条块结合"体现了应急决策系统性原则的核心要求。为了有效组织应急决策活动和制定应急决策方案，指挥员及指挥机关必须具有系统性和整体性观点，必须将系统论思想贯穿于全部应急指挥决策活动的全过程，这就是指挥决策的系统性原则。各级指挥员及指挥机关必须以系统的眼光来认识决策任务和决策条件，进而拟制、评估和选择应急方案。应急决策的对象是本级所属应急救援队伍，它通过所属应急救援队伍的行动来完成本级任务。在这个过程中，不仅本级队伍是一个系统，而且本级队伍又是他方处置行动中的一个子系统。应急救援的成败不仅取决于己方的应急处置行动，而且还取决于其他应急救援队伍以及现场环境。根据系统性原则，指挥员及其指挥机关不仅在制定决策的过程中坚持系统性原则，而且在组织实施指挥决策活动中也应坚持系统性原则，即所有的应急指挥决策活动，无论是应急队伍的科学编组、应急救援工作的合理分工、应急物资的统筹调度和使用等，都必须从增进决策系统的整体效果角度出发来予以科学的组织。

2. 时效性原则

"生命至上、人民至上"的应急救援原则要求指挥员和指挥机关必须讲究救援效率，采取一切可能手段挽救人民生命安全和财产损失。因此，突发事件发生后，突发事件发生地的政府必须第一时间响应，及时作出科学的决策，进行有效处置。应急决策之所以要讲速度和时效性，首先是因为复杂救援现场态势极易发生变化，尤其是极端事件具有传播速度快、破坏范围广、防控难度大等特征，极大威胁人民生命安全、扰乱社会秩序。因此，如果由于应急决策速度太慢而导致时过境迁，那么为此周密制定的行动方案实施效果就会大打折扣。

2019 年新冠疫情和 2021 年河南郑州暴雨事件表明，各类突发事件的孕育和发展已经超出人们现有的认知水平，导致突发事件发生后，地方政府对危机的认知相对比较模糊，信息较为匮乏，对突发事件的应急处置往往需要借助于外部力量辅助决策，很大程度上取决于相关领域专家的专业判断，以及应急处置部门对突发事件性质和危险程度的科学认知。以新冠疫情为例，疫情暴发的初期，公共卫生专家能够获知的信息相对有限，专家们需要经过科学的研究论证，才能形成对疫情的初步认知和可能性的判断，在短时间内较难提供充足的科学证据进而提出系统性的防控策略。因此，应急管理部门对特殊突发事件的认知过程是渐进性的、模糊的，认知程度也存在一定的不确定性，但应急处置部门不得以此为由影响应急救援的时效性。

3. 能动性原则

应急救援既是物质力量的对抗，也是人的主观能动性的集中体现。大量应急救援实践证明，只有在精神力量的支配下物质力量才能充分发挥作用。在突发事件应急决策过程中，只有充分调动不同决策群体的主观能动性，才能最大限度提升应急救援队伍的处置效率和水平，从而有效克服应急救援中的"迷雾"和"阻力"，这就是应急决策的能动性原则。应急处置的效果取决于客观条件与应急处置主体的主观努力两个方面，客观条件即是救援环境、处置对象以及应急救援资源的数量和质量等因素，客观因素是决策者所不能左右的，它是决策者制定决策时必须面对的现实。决策者的能动性不是凭空产生的，它是经验、专业知识、信息、胆识等方面的综合产物，是决策者长期学习、训练和实践的结果。能动性既有人的内在素质作为其产生的基础，也与人的精神状态有关。因此，决策人员只有具有高度的政治责任感和昂扬的战斗激情，才能在指挥决策活动中充分发挥出创造历史的主观能动性。

4. 风险性原则

应急救援环境的复杂性、应急救援行动的紧迫性以及救援信息的不确定性共同决定了应急决策不可避免地具有较大的风险性。在这种客观现实面前，如果决策者在决策实践中能够熟练驾驭各种风险，那么就能够在高风险环境中抓住转瞬即逝的宝贵时机，有效达成应急救援目标。决策者及其团队应能充分认识应急处置全过程所面临的风险，善于采取各种措施规避和控制风险，敢于在充满风险的条件下采取积极行动以达成预定目标，这就是应急决策的风险性原则。突发事件应急决策过程中，风险与机遇始终是并存的，不冒一定的风险，就不可能抓住机遇，完全避免了风险，也就彻底失去了抓住机遇的可能性。

第二节　应急指挥决策的内容与程序

不同类型的突发事件以及同一类型的突发事件处于不同阶段,其应急处置任务和需要关注的重点差别较大,因此,指挥员及指挥机关在应急决策的过程需要首先根据突发事件的类型及其发展阶段,明确应急决策的内容及优先性,针对决策的内容、遵循一定的步骤进行决策对科学处置此类突发事件至关重要。

一、应急指挥决策的内容

完整的应急指挥决策内容包括应急处置目标、应急处置任务、行动方案或方法、应急处置力量部署、应急保障组织五个方面的内容。

1. 应急处置目标

指挥员必须根据救援现场信息,并在对现场信息进行系统分析的基础上,根据实际情况确定应急处置目标。应急处置目标包含两层含义,一是应急处置的对象,例如扑救着火的建筑、保护受火势威胁的毗邻建筑、地震灾害发生后被困的人员、疫情需要隔离的人群等;二是进行应急处置活动所要达到的标准,比如完成救人、排除险情、控制火势蔓延、疫区消毒等。第二层目标既包括短期内的目标,也包括长期的目标,特别是一些持续时间较长、现场较为复杂的重特大突发事件。例如,2020 年武汉新冠疫情事件,随着疫情的不断升级,应急救援行动目标也在不断发生变化。再如处置有毒危险化学品槽车泄漏事故时,短期内有效控制泄漏事故,无法实现堵漏时如何将事故影响降低到最小以及保护周边群众的生命和财产安全即所要达到的全部目标。

由于突发事件的不确定性、现场态势的复杂性和应急指挥决策的时效性,应急目标一般以定性的描述为主,有时也采取定量的形式描述。例如,为了防止储罐区着火罐强烈的热辐射引燃临近罐,现场应急目标可确定为冷却着火罐、对距离着火罐 1.5 倍距离内的临近罐进行冷却保护等。因此,确定应急处置目标,一是要全面明确反映应急救援的目的、现场指挥部和上级部门的意图,使应急处置目标成为整个救援意图的有机组成部分。二是要符合主观条件和客观条件,即所确定的应急处置目标要具有可行性。三是行动目标要有准确的含义,以便下级指挥员和一线处置人员准确把握。如果行动目标的指向性不明,就会增加执行的难度,甚至偏离既定目标。

2. 应急处置任务

应急处置任务即为了实现应急目标所要采取的各种措施，这些措施应体现不同类型突发事件不同发展阶段时指挥员的决策企图。在突发事件应急指挥决策过程中，行动任务有时比较抽象，有时比较具体，一般来说，行动任务主要包括以下几个方面：现场秩序的维持，例如，2019年底武汉新冠肺炎疫情期间，社会秩序和经济秩序的维持等；灾情的侦察与评估，例如，通过各种侦察技术和手段获取现场人员伤亡信息、态势信息、舆情信息等，并进行态势评估；现场突发险情的处置；被困人员的搜救；受影响区域内人群的疏散与隔离；事故现场受伤人员的现场医疗救护、现场贵重物资的抢救与保护、突发事件现场的安全警戒和现场应急处置行动的应急保障等。

应急处置任务分析通常包括以下几步：根据事故现场需要确定任务来源、确定可使用的应急资源、确定现场态势信息分析结果、明确影响应急行动任务的外部因素等。通过科学分析和归纳，从突发事件现场应急处置的主要方面生成基本应急任务列表，并根据应急救援的紧迫性确定任务列表的优先级。例如，为了防止泄漏的易燃易爆有毒气体扩散对周围人群的伤害，必须迅速完成安全警戒范围的设置、及时组织周围群众疏散、及时采取堵漏措施限制有毒气体扩散等任务，而确定这些任务的优先级，要视现场情况而定，比如是先堵漏还是先灭火，要看周边人群和危险源的具体分布情况等。

3. 行动方案或方法

行动方法是实现行动任务的方法保证，具体来说，就是采取什么策略、战略战术、行动组织方式以及协同配合实现应急救援所要达到的任务目标。比如在灭火救援过程中，扑救火灾可以采取的战术方法包括堵截、突破、夹攻、合击、分割、围歼、排烟、破拆、封堵、监护和撤离，这些都属于狭义上的行动方法。例如，针对新冠疫情采取的封闭管理措施，同一个城市不同辖区实现的差异化管控措施等。而如何实现这些方法，需要在行动方案中对应急力量调配和部署、协调控制等进行明确规定，即支持应急行动方法的具体举措有哪些，也属于行动方法的内容范畴。例如，重特大化工火灾扑救现场，当需要同时采取堵漏和控火行动时，采取堵漏的方法是什么，是直接堵漏、带压堵漏，还是其他堵漏方法，带压堵漏是采用支撑法，还是采用卡箍法、顶压法或者其他方法，在行动方法中必须明确说明。再比如，采取措施控制地面流淌火蔓延时，是采取筑堤围护，还是采取泡沫覆盖+水枪阵地围堵，在行动方案中也必须明确。

4. 应急处置力量部署

力量编成是指采用既定的行动方法，达到所要实现的任务目标时，采取何种策略对现场应急救援人员和应急装备进行最佳编成，以实现应急资源的利用效率的最大化，主要包括应急救援力量编成和应急救援装备编成。应急力量编成需要结合现场实际，比如队伍构成、人员构成、装备构成，统筹协同对现场各类资源进行调配。例如，2015 年天津港瑞海物流危险品仓库爆炸现场、2016 年江苏泰州德桥物流仓储爆炸事故应急救援现场、2019 年江苏响水特大爆炸事故应急救援现场、2020 年湖北武汉新冠疫情公共卫生事件处置、2021 年河北沧州鼎睿石化有限公司储罐爆炸事故应急救援，跨区域、大兵团联合救援和应急指挥的应用已经越来越频繁，对各种应急救援力量的任务分工必须详细具体，否则就无法形成有效战斗力，降低应急处置的效率。

（1）应急力量编成 应急处置力量指采用既定的行动方法实现或达到应急处置目标所需要的各种人力、物力和财力的总称。现场应急救援所需要的人力包括专业救援队伍和其他相关的社会救援部门及其人员，如国家综合性消防救援队伍、地震救援队、矿山救援队、水上救援队、危化品专业救援队、医疗救护队、公安民警、解放军、武警部队、应急救援专家、企业工程技术人员等。例如，大型石油化工火灾事故现场既需要冷却着火罐，又需要冷却临近罐时，需要大量用水，这就需要根据现有人员和装备对人员及数量进行合理编组，如侦察组、控火组、保障组、警戒组、通信组等。又如超大型城市疫情管控期间，对不同社区、不同人群进行生活物资、医疗物资以及交通运输等综合保障时，也需要对参与处置的力量进行合理编组。

（2）应急装备编成 现场应急救援所需要的物力包括灾情侦察器材、灾情处置的专用车辆、救援人员的安全防护装备、被困人员的搜救器材、伤员现场医疗急救器材和设施、应急救援运输工具、野外现场通信保障和生活保障物资等。例如，要同时实现对高层建筑内攻灭火救援和外部控火的战术方法，需要根据现场火势特点，比如着火楼层的高度、人员被困的位置等信息，对云梯车、举高车、压缩空气泡沫车等救援车辆和装备进行编组。

（3）应急力量部署 在应急力量和装备进行合理编成的基础上，现场指挥员需要根据现场情况和应急救援的主要方面，将应急救援力量进行科学部署。实际上，很多重特大事故应急救援现场，到场的救援力量往往难以完全应对应急救援需要，此时更需要对应急救援力量进行优化部署。以大型化工火灾事故应急救援为例，在进行力量部署时，需要考虑现场气象条件、地形地势、起火的部位、储罐区的平面布置等多个关键要素。

5. 应急保障组织

重特大突发事件应急救援需要调动的人员众多、使用的大型装备繁多、救灾的持续时间较长，在短时间内往往需要消耗大量应急资源，因此，重特大突发事件应急保障极为重要，指挥员及指挥机关在决策的过程中需要未雨绸缪。应急保障即现场各类应急资源的保障，主要包括通信保障、交通工具保障、应急物资保障三个方面。

（1）通信保障　通信保障应重点保障一线作战人员之间、一线指挥员与现场指挥部和应急指挥中心的通信，通信保障应首先明确通信保障负责部门和人员；其次，应明确保障的具体对象、群体和具体要求，比如现场通信要保障哪些应急处置人员，达到什么样的水平；最后，通信保障的具体措施及方案要相对完善、具体、可操作性强。

（2）交通工具保障　交通工具保障主要涉及两个方面，一个是交通数量的保障，例如，随着突发事件规模的不断扩大，在人员疏散和救护方面，现场的交通工具无法满足要求，急需从其他部门调集增援交通工具；另一个是现场交通工具出故障以后的应急保障方案，比如重型水罐车、泡沫车、居高车、救护车等交通工具和装备，由于长时间的连续工作，突然发生故障，影响现场作战需要时，需要保障队伍和人员立即进行维修。因此，完善的交通工具保障应覆盖以上两个方面。

（3）应急物资保障　应急物资保障指保障突发事件现场应急指挥机构工作人员所需的基本衣食住行和医疗救护，主要针对持续时间长、作战环境恶劣的突发事件。例如，大型危险化学品事故应急救援现场，应成立专门的饮食保障分队和医护保障分队，首先保障一线救援人员的基本生活需要，主要包括住宿、饮食、休息等。当有人员受伤时，应有专门的医疗保障队伍立即投入人员抢救、洗消等。

二、应急指挥决策的程序

1. 确定应急处置目标

确定应急处置目标，即搞清楚并确定应急处置行动所要实现的任务目标，任务目标包括总体目标和阶段目标。在应急决策中，由于上级往往已经下达或详或略的任务目标，因此，在很多情况下，下级指挥员及其指挥机关只须进一步明确或细化任务即可。但在独立制定任务的情况下或上级没有下达明确的任务时，下级指挥员及其指挥机关就必须自行确立任务目标。确定目标实际上包含两个方面的内容，一是明确任务目标，二是确定达成任务目标的基本方法。

2. 制定应急处置方案

在明确了任务目标之后，下一步就需要制定能够在现实条件下最有效达成任务目标的行动方案，现场处置方案不同于应急预案，它是指挥员及其指挥机关关于达成任务目标的途径和方法的基本构想。任务目标和行动方案构成了行动决心。拟制处置方案的依据分别是所确定的任务目标和完成任务的客观条件。通过对突发事件的了解和现场态势的判断，指挥员已经比较全面认识到完成任务的客观条件。因此，拟制行动方案的实质就是要找到一种能够在现实环境条件下最有效达成任务目标的途径和方法。为此，必须对有望实现目标的各种途径、方法和方案进行考察，并最终找出其中的最优者作为行动方案。根据决策科学的术语，就是要首先拟定不止一个备选方案，然后利用一定的方法在对这些备选方案进行评估比较的基础上选定最终行动方案。

行动方案的拟制有三项要求：一是尽可能把有潜力的备选方案都找出来，以免漏掉最佳方案；二是对于每个备选方案的描述应尽量具体，以便进行可行性论证和方案效果评估；三是备选方案的数量不能太多，以尽量减少评估和选择方案的复杂性。

3. 优选应急处置方案

在方案评选中，指挥员及其指挥机关需要在逐一分析评估各备选方案实施效果的基础上，择优确定拟实际采用的应急处置方案。应急处置方案评选的一般程序是：首先由指挥机关对初步筛选出的若干个备选方案进行全面细致的分析和评估，然后向指挥员报告各方案的特点和对于拟采用方案的建议；其后，指挥员将根据自己或团队对各方面因素的综合考虑，最终选择行动方案。

进行方案评选，首先必须确定评选方案优劣的准则或标准，即评选指标。评选指标，也成为优化目标。一般来说，衡量一个行动方案的优劣，不仅需要衡量其达成任务目标的效果如何，而且还要从所需付出的时间和经济代价以及需要承担的风险等多个方面对应急方案进行考察和评价。大量的决策实践证明，在很多情况下，导致方案评选失误的原因往往在于所采用的评选指标不当，或者根本就没有什么明确的指标。因此，要科学进行方案评选，必须首先确定相应的评选指标。一般来说，方案评选的指标应包括实现目标的效果、所需付出的代价和需要承担的风险。

要科学进行方案评选，不仅需要了解衡量一个方案的优劣一般有哪些指标，还要能够根据实际情况的不同，灵活选用不同的指标和不同的方法来评选处置方案。一般来说，指挥决策者在评选方案中应遵循以下几个原则。

（1）全面考虑评价方案质量的各种指标 一个方案的质量，既与方案达成任务目标的效果有关，也与为此必须付出的代价和所冒风险的大小有关。换言之，能够以较小的代价和风险，有效达成任务目标的方案，才是质量较高的方案。为了保证方案评选的科学性，首先必须全面考虑影响方案质量的所有指标。大量的实践经验表明，造成评选方案失当的一个重要原因往往是没有全面考虑与方案质量有关的所有因素。如果只从某些方面片面衡量和比较方案的优劣，例如，如果只关注方案达成任务目标的效果指标，而不考虑与此相关的代价指标和风险指标，或者在考虑代价时，只关注方案实施可能产生的间接代价和长期影响（如经济代价或国际政治影响等），这样评选出来的"最佳方案"就可能是真正的最佳方案，而且必然会在方案实施后暴露出严重问题或对突发事件产生深远的不利影响。

（2）重点考虑影响方案质量的关键指标 全面考虑影响方案质量的各种指标，并不等于不分主次。"全盘考虑"的精神实质是不能遗漏本来应该考虑的重要指标。一般来说，不同类型突发事件的指标构成及重要性差异较大，那么其中哪些指标对评选方案起最主要作用？哪些指标在评选方案时应该优先予以考虑？搞清楚这些问题是非常关键的。方案评估的方法有经验判断法、图上推演法、计算仿真法和实兵检验法。在根据既定指标对备选方案进行比较客观的评估后，就为最终正确选择方案奠定了基础。在方案选择时，传统的方法是采用以定性分析为主的方法，但随着应急处置方案选择科学性和时效性要求的不断提高，定量分析已经越来越多地用于应急方案的选择之中，也逐渐形成了定性和定量相结合的方案选择方法。

4. 制定应急行动计划

应急行动计划是指指挥员及其指挥机关为指导应急救援队伍准备和实施应急救援行动所作出的一系列预先设计和安排。在确定了行动决心之后，还必须将行动方案进一步细化为行动计划。因为，行动决心只是对应急处置行动所要采取方法或策略的基本构想，还缺少对应急处置行动大量细节的具体筹划，还不能拿到实践中去具体实施，尤其是规模较大的非常规突发事件。因此，在指挥员确定了行动决心后，指挥机关应立即进行行动计划的制定，并以命令和指示的形式下达给各级应急救援队伍。

行动计划主要包括以下主要内容：现场情况与判断；上级意图与本级任务目标；应急救援队伍的编成、配置和任务；行动阶段划分以及各阶段的情况预想及行动方法；应急指挥活动的组织形式；关于各种时限的规定等。制定行动计划是一个运筹优选的过程，制定计划一般方法是任务分解和任务统筹。任务分解就是将整个行动的实施作为一项总任务分解为一系列作为子任务的子行动。要实现行动方案的决心构想，需要完成一系列的应急行动，而这一系列的应急行动则需要由各个不同规模、不同部门的应急队伍去实施。因此，要细化行动方案的实施过程，首先应从实施的时间和实施的主体这两个方面，对整个行动过程进行分解。

第三节　应急决策的方法

应急决策方法是实施应急指挥决策活动所应遵循的一般程序和方法，是对应急指挥决策过程一般规律的反映。因此，掌握一定的应急指挥决策方法对于指挥员及指挥机关高效而有序地开展应急指挥决策活动十分必要。应急决策方法分为定性决策方法和定量决策方法，定性决策方法主要有德尔菲法、头脑风暴法、比较分析法等，定量决策方法近年来发展较为迅速，旨在解决应急决策活动中的不确定性问题。定量决策方法主要有贝叶斯决策方法、前景理论决策方法、马尔可夫决策方法、案例推理决策方法以及将人工智能与上述方法结合提出的综合决策方法等。

一、定性决策方法

1. 德尔菲法

德尔菲法是专家调查法中极为重要的一种方法，它是根据经过调查得到的情况，凭借专家的经验和知识，直接或经过简单推算，对研究对象进行综合分析研究，寻求其特征和发展规律，并进行预测的一种方法。德尔菲法能够充分发挥领域内专家的作用，能够充分取各家之长，避各家之短，将专家的意见充分表达出来，准确性高。德尔菲法的实施步骤如下。

① 成立专家小组。按照研究对象所需要的知识范围，确定专家组成员。专家人数的多少，根据研究对象的大小和所涉及面的范围而定，一般不超过 20 人。

② 向所有专家提出所要预测的问题及有关要求，并附上有关这个问题的所有背景材料，同时请专家提出还需要什么材料。最后，由专家作出书面答复。

③ 专家组成员根据他们所收到的材料，提出自己的预测意见，并说明自己是怎样利用这些材料并提出预测的依据。

④ 将各位专家第一次判断意见汇总，列成图表，进行对比，再分发给各位专家，让专家比较自己与他人意见的不同，修改自己的意见和判断。也可以把各位专家的意见加以整理，或请更高级别的其他专家加以评论，然后把这些意见再分发给各位专家，以便他们参考后修改自己的意见。

⑤ 将所有专家第一次判断意见收集起来，汇总，再次分发给各位专家，以便第二次修改。逐轮收集意见并为专家反馈信息是德尔菲法的主要环节。收集意见和信息反馈一般要经过三到四轮。在向专家进行意见反馈的时候，只给出各种意见，但并不说明发表各种意见的专家的具体信息。这一过程重复进行，直到每一个专家不再改变自己的意见为止。

⑥ 对专家最后的意见进行综合处理。

2. 头脑风暴法

在群体决策中，群体成员心理相互作用影响，导致容易屈从现场权威或大多数人的意见，形成"群体思维"效应。但是，群体思维容易削弱群体的批判精神和创造力，影响应急决策的质量。为了克服这一决策弊端，美国创造学家奥斯本于 1939 年提出头脑风暴法，该方法是专家会议决策方法的具体应用。头脑风暴法分为直接头脑风暴法和质疑头脑风暴法，前者是在专家群体决策的基础上尽可能激发创造性，产生尽可能多的设想和方法，后者则是对前者提出的设想、方案逐一质疑，分析其可行性的实现方法。突发事件发生后，利用头脑风暴法组织群体决策时，需要首先召集有关领域专家召开专题会议，主持者以明确的方式向所有参与者阐明问题，解释会议的规则，创造较为融洽的气氛。由专家们自由提出尽可能多的处置方案，形成一种各抒已见、百家争鸣的氛围，激发参与者提出各种奇思妙想。专家小组的规模以 10~15 人为宜，会议时间宜控制在 20~60min，参与者必须是该领域内的相关专家或学者。头脑风暴法历经各国创造学研究人员的实践和发展，目前已形成奥斯本智力激励法、默写式智力激励法、卡片式智力激励法等方法。

二、定量决策方法

1. 贝叶斯决策方法

贝叶斯决策理论是主观贝叶斯派归纳理论的重要组成部分，自 20 世纪 80 年代开始，已成为解决不确定知识推理和决策的流行方法。贝叶斯决策就是在无法获取完全信息的条件下，对部分未知的状态用主观概率估计，然后用贝叶斯公式对事件发生概率进行修正，最后再利用期望值和修正概率作出最优决策。贝叶斯网络是一种基于概率推理的图形化网络，是概率论与图论相结合的产物，可以辅助解决在信息不确定或不完善的情况下进行有效推理和分析的问题，在突发事件情景推演、风险决策等方面得到了极为广泛的应用。贝叶斯网络采用有向无环图和条件概率表进行表示，有向图中每一个节点代表从实际问题中抽象出来的随机变量，有向边代表节点变量之间的相互关系。父节点与子节点的关系强度由条件概率表示，而没有父节点的变量节点则可用先验概率进行表达，对于无先验分布则通过极大似然法进行估计。

（1）构建网络模型　贝叶斯网络的构造有两种方法，第一种方法是通过咨询领域内的专家手动构造，第二种方法是通过数据分析自动构建网络结构，即通过结构学习构造贝叶斯网络。无论是哪种方法，贝叶斯网络的构造均包括两个方面，一是确定所有节点变量，二是确定节点变量之间的相互关系，也就是确定节点的条件概率和先验概率，如图4-1所示。对于非常规突发事件情景预测，贝叶斯网络的推理有三类，分别是后验概率问题、最大后验假设问题以及最大可能解释问题，其中，后验概率问题是贝叶斯网络主要要解决的问题。

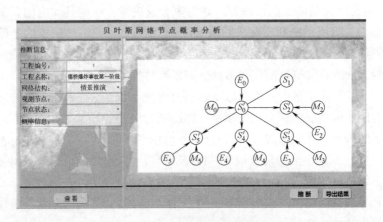

图 4-1　贝叶斯网络模型构建

（2）计算先验概率和条件概率　贝叶斯网络节点变量概率的赋予是否科学合理，关系到推理结果是否符合实际。先验概率可以通过搜集此类突发事件的历史数据和材料，统计事件发生的频率，从而确定事件爆发和其他影响因素的先验概率。先验概率的确定具有较大的主观性，往往不能反映事物的客观规律，因此需要采取措施，掌握更多信息，逐步修正先验概率，使先验概率更加接近实际。条件概率的不精确性是贝叶斯网络模型推演中存在的主要问题，因为大多情况下，专家只能结合自身经验和专业知识，用较为抽象或定性语言去描述节点变量间的因果强弱关系，无法给出定量的概率值。例如，对于突发事件波及范围的描述"事件影响范围较大"、对于某一情景发生可能性的描述"极有可能发生"等。另外，当节点之间的量纲不一致时，也需要采取归一化等方法进行处理。最后，传统的条件概率值估计方法往往认为所有专家都能够按照给定信息需求直接确定条件概率，而忽略了不同专家在知识背景、研究领域、认知结构等方面的差异，导致个人推断信息存在片面性，综合推断结果不具有科学性，此时需要采用证据理论对条件概率进行融合处理。总之，条件概率的确定是贝叶斯推理的关键环节，对推理结果的合理性有着关键影响。

2. 马尔可夫决策方法

突发事件的发展具有动态特性，需要在不同的时间阶段作出一系列有针对性的应急决策，当时间因素被纳入考虑范畴时，此时的应急决策问题即动态决策问题。突发事件动态特征包括随时间变化的应急决策环境问题、可能影响突发事件未来状态的演化规律、可以用来控制决策过程的一些标准等，例如最小成本、最短时间、最大距离、最大期望值等，马尔可夫决策方法、动态贝叶斯决策方法等均可用于解决突发事件动态决策的难题。在构建基于马尔可夫模型的动态应急决策模型时，动态规划理论和马尔可夫过程理论是最为重要的两个基础理论。马尔可夫决策过程属于序贯决策过程，即随机过程，用于在突发事件具有马尔可夫性质的环境中模拟智能体可实现的随机性策略，是研究离散随机事件动态系统的一种非常重要的方法。如果将突发事件视为一个随机事件，例如针对应急物资紧急调度、应急交通工具路线优化、大规模人群疏散等决策难题，

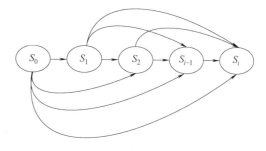

图 4-2 离散马尔可夫随机过程

上述事件可用多个随机变量来描述，该离散随机过程可用图 4-2 表示。

在时间和状态均离散的条件下，决策目标可用马尔可夫链表示一个马尔可夫过程，在离散时间上建立的马尔可夫决策过程通常被称为离散时间马尔可夫决策过程，反之则被称为连续时间马尔可夫决策过程。马尔可夫决策过程是在马尔可夫过程的基础上引入一个智能体，使其具有一定的智慧并具备自主行为。通常将马尔可夫决策过程定义为一个由状态空间、动作空间、状态转移函数和回报函数组成的四元组$<S, A, T, R>$，对于有奖励过程的马尔可夫决策过程，也可用包含有折扣因子的五元组来表示$<S, A, T, R, \lambda>$。针对突发事件要决策的问题，

通过构建相应决策问题的马尔可夫决策模型，就可以通过强化学习求解状态值函数和行动值函数，经典求解方法包括策略迭代和值迭代。

3. 前景理论决策方法

突发事件演化过程中通常表现出复杂性、动态性、不确定性以及多个阶段的特征，采用最大可能法、期望值法等决策模型往往缺乏对应急决策者行为等因素的度量，使得最终的决策分析结果不符合实际。尤其是重特大突发事件现场，不同决策者及决策群体在进行应急决策时，其心理行为往往对决策结果有着重大影响。为此，Daniel Kahneman 和 Amos Tversky 提出前景理论将人的心理偏好纳入风险和不确定性决策分析中，揭示了影响人类决策行为的非理性因素，颠覆了以期望效用最大化为准则的传统决策理论体系。前景理论描述了人们在已知结果发生概率的情况下，选择涉及风险概率方案时，如何作出决策的过程，定量化了人们在风险条件下的有限理性。其主要思想是，评价不同应急决策方案的优劣时，判断的依据是最终获得的奖励相对于参照点的潜在收益或损失情况，而非最终获得的收益状况。因此，决策结果会因选择的参考点不同而发生改变。

前景理论将风险和不确定性决策过程划分为编辑、评估和选择三个阶段，以价值函数和权重函数对结果的总价值进行度量和决策。在编辑阶段，决策者决定哪些结果是等价的，设定一个参考点作为评判得失的标准，实现对决策问题的编码。在评估阶段，决策者根据编码的潜在结果，利用价值函数计算前景价值，利用概率权重函数计算未来可能状态的主观概率值，最后，计算总体评价结果的前景值。在选择阶段，决策者通过评估所有方案的前景值大小，并选择前景值最大的方案作为决策结果。

（1）选择参考点　在前景理论中，决策主体根据参考点衡量不同应急决策方案的收益和损失情况，因此，参考点的选择至关重要，通常会影响最终的决策结果。参考点在一定程度上反映了决策者对参数的依赖特征。对于参考点的选择，一般采用 0 点、正负理想点、期望值、中位数、预期值和动态值作为决策参考点。

（2）计算价值函数　针对每一个领域专家，计算各个准则下的价值函数大小，关键在于如何量化各个准则在决策者内心的心理感知。决策者根据给出的偏好信息和预期值作为参考点，来判断决策结果为损失或者收益，然后求出每个专家在每个应急方案的不同属性状态下的价值。根据参考点判断出的是损失或者收益价值，再根据价值函数公式求解各个属性的前景值大小。

（3）计算突发事件的状态概率权重　重特大突发事件往往会出现多个状态或情景，多个状态的应急决策是决策者群体共同面对的情境，不存在决策者个人单独的概率权重。一般而言，突发事件的状态发生概率可以根据以往历史案例的统计数据得出，或者由决策者群体基于经验共同提出。由于突发事件状态的不确定性，用区间函数表示状态概率往往更符合实际中应急决策的复杂性和不确定性，区间概率表示在贝叶斯网络、前景理论决策方法均得到极为广泛的应用。决策者主观概率权重根据状态概率权重函数求出，表示不同状态下突发事件每一个状态变化对决策者的心理感知的影响。在计算之前，首先需要对区间概率进行精确化处理，确保突发事件不同状态的区间概率是合理的。计算决策方案综合前景值的核心步骤是，把区间概率通过概率权重函数转换为区间概率权重。

（4）计算不同准则下决策方案的前景值并进行排序　对于每一个决策者而言，在求解得到各个准则在不同状态下决策方案的前景值和突发事件状态的概率权重基础上，针对同一应急决策方案，计算出每一准则下所有可能状态的前景值。相同准则之间的前景值可能会有一定差异，但在计算准则客观权重时，为了消除这些差异对权重结果的影响，需要再次对综合前景值矩阵进行规范化处理。

4. 案例推理决策方法

案例推理决策方法即 CBR（case-based reasoning）决策方法，其核心思想是认为世界是规则有规律的，并且相似的事物会重复出现，因此，对相似的决策问题采用相似的解决方法，并通过对旧问题的解决方法进行适当调整，进而形成新问题的解决方案。运用案例推理需要对历史案例和目标案例进行界定，所谓历史案例指过去曾发生的案例，目标案例则是当下需要解决的案例或问题，其基本思想是人们对目标案例的处理方法通常需要借鉴以往已经发生过的历史案例的解决方法，结合当前事件的特征，对历史案例的处理方法进行调整和修改，形成当前目标案例的处理方法。决策者通过对历史案例进行学习，不仅可以给目标案例提供解决方案，还可以预防或避免决策过程中可能发生的错误。

案例推理的过程包括案例检索（retrieve）、案例重用（reuse）、案例修正（revise）和案例保存（retain）四个过程，即案例推理过程的 4R 模型。将应急处置案例按照一定的规则进行形式化表达是开展基于案例推理的应急决策工作的基础，即如何选择一个恰当的案例表示方法，不仅关系到相似案例检索的效率和准确性，还关系到能否为决策者提供应急方案上的帮助。案例推理的表示由历史案例集合、历史案例特征属性集合、历史案例属性权重向量集组成，每个案例用一个三元组来表示，即案例={问题，方法，结果}，这三个元素分别表示应急处置问题描述、应急方案和实施效果。基于案例推理的应急决策方法包括以下几个关键步骤。

① 构建历史案例库。通过收集历史案例以及各个案例所采取的应急决策方案及实施效果，通过要素提取和采取一定的规则将搜集到的历史案例进行描述和

表述，建立历史案例库。再采取某种存储和案例表示方法，对搜集到的历史案例进行预处理。

② 确定目标案例。针对正在发生的突发事件应急决策问题，通过信息搜集和处理，将其进行形式化描述和表示。

③ 对历史案例与目标案例的相似度进行计算，采用科学的检索方法提取相似度较高的历史案例。

④ 根据检索出的相似度较高的历史案例，提取该历史案例应急处置过程采取的方案，并结合当前突发事件的信息和应急决策的需求，对提取出的应急方案进行修正和调整。

⑤ 生成目标案例的应急处置方案，并对该方案进行评估。

5. 云模型应急决策方法

云模型的概念于 1995 年由我国的李德毅院士提出，是用于处理定性语言和定量数值的不确定转换模型。云模型可以从定性语言值中获得定量数值的范围和分布规律，也可以把精确数值转换为恰当的定性语言值，实现定性概念与定量数值之间的不确定性转换。目前，云模型已被广泛应用于应急决策、自然语言处理、数据挖掘、图像处理等领域。由于突发事件应急决策过程中的模糊性和不确定性，用定性语言值描述决策指标的重要程度，用云模型表示决策指标的重要性权值和评价值通常是比较好的方法。基于云模型的应急方案优选过程主要包括应急决策指标集的构建、应急决策方案的评估和应急决策方案的优选三个部分。

（1）应急决策指标集的构建　对于任意给定的决策问题，首先要确定大量符合实际的决策指标。应急决策指标是指完成预定应急处置任务，达到要求处置目的程度的定量描述，反映的是一种主观判断或"价值"。针对不同类型的突发事件应急决策有不同的决策指标构成。如果决策指标过多，要根据决策者的主观判断或"价值"取向从中优选几个指标作为优选指标集。

（2）应急决策方案的评估　对应急方案进行评价，首先要确定该应急方案下各决策指标的权重云和评价云，再利用综合云的思想，运用云运算规则计算得到应急方案的评价云。

① 确定决策指标的权重云。决策指标权重的确定是应急方案决策中的第一步也是至关重要的一步。在突发事件应急决策中，确定指标权重的方法主要有群体分析网络法、变权法、熵权法等。由于突发事件应急方案的决策指标大多数都是定性指标，往往很难准确对各指标权重进行精确量化，因此，采用具有模糊性和随机性的定性自然语言来表示决策指标的重要程度，更符合人类认识规律。

② 确定决策指标的评价云。对于特定的应急决策问题，不同应急方案的决策指标有不同的评价值，对于不同应急方案下的决策指标评价值，通常采用专家咨询法确定。假设有多位专家对某一应急方案进行评判，每位专家对该方案下的各决策指标给出评价值，然后采用逆向云发生器算法生成云模型的数字特征，再由正向云发生器生成评价云图。此时，由于专家经验阅历的不同和认知上的差异，产生的云图的云滴离散度可能比较大，得到的云呈现雾状，评价云则失去意义，表明专家还没有对决策指标形成统一认识。因此，通过专家咨询法，对专家意见进行反馈、综合和整理，重新对各决策指标进行评判并生成云图。如此反复，通过逐级控制专家打分的收敛速度和质量，直到得到满意的云图，该云图即为该应急决策方案下决策指标的评价云。

③ 确定应急方案的评价云。确定各决策指标的权重云和评价云后，利用综合云的思想，采用云运算规则计算待选方案的评价云。

（3）应急决策方案的优选　在确定所有应急方案的评价云之后，通过与应急方案评价标准云进行相似性对比，得到各应急决策方案的评价云及评语，综合判断应急方案的优劣并优选最佳应急方案。把方案的评价云和方案评价标准云图进行比较，在方案评价标准云中可以找到一个与方案的评价云最相似的一个云，得到对应方案的评语云，这个评语云所对应的评语就是对应方案的评价结果。

6. TOPSIS 应急决策方法

TOPSIS 应急决策方法由 Hwang 和 Yoon 于 1981 年提出，该方法依据有限个评价对象与理想目标的接近程度进行排序，从而实现对现有突发事件进行相对优劣的评价，该方法也是多属性应急决策方法中应用较为广泛的一种方法。TOPSIS 决策方法也称有限方案多目标决策方法，主要解决评估及选择两方面的问题。具体指在考虑突发事件多个属性的条件下，选择最优备选方案或进行方案排序的决策问题，它是管理决策科学的一个重要组成部分。TOPSIS 决策理论和方法在工程、技术、经济、管理和军事等诸多领域中有着广泛的应用，主要包括以下几个关键步骤：

① 建立决策矩阵；

② 构造加权规范化矩阵；

③ 确定理想方案和负理想方案；

④ 计算各方案到理想方案和负理想方案的距离；

⑤ 计算各方案的贴进度并排序。

第四节　应急指挥决策系统

应急指挥决策系统是以应急指挥学、运筹学、控制论、思维科学和行为科学为基础，借助计算机技术、仿真技术、信息采集技术、物联网技术等先进技术和手段，面向各类突发事件应急指挥决策问题，支持指挥员及指挥机构实施应急指挥决策活动全过程的、具有智能作用的人-机交互系统。当前，应急指挥决策系统主要用于各级政府、大型企业等有关部门在处理突发性事件过程中，直接支持指挥员进行统一协调指挥并作出科学决策。我国的突发事件应急指挥决策系统建设始于 2003 年 SARS 事件，2008 年汶川"5·12"地震后，随着各种传感器技术、通信技术、物联网技术、信息采集技术、区块链技术、GIS 技术、人工智能等先进技术的快速发展，我国的突发事件应急指挥决策系统开始进入快速发展模式。例如，在玉树地震、响水特大爆炸事故、武汉新冠疫情等重特大突发事件应对过程中，大量的先进技术被用于灾区信息的获取，为人员搜集、事故处置、应急物资调度等提供了重要决策依据。

一、应急指挥决策系统概述

应急指挥决策系统始于 20 世纪 70 年代，针对国际溢油事件频发，一些发达国家针对溢油事故的处理积累了越来越多经验，相继开发了海上溢油事故应急决策系统作为辅助海上溢油事件应急决策的依据，例如英国研发的 OSIS 遥感监测系统，美国 OSMIS 海上溢油信息管理系统和 OILMAP 海上溢油模型系统。我国相关部门对决策系统的研究始于 20 世纪 90 年代，但直至 2003 年 SARS 事件结束后才引起政府部门和大型企业的重视。应急指挥决策系统作为政府和企业等各级部门和机构处理突发事件信息的大脑，承担着信息上传下达和共享的重要职责，是各级机关作出科学应急指挥决策的重要支撑。我国突发事件应急指挥决策系统历经几十年发展，从早期单纯用于应急信息传输，发展到目前集态势评估与展示、人机交互于一体；从早期的具有有限信息集成功能，发展到目前集公安、消防、交通、医疗等大数据信息于一体的城市综合性应急指挥系统；从早期仅用于事件应急处置，发展到目前集事前预防、事中响应、事故处置和事后善后等功能于一体的突发事件全过程应对的应急指挥平台，极大提高了城市和企业的应急管理水平。

二、应急指挥决策系统分类

上述提到，当前的指挥决策系统是一个集大数据信息采集、灾情处理、日常值守、指挥调度、应急资源控制、态势分析和辅助决策等功能为一体的综合性应用系统，主要用于各类突发事件预警上报、应急响应、决策指挥等各个环节以实现高效应急保障。因此，应急指挥决策系统不但广泛适用于政府、军队、大型企业等综合性事件应急决策，也可用于具体领域的应急决策，例如公安、消防、应急、交通、气象、医疗、卫健、金融等公共服务部门。

根据突发事件纵向管辖的不同，可将突发事件应急指挥决策系统分为国家级应急指挥决策系统、省级应急指挥决策系统、市级应急指挥决策系统、县级应急指挥决策系统。也可根据突发事件横向管辖权的不同分为应急管理部门应急指挥决策系统、公安部门应急指挥决策系统、卫健部门应急指挥决策系统、外事部门应急指挥决策系统等专业部门应急指挥决策部门。还可根据突发事件的类型不同将突发事件应急指挥决策系统分为灭火救援指挥决策系统、公共卫生应急指挥决策系统、地震灾害应急指挥决策系统、洪涝灾害应急指挥决策系统、核事故应急决策支持系统、生物恐怖袭击应急指挥决策系统、煤矿事故应急救援决策支持系统、森林火灾应急指挥决策系统等。不同类型突发事件应急指挥决策系统，由于主要功能不同，其整体架构体系也可能存在较大差异。

三、应急指挥决策系统构成

大数据时代，应急指挥决策系统一般由现代应急指挥中心、移动应急指挥车以及移动指挥终端的系统集成。突发事件发生后，功能相对完善的移动应急指挥车能够作为应急指挥决策系统客户端，实施突发事件现场指挥，甚至可以在短路、断网和断电等极端环境中独立执行指挥任务。实际上，应急指挥决策系统的具体工作流程是一个进行信息和态势感知交互的过程，在政府部门等应急指挥中心的统一指挥决策下，根据事件发生的所属地区以及事件具体属性，由突发事件子系统和对应部门协同处理紧急突发事件，实现应急指挥、决策过程的可视化。就目前而言，无论是何部门及何种类型的突发事件应急指挥决策系统，其主要由应急信息控制模块、空间地理信息管理模块、应急预案管理模块、态势感知模块、应急资源调度模块、突发事件储存管理模块和应急通信管理模块等七个基本部分构成，各组成部分的功能如下。

1. 应急信息控制模块

应急信息控制模块主要用于处理和分析应急指挥决策过程中产生的工作流和数据流等情报信息，该模块是突发事件应急指挥决策系统的重要组成部分，体现了决策信息在突发事件应急处置过程中的支撑作用。重特大突发事件现场，多机构、多部门、多群体等协同参与应急处置已经越来越频繁，不同部门之间、部门内部相互之间对信息的需求和共享愈发迫切。根据突发事件的类型和信息安全管理要求，建设比较可靠的事件相关信息采集与传输平台，具体包括突发性事件基础数据库、模型库、知识库、作业模式库等基础信息，并在此基础上，实现应急指挥控制模块的构建。

应急信息控制模块要实现海量、多源信息的控制，首先必须实现与多源信息采集工具的对接，例如无人机、机器人、红外遥感、单兵侦检器材、过程控制系统、气象监测等多模态工具。其次，多源信息汇集到应急指挥决策平台后，要通过一定的算法，针对同一类型的信息，信息分发之前要做到对异构信息、冲突信息的预处理，避免由于信息冲突给应急处置带来的影响。最后，信息分发的过程中，应考虑处于不同地理空间决策者的需求差异，避免海量信息分发给不同决策群体的干扰，做到信息的自动筛选，即根据决策者需求的不同做到信息的点对点分发。

2. 空间地理信息管理模块

利用系统空间地理信息管理模块能够对救援现场地理空间环境进行全方位的展示，是当前突发事件大数据应急指挥决策系统必不可少的组成部分。在设计空间地理信息管理模块时，应尽可能根据不同决策群体需求的不同设计多个地图窗口，以方便系统接警人员和不同层级的指挥员能够同时查看突发性事件详图和地理概貌图，前者能够让处于指挥中心的指挥员和接警工作人员更加直观地了解突发性事件所在区域的地貌情况和警力分布情况；后者则能够让一线指挥人员和系统接警工作人员从宏观上掌握突发性事件的大体方位，以更加高效实现资源和力量的调度。此外，空间地理信息管理模块能够提供各种检索工具以方便对重点关注的地图上各种突发性事件相关信息进行实时检索，例如，对突发性事件发生地周围进行区域划分，并将划分后的事故区域所属范围内的交通道路、重点路口、应急力量分布情况等以亮度凸显形式标注，然后将与突发性事件相关的信息以浏览表的形式呈现出来。除此之外，还可以对地理空间电子地图上所标识的特定位置进行信息检索，也可以根据突发性事件所处的详细地点、单位名称、交通路口名称、辖区救援站、医疗救护点名称等进行综合定位，将定位获得的突发性事件地理地貌特征以突出的颜色可视化呈现在系统显示屏上，并以图像、音频、视频等形式支持查看、增删、修改详细信息等功能。

以新冠疫情应急指挥决策系统空间地理信息管理模块为例，该模块应包括以下几点。

① 地图管理：呈现确认病例、疑似病例、死亡病例、医疗救护力量以及公共卫生资源分布情况。

② 疫情数据查询与维护：查询病例分布和应急资源分布情况。

③ 医疗资源分析：病例接收医院及床位汇总分析，救护车辆、救护人员等医疗资源，以及确诊病例轨迹显示，任务跟踪，应急处置效果追踪等信息。

④ 疫情动态趋势分析：绘制病例地图、传播地图、防控能力地图等，分析疫情动态趋势。

3. 应急预案管理模块

应急预案是突发事件主责部门开展常态化应急演练，以及突发事件发生后指挥机构制定应急行动方案的重要依据。突发性事件预案管理模块主要包括两种情况，一种是与突发性事件有关的法律、法规、通知、条文、历史案例库等；另一种是应急救援力量、应急救援装备及应急资源调配方案，此模块应说明应急力量调派的方式和规模、应急资源的分布、可供选择的应急物资调度点等。应急预案管理模块的目的是在处理突发事件时能够做到有法可依，有章可循，并且能够在第一时间调配应急处置力量和资源，支持各部门协同参与救援。

突发事件应急指挥决策系统应急预案管理子系统主要是为预案的编写等工作提供管理办法，其主要功能包括：

① 预案查询时，提供条件查询和模糊查询功能；

② 在预案编写时，可提供事件的相关信息、专家信息、法律法规信息等相关资源信息以辅助预案的编写。

同时，当预案修订时，该子系统针对原有预案的变更提供预案的修改功能。

4. 态势感知模块

不同的指挥员对灾害现场的态势可能有不同的理解，这种理解上的差异会对应急救援造成或大或小的影响，态势感知模块与大数据、人工智能技术相结合已经成为当前突发事件智慧应急指挥决策系统研究和技术开发的焦点。该模块通常采用通用的态势编辑软件，可以通过采用特殊警示符号或其他特殊符号在 GIS 电子地图上表征突发性事件应急指挥决策过程的各种相关信息及态势发展，例如大型危化品事故现场的有毒物质浓度分布、火场温度分布、设备及设施内部的压力分布、洪水淹没深度分布、降雨量分布、山体倾斜度以及建筑倒塌面积等。该模块支持常用的各种专用和商业地图格式，采用专用通用的各类符号系统与通信网络及数据库系统进行连接，能够将突发性事件应急指挥决策文本信息自动翻译后呈现出来。

突发事件应急指挥决策系统态势感知模块主要是以更加直观的方式向现场决策人员提供当前态势和未来态势发展，其主要功能包括：

① 当前态势信息的动态展示，主要包括静态信息的展示和动态信息的展示，如受灾人口、受灾基础设施（建筑物、道路基础设施等）完好情况、气象情况等；

② 未来态势信息：依靠后台专业计算机仿真模拟软件，动态显示当前采取的应急处置方案，事件可能发展的趋势及波及范围等。

5. 应急资源调度系统

近年来，随着智能交通工具、动态交通信息服务、地理信息服务以及物流大数据技术的快速发展，智能应急资源调度逐渐成为可能并快速发展起来。针对波及范围较大的突发事件，例如武汉新冠疫情、河南暴雨事件等，往往存在多个受灾点，受灾点之间对应急物资的需求不但存在冲突，而且当应急物资需求量较大时，需要从多个区域进行应急物资调度，此时需要建立科学的动态应急物资调度模型，并将模型植入应急指挥决策系统。

根据应急资源类型的不同，应急资源调度模块包括以下几点。

① 应急通信调度：主要实现各级应急指挥部、消防、公安、医疗救护等部门之间通信联系。

② 应急机构调度：调度公安、消防、应急、医院、急救中心、疾病预防控制中心等应急救援机构。

③ 应急专家调度：通过专家通讯录实现专家调度。

④ 应急人员调度：调度国家综合性消防救援队伍，公安，医生、护士等医护人员。

⑤ 应急物资和生活用品调度：包括防护服、灭火剂、消杀类物资、口罩、药品、检测试剂、疫苗等医疗用品，以及灾区生活必需品的调度。

6. 事件存储管理模块

系统事件存储管理模块主要是为了记录突发性事件应急指挥决策过程中实施的所有信息处理和决策行为。与其他模块不同之处在于，事件存储管理模块主要关注突发事件相关信息的收集、整合、分析、存储，以及所有的决策行为，例如决策的依据、决策者的言行、决策建议等。此外，在构建基于大数据的应急指挥决策系统时，应明确诸如抢险救灾、灾情态势分析计算、交通能力预测等功能要求。为了满足这些主题明确的分析型应用的需求，也需要在系统后台设计事件存储管理模块作为基础数据支撑，以为上述定量计算提供数据支持，从而为应急指挥决策系统服务。

7. 应急通信管理模块

一方面，暴雨、地震、飓风等极端事件及其耦合事件应急救援对灾害现场的应急通信保障提出了越来越高的要求；另一方面，通信技术的快速发展也为实现上述要求提供了可能。为了满足极端情况下能够通过各种网络快速回传灾害现场的实时数据，尤其是"断路""断电""断网"等极端情况下的通信联络与协同指挥，使各级应急指挥部能够更加快速准确作出研判，需要在指挥终端和应急指挥决策平台之间建立畅通的通信联络途径。当前，应急指挥决策系统通过引入无线通信技术后，能够实现手机 APP、人员及车辆等各类交通工具定位、短信及微信的发送和提示等功能。应急指挥决策系统通过配置移动 APP/短信/微信/人员车辆定位服务器，可实现接收和处理手机 APP、人员及车辆等各类交通工具的定位、短信和微信服务等的数据。需要指出的是，应急指挥决策系统的应用服务器和移动 APP/短信/微信/人员及车辆定位服务器之间通过单向网闸进行隔离，防止无线网络对应急指挥决策系统的主体功能产生影响。

第五章

应急行动组织

应急行动组织实施是指挥者依据应急救援行动决心和制定的应急救援方案，对应急行动进行的具体筹划和指导落实，是实施应急指挥过程的重要阶段，其目的是使应急救援力量明确担负的任务及需要采取的措施。

第一节　应急行动组织的内容

对突发事件现场的应急处置行动进行有效组织，是保证现场各项行动有序、安全和高效的重要手段。应急行动组织的主要内容有应急行动区域划分、应急行动协同配合和应急物资保障等。

一、应急行动区域划分

针对大范围和复杂突发事件现场，应急处置行动的力量部署和行动展开，以及应急措施方法的有效实施，涉及现场行动区域的合理划分。应急行动区域划分合理与否会影响到应急行动任务的落实和应急处置行动的效果。

1. 应急行动区域的含义

应急行动区域是应急处置行动实施时确定的行动方位和范围。应急行动区域通常应根据突发事件发生地点的地理区域特征、突发事件的类型、突发事件的规模、突发事件的影响范围、应急行动所需空间以及其他相关因素统筹考虑划定。应急行动区域形状应按实际需要来确定，可以为片状，也可为条状，可能为圆形，也可能为扇形，在较大突发事件现场，甚至可能划定一个社区或 1~2 条街道。应急行动区域划分应该在突发事件应急响应开始后尽快进行，以确保其有效性。

2. 应急行动区域的种类

（1）概略性区域　即方位明确而范围需根据具体险情影响才可进一步确定的区域。例如，突发事件现场的上风区、下风区，扩散区，东部或北部区域等，如图 5-1 所示。

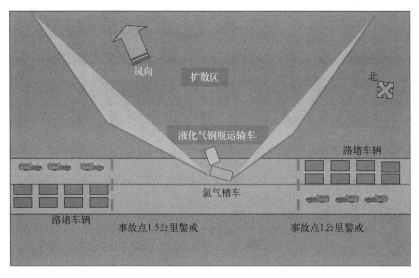

图 5-1　突发事件现场概略性区域划分

（2）具体性区域　即方位和范围都明确的区域。例如，建筑火灾的着火层、着火层上层、着火层下层，地震倒塌区域的东、南、西、北各四分之一的部位，危险化学品泄漏事故现场的危险区、安全区和警戒区等，如图 5-2 所示。

（3）随机性区域　即方位和范围都需根据险情发展和潜在险情出现才可进一步确定的区域。例如，爆炸可能引发新的灾害区、地震的余震可能引发的倒塌区域、洪峰可能引发河堤的决口处、大量持续泄漏易燃有毒气体的扩散区等。

3. 行动区域划分依据

（1）根据行动实施的阶段　在行动的初期，以概略性区域划分为主，配以具体的现场的危险区、安全区和警戒区划分。因为初期通常对灾情的具体情况还不能及时掌握，但为了初期到场应急力量的部署和行动的及时展开，可视现场的安全性和行动的便捷性进行行动区域的概略性划分；同时，考虑到初期现场群众的疏散和安全秩序的控制，需要及时划定现场的危险区、安全区和警戒区。

101

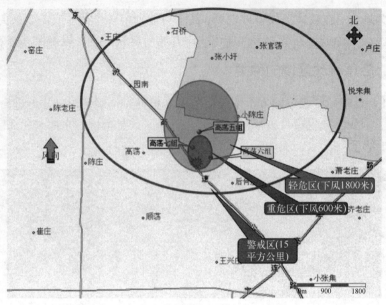

图 5-2　突发事件现场具体性区域划分

　　在行动的中期，应以具体性区域划分为主，以随机性区域划分为辅。因为通过初期现场侦察，灾情的具体情况已基本掌握，应急行动区域可按分解的行动任务进行具体的划分，以提高行动的针对性和实效性；此外，通过对存在险情的分析和评估，确定其可能引发新的险情区域，作为随机性区域划分的依据，为应对可能二次险情做好准备。

　　（2）根据现场地理环境的需要　突发事件发生地点及其地理环境情况是不以人的意志而改变的客观条件，应急行动区域的划分只有在现场地理环境条件的状况下，结合处置行动的方法措施需要，才能合理和有助于行动的顺利有效实施。

　　例如，在城市地铁站列车爆炸事故处置中，因受地铁站内部空间和通道的限制，其下层的站台区可划为危险区域，中层的站厅区为安全区域，地面出入口附近为警戒区域；并且结合灭火和排烟的技战术需要，可把站台上风口区域作为灭火进攻的主要区域，站台下风口区域作为排烟的主要区域。现场的行动区域划分既要注重有力量部署和行动展开的必要空间，又要注重有应急救援行动直接和较为安全的出入通道。

二、应急行动协同配合

　　应急行动协同配合，是使到场的应急救援力量协调一致作战行动的组织工作。它是保障各方面到场力量协同作战，发挥整体威力的重要措施。

1. 应急行动协同配合的含义

应急行动协同配合是关于现场险情处置中主要行动之间、主要行动与辅助行动之间、相关辅助行动之间在共同行动的目的、地点、对象、时间方面的抉择。

突发事件现场的应急处置行动，因行动的目的、任务或方法措施的不同，而具有多样性和相对的独立性，其主要表现在：相同的行动可以在不同的行动区域实施，不同的行动也可在相同的行动区域进行；不同的行动既可针对同一个行动对象目标开展，也可各自处置各自的行动对象目标；在行动时间上，各项行动既可同时进行，也可分序实施。因此，现场的应急行动需要协同配合。应急行动协同配合是应急行动组织实施的一个不可或缺的内容。合理的应急行动之间的协同配合对于充分发挥整体行动的合力和最大限度地提高应急处置的效率具有重要意义。

应急行动协同配合应按照目标（目的、任务）、时间、地点，以突发事件现场主要方面的力量为主进行组织。

2. 应急行动协同配合的种类

（1）行动区域之间的协同配合　划分有行动区域的处置现场，通过科学合理地制定和分解行动任务，明确各区域的主要行动；根据各区域主要行动在目的上的关联性，确定相关行动区域各主要行动之间在地点、对象、时间方面的协同配合关系，并提出行动衔接配合的原则性要求。

现场危险区、安全区和警戒区之间的行动协同配合。一般来说，危险区内主要行动是救助伤员与被困人员、控制与消除危险源；安全区内主要行动是为危险区的处置行动提供各项保障和救出伤员的现场医疗急救；警戒区内主要行动是为整个现场应急处置工作提供安全、有序、应急交通道路便捷等条件。这三个区域的主要行动在目的上具有紧密的联系，故需对各自主要行动在地点、对象和时间上的密切配合作出合理安排和提出要求，确立各自主要的工作阵地及其相互协同配合的方式和通道，使不同行动区域的主要行动形成前后方互为协同配合的整体，避免出现各自为战，保证整个现场应急处置工作高效地开展。

（2）同一区域中行动任务之间的协同配合　根据同一区域不同行动任务在空间和时间上的关联性，确定相关行动任务实施在地点、对象、时间方面的协同配合关系，并依据技战术方法提出行动任务协同配合的原则性要求，使每项任务的完成对其他相关任务的行动具有支撑作用。

例如，建筑火灾扑救，在燃烧和热烟气扩散的危险区域，需要同时完成内部火情侦察、火场排烟、火势蔓延控制、被困人员搜救、内攻灭火、火场供水等多项行动任务，并且各项行动任务之间存在密切的协同配合关系，此关系可

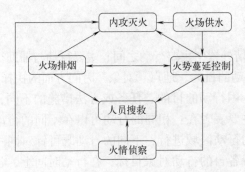

图 5-3　建筑火灾危险区行动任务协同配合关系

用图 5-3 表示。

　　图 5-3 清楚地表明了建筑火灾危险区主要与辅助行动任务的协同配合关系，以及各项行动任务实施的相对顺序。人员搜救和内攻灭火为主要行动任务，火情侦察、火势蔓延控制、火场排烟和火场供水为支持和保障主要行动任务实施的辅助行动任务。对于人员搜救，既需要火情侦察提供人员被困情况的初步信息，又需要火势蔓延控制和火场排烟为其行动创造良好条件。对于内攻灭火，不仅需要火情侦察提供燃烧情况的相关信息、火势蔓延控制和火场排烟行动的支持，而且需要及时、充足和不间断的火场供水保障。此外，火势蔓延控制也需要火情侦察提供火势蔓延方向与途径信息，以及火场供水保障和火场排烟行动的配合。

　　（3）同一任务中技战术行动的协同配合　据任务实施所采取的技战术方法和处置行动步骤，分析不同的具体行动在空间和时间上的关联性，确定相关行动在地点、对象、时间方面的协同配合关系，并提出行动中协同配合的要求，保证整个技战术行动迅速、安全和高效地实施。

　　例如，地震建筑倒塌废墟中被埋压人员的搜寻定位任务。根据其一般的技战术方法和行动步骤，人工搜寻行动、生命探测器搜寻行动和搜救犬搜寻行动都需在同一倒塌废墟区域内实施，行动步骤为先人工搜寻，再仪器探测，后搜救犬搜寻。因此，这三项行动在空间和时间上具有紧密的关联性。如何保证搜寻定位技战术行动迅速和高效实施，需要在协同配合上对此三项行动提出同地点、同对象、分序进行，先简易快速查明可能的被埋压方位、再利用生命探测仪检测和搜救犬搜寻核实，并进行准确的定位和查明被埋人员的状况等要求。

　　再例如，有毒气体泄漏源堵漏任务。根据其一般的技战术方法和行动步骤，危险区警戒行动、泄漏扩散气体稀释驱散行动、泄漏源侦察行动、关阀堵漏行动都需在危险区域内实施，行动按照警戒、稀释驱散、泄漏源侦察、关阀堵漏的顺序依次展开。其技战术行动协同配合要求：一是根据泄漏气毒性和扩散浓度分布，将危险区细分为重度、中度和轻度危险区；二是设置危险区的进和出两条通道，在轻度危险区的通道进出口处实施警戒，登记进入和撤出重度危险区的人员姓名、数量和进出时间；三是水枪部署在轻度危险区通道附近，稀释和驱散通道的毒气以及冷却事故罐体，掩护泄漏源侦察和关阀堵漏行动；四是泄漏源侦察行动查明事故罐进出口阀门及泄漏口的准确部位、泄漏开口形式和大小，为关阀堵漏行动提供决策依据；五是关阀堵漏行动人员沿通道进入重度危险区，实施关阀断源、堵漏止流；六是中度危险区通道仅用于人员进出和器材运输。

三、应急物资保障

应急物资是整个应急救援行动的物质保障和基础，它包括救灾物资、应急设备与设施。应急物资按照其用途不同可分为 13 类：防护用品类、生命救助类、生命支持类、救援运载类、临时食宿类、污染清理类、动力燃料类、工程设备类、器材工具类、照明设备类、通信广播类、交通运输类、工程材料类。在应急行动展开后，现场指挥机构应根据应急行动的需要，有效地组织应急物资保障，现场应急物资保障是保持应急救援力量应有的行动能力和确保救援任务顺利完成的必要条件。

1. 应急物资保障的原则

应急物资保障应遵循"自我保障与社会保障相结合、平时准备与战时保障相结合、逐级保障与交叉保障相结合"的原则，在政府的主导下，通过政策法规和经济杠杆，以法规、协议或合同的形式明确保障物资平时的联供、代供、代储和战时的动员、征用、赔偿等问题，将应急物资保障的责任、权利、义务分配给机关、团体、企（事）业单位和社会团体，形成多层面、多领域兼容的整体保障局面。

（1）自我保障与社会保障相结合　在保障物资的来源上，坚持自我保障与社会保障相结合。一方面，应急物资保障具有较强的专业性，只能由应急管理部门自我保障来实现；另一方面，应急救援行动是公共管理的组成部分，应急物资保障所需的部分物资、特种设备等主要来源于社会。因此，应坚持自我保障与社会保障相结合，强化各级政府在应急物资保障中的主导作用，明确社会各部门、各行业、企事业单位和个人的职责，形成开放型、多元化的应急物资保障格局。具体而言，应急管理部门有能力实施的保障，一般实行自我保障；应急管理部门无能力解决或者不能单独实施的，实行协同保障，一般采用申请政府出资，应急管理部门制定采购标准，实施政府采购；完全需要借助社会力量的保障内容，实行社会保障。

（2）平时保障与战时保障相结合　在保障的组织上，坚持平时保障与战时保障相结合。通过平时编制应急物资保障预案，预置多种保障内容，整合应急物资保障所需人力、物力、财力资源，建立应急物资保障资源储备，扩大保障范围，为战时保障奠定坚实基础。通过战时保障，检验平时保障的成效，发现不足，及时调整，使平时保障不断完善。

（3）逐级保障与交叉保障相结合　在保障的供给方式上，坚持逐级保障与交叉保障相结合。在逐级保障的基础上，视情采用跨部门、跨行业、跨系统的交叉保障，丰富保障供给方式，提高保障的可靠性、机动性和快速反应能力。应急管理部门应根据供给隶属关系实施逐级保障，同时按照《中华人民共和国突发事件应对法》等法律的规定，在政府主导下，明确有关单位和个人在应急物资保障上的责任，建立交叉保障机制，应对紧迫的大量的应急保障需求。

2. 应急物资保障的组织实施

应急物资保障应立足于应急行动的需要，科学地确定需求，统一组织调度，并由应急指挥部指定专人负责该项工作。

（1）科学地确定需求　应急管理部门应根据地区特点、重大危险源分布及风险因素，按照最不利原则，对本地区的应急物资需求进行科学评估，确定应急物资需求的种类和数量，制定统一的应急保障计划。当突发事件发生时，综合考虑事件现场情况和应急行动效能、供给途径、供给速度、供给能力、使用要求等因素，科学地确定应急救援现场所需物资的品种、型号和数量。

（2）统一组织调度　所有应急物资应由应急指挥部根据应急预案、行动编成和现场需要统一组织调度使用。为便于应急物资能迅速、准确调度到位，应急管理部门以及应急指挥部平时应建立装备资源数据库，其内容包括各单位装备配备情况、储备情况、维护保养记录和装备基础资料等。组织应急物资保障通常有以下几种方式。

① 调度应急储备物资。储备物资是应急物资最直接的来源，应急储备是为了应对各类突发事件，用于应急救助、恢复重建等而有目的、有计划地储备积累的物质资源，包括国家储备物资、地方储备物资和军用储备物资。应急储备物资是在突发事件发生后的第一时间，能够快速到达事发现场的物资，是组织应急物资保障的首选方式。

② 社会物资征用。由于应急救援过程的时间紧迫性，许多物资难以及时获得，这就需要临时征用一些特殊的物资，比如大型工程机械、运输车辆等，应急指挥部可根据需要调度大型企业、装备生产厂家和社会相关单位储备的物资。当然在征用的过程中必须遵守法律法规，不能损害相关企业群体的利益，在应急救援结束后，要根据所征用物资的类型、规格、数量和市场价格给被征用单位一定的补偿。

③ 市场采购。由于物资储备有限，在应急过程中还需要根据实际需要，组织应急物资的市场采购，以保障现场应急救援行动的快速展开。

④ 组织突击研制和生产。建立一些应急科研与生产的相关机制，以确保在紧急状态下能够尽快转化为实际的物资保障与物资支援能力。

⑤ 组织社会捐赠。社会捐赠是应急物资保障的重要方式和手段，捐赠能够在较短时间内获得数目较大的物资。在突发情况下，应该组织动员社会各界开展捐赠活动。

（3）应急物资运输保障

① 科学组织调运方式和流程。要结合应急物资调运特点，依托铁路、公路、水运、民航等运输系统，研究不同品种、不同数量、不同流向、多种方式的应急物资运输流程方案，从物资集结场地、装卸场所和方式、运输方式组合、交接模式等方面优化运输效率，缩短调运时间，明确交接关系。

② 指定装卸包装规范。应急救援现场条件十分有限，用于日常转运、分发的包装形式可能不适应应急需要，要考虑专用包装方式和规格适应机械装卸、人力装卸、空投等转运方式，以及高低温、潮湿、雨雪、振动、灰尘等现场恶劣条件需要，尽力避免应急物资中间损耗。

③ 加快原有运输网络的修复。主要是修复航道、铁路和公路网络的同时，要建立良好的反馈机制，即在交通瘫痪的情况下作出应急选择。如汶川地震救灾，应急部门立即采取预先配送、直达配送、接力配送、直接前送等方式，第一时间组织实施精确配送。

④ 采用现代物流新技术。现代物流新技术包括物流自动化技术、可视化技术、信息化技术。在应急物资的储存、分拣环节，物流技术趋向于自动化；在物资的调度、运输环节，物流技术趋向于可视化；在应急物资的监控、管理环节，物流技术则偏重信息化。因此，现代物流新技术需包含射频技术、条形码技术、地理信息系统、全球定位系统、物流跟踪、无线传输等技术，利用现代物流新技术，提高应急物资的快速运输能力。

第二节　应急行动组织的方法

突发事件现场上指挥员依据指挥决策或应急行动方案，对所属力量的应急准备进行具体的部署和安排并指导落实，所采取的常用组织方法有：统筹法、指令法、指导法、演示法等。

一、统筹法

统筹法是运用统筹的原理计划安排工作和控制工作计划实施的一种科学方

法，运用统筹法组织应急行动工作，主要是根据现场情况绘制应急力量任务统筹图，这种形式不仅文字简练，而且能直观地显示出应急行动过程之间的相互关系，有利于掌握整个应急行动组织的关键，从而更高效合理地实施应急行动。本节重点介绍统筹法。

1. 实施步骤

（1）明确目标　在运用统筹法组织应急行动时，首先要理解指挥员的意图并确定应急目标，确定应急目标大致可以分三类。

① 以时间为主要目标。要求在规定的时限内完成任务，应急行动计划多以时间为主要目标。例如，何时到达某地集结，何时完成应急准备，何时开始组织实施等，都是以时间作为主要目标的。

② 以资源为主要目标。在完成应急任务过程中，着重考虑资源的合理分配和利用。如参与救援的应急力量、装备、通信器材以及其他物资、技术保障等，多以考虑资源的合理分配为主要目标。

③ 以费用为主要目标。应急工作讲究成本效益，就是使有限的人力、物力、财力投入，通过优化合理的配置形式，获得最佳的效益。如力量配备、新器材装备和新型灭火剂的使用等，多以考虑费用问题为主要目标。

（2）熟悉情况　应急目标确定以后，要认真进行调查研究，弄清完成应急任务的特点和要求，了解各应急力量的素质和能力，分析研究有关各方面的情况，弄清所要进行的全部任务和各任务之间的关系。这是运用统筹法组织应急行动的前提条件和重要基础。

通常情况下，在运用统筹法组织应急行动时，一是要熟知自己所要进行的工作任务要达到什么目的；二是要熟悉掌握指挥员的意图是什么；三是要熟悉时间、条件、环境要求以及人力、财力和资源配置等情况；四是要熟悉影响和制约达到最终目的的直接或间接因素有哪些，这些因素的影响和制约程度如何等。只有在熟悉各方面情况的基础上，才能科学地运用统筹法进行工作，完成好任务。

（3）明确任务　所谓明确任务就是要弄清为达到最终目的所要进行的全部工作和任务。任何一项应急行动计划，都是由若干项具体任务组成的。因此，在确定应急目标后，应明确为了达到应急目标需要哪些任务，这些任务又如何分解细化。对任务分解的详略程度，应根据行动计划使用的对象和要求而定，通常为指挥员使用准备的统筹计划图，重点是统筹全局，把握关节，任务可分解得粗略一些；为应急小组使用准备的统筹计划图，则要明确具体的指挥和行动方法，步骤、任务要分解得详细一些。

（4）分析关系　所谓分析关系就是要明确各项任务之间的相互关系。在客观事物中，任何一项工程或任务所包含的各项工作，其相互之间的内在联系是异常复杂的。因此，在进行应急行动组织的统筹工作前，首先要经过调查研究切实弄清各项任务之间的关系。一般来说各项任务之间的相互关系主要有以下几种：①先后关系，就是按照任务内部所固有的先后顺序形成的关系，即先做什么任务，后做什么任务，一项任务接着一项任务地进行；②平行关系，就是两项以上任务在同一前提条件下，同时进行的关系；③交替关系，就是交叉作业各道工序相互之间的衔接关系，它是将某项任务的各道工序分为若干段，依次交替进行；④制约关系，是指某项任务要受到两个以上其他任务的约束，当这些任务都完成了或限定的条件具备了，该项任务才有可能展开。在这些任务中，前三项任务是制约任务，最后一项任务是被制约任务。

（5）绘制统筹图

① 绘制草图。根据以上考虑和确定的所有行动任务、时间、相互关系，按战斗发展顺序，逐阶段地标绘箭头草图。

② 检查分析。草图绘制完后，要检查各应急力量的任务是否有遗漏，进一步分析各应急力量、各任务间的相互关系是否准确。

③ 确定关键任务和关键线路。在应急行动过程中，对夺取应急行动胜利的有决定意义和起关键作用的战斗行动任务，应确定为关键任务，用红线或双线表示，以便经常提醒指挥人员，特别注意这一行动任务和可能出现的变化，及时采取应变措施。

④ 优化统筹图。在优化统筹图时，通常要考虑两点：一是在一定的人力、物力、财力条件下，力争优质高效地完成任务；二是在限定的时间内，使有限的资源得到合理的利用，尽可能地节省人力、物力和财力，提高工作质量。在实际应急行动组织中，还要根据实际情况和应急行动原则等，提出更为明确的具体指标来优化统筹图。

2. 统筹图绘制形式

（1）多起点平行形式　把所有到场应急力量根据战斗单位编成，分别画在统筹图的左方，并各自引出箭头，表示出其战斗的行动及承担任务。一般来说，同一时间内的各应急力量行动有内在的联系和协同关系。对于特殊的、密切的、互相制约等明确的协同关系，则以虚线箭头形式表示。以某油漆总厂硝基漆车间灭火作战应急行动组织为例，按多起点平行形式绘制统筹图，如图5-4所示。

（2）单起点辐射形式　把到场应急力量的行动和任务，凡是同时开始的行动，都从最初序号引出，并按照执行任务所需时间或结束时刻，进入相应的序号，在箭杆上方注明参战力量名称和任务。各种协同关系，主要以箭头在各个序号引出和引入来表示。以某制油一厂浸油车间灭火作战应急行动组织为例，按单起点辐射形式绘制统筹图，如图5-5所示。

　　上述两种形式都可用划分应急阶段和时间坐标来表示，各应急任务的持续时间，也可不用时间坐标，只按应急阶段划分，对于已确定持续时间的行动，则将持续时间注在相应箭杆下方。

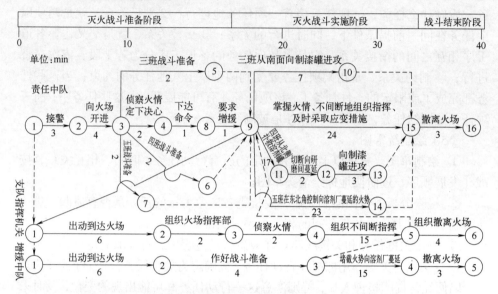

图 5-4　某油漆总厂硝基漆车间灭火作战统筹图

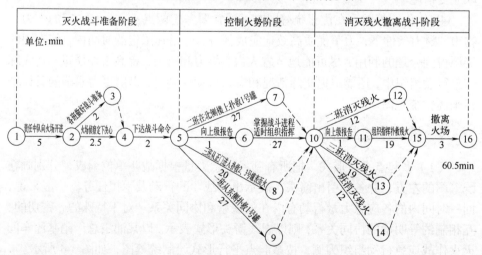

图 5-5　某制油一厂浸油车间灭火作战统筹图

3. 统筹图的优化

　　统筹图的优化，就是把原始统筹图上所表示的工作关系、时间、资源消耗等，通过计算、分析找出主要矛盾所在和挖掘潜力的可能性，从而进行合理调整，科学安排，以求得较佳计划方案或最佳计划方案。统筹图的优化方法一般有以下几种。

（1）将关键线路任务分细，采取平行或交叉作业方式　将关键线路任务分细，采取平行、交叉作业方式，是统筹图在时间方面优化的最有效方法。

① 平行法。对于能够同时开始的任务，应该同时进行；对能够分成几项任务的关键任务，应该分细，变成几项任务平行进行。例如，某灭火战斗控制火势阶段，可分为救人、控制火势两项主要任务进行，其中救人工作持续时间为10min，控制火势时间为25min，如图5-6（a）所示。从图5-6（a）中看，要完成这一任务需35min，但如果在可能的条件下，将控制火势任务分成两项任务平行做，就可缩短作业时间。如图5-6（b）所示。

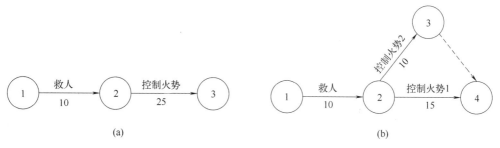

图5-6　平行任务统筹优化图

② 交叉法。交叉法就是两项或多项不同的任务交叉之后，同时进行。也就是前项任务部分完成之后，后项任务即可开始，从而达到缩短时间的目的。

例如，灭火战斗中的控制火势阶段大致分为破拆、救人、灭火三项主要工作。假如某一灭火战斗破拆需24min、救人需15min、控制火势需18min，共需57min。如果进行交叉作业，即边破拆、边救人、边灭火，这样，就可用35min完成控制火势任务，如图5-7所示。

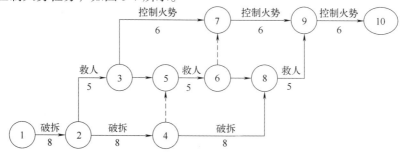

图5-7　交叉作业统筹优化图

再如，一栋"一"字形高层建筑中部发生火灾，被困人员在大楼的左右两侧，左侧救人需10min，控制火势需15min；右侧救人需10min，控制火势需15min。火灾现场只有一部云梯车，云梯车从左至右转移阵地要用12min。如果两侧串连作业需要用 62min，如果采取平行、交叉作业，就可以用 42min 完成灭火战斗任务，如图 5-8 所示。

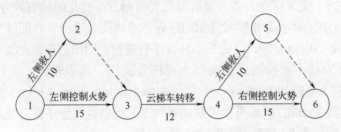

图 5-8　平行交叉作业统筹优化图

（2）在非关键线路上挖潜，支援关键线路上任务　在非关键线路上挖潜，就是在可能的情况下利用非关键线路上的机动时间和机动资源，支援关键线路上的任务，以促进关键线路上的任务进程，缩短关键线路的任务持续时间。应急

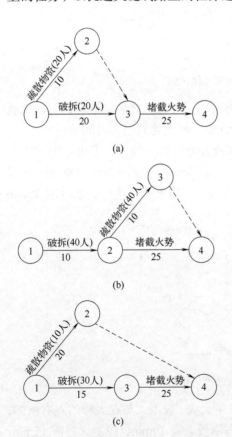

图 5-9　某灭火战斗工作统筹优化图

行动过程中，完成主要任务时间往往十分紧张，而相比之下完成次要任务时间就显得松弛。因此，为了加快应急行动进程，可采取从次要任务中调整部分人力、车辆支援主要任务的完成。例如，某灭火战斗，疏散物资需 20 人工作 10min，破拆需 20 人工作 20min，堵截火势需用 25min。在只有完成破拆，才能堵截火势蔓延的情况下，根据以上要求可绘制统筹图 5-9（a），完成整个任务需要 45min。如果把疏散物资人员全部集中到破拆，待破拆任务完成后，再集中力量完成疏散物资工作，可绘制统筹图 5-9（b），这样完成整个任务只需 35min，比第一种情况缩短 10min。如果破拆工作不能容纳 40 人，只可容纳 30 人；或疏散物资不能待破拆任务完成后再开始，则采用延长疏散物资的完成时间，抽出部分人力支援破拆工作，可绘制统筹图 5-9（c），这样完成整个任务需要 40min，比第一种情况缩短 5min。

　　（3）及时调动增援力量支援战斗，缩短完成应急行动时间　调动增援力量支援应急行动，加快应急行动进程，缩短完成任务时间，是应急行动中经常采用的基本方法。如某火场有甲、乙两个油罐（容量分别为 300m³、500m³），各使用两辆消防车冷却控制，甲罐需 25min，乙罐需 30min，共需要 30min，如图 5-10（a）所示。如果能在 10min内调集 4 辆消防车增援，分别协助冷却甲、乙油罐，可绘制统筹图 5-10（b），这样整个冷却过程仅需要 20min，可缩短 10min。如在 10min内调集 2 辆消防车增援车，分别协助冷却甲、乙油罐，可绘制统筹图 5-10（c），这样整个冷却过程需要 24min，可缩短 6min。

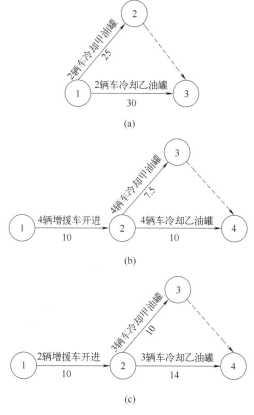

图 5-10　某火场冷却油罐工作统筹优化图

二、指令法

　　指令法是指突发事件现场指挥员通过下达命令和各种指示，赋予应急力量各项应急行动任务，并对其工作进行规范的方法。它是组织应急救援工作的主要方法。应急现场指挥员要将指挥决策或方案转化为命令和指示，及时要求应急力量做好各项应急救援准备。在应急救援中，要求到场后的行动展开快，对突发事件现场主要方面的力量部署要周全，对明确指令，统一行动提出了更高的要求。因此，应急现场指挥员必须按照指挥决策，并结合突发事件现场的实际情况，不断地通过下达指令和指示，来规范应急力量的各项应急救援行动。

三、指导法

　　指导法是指突发事件现场指挥员通过检查、监督、引导、协调等方式，发现并解决应急力量在准备和行动中存在的问题，实施组织指挥的方法。突发事件现场组织指挥是对应急救援准备工作及其实施进行指点和引导的组织领导活动。指挥员在下达命令之后，还必须深入应急救援现场检查参与应急力量对命令的理解程度和贯彻情况，协调解决在准备和行动过程中出现的各种问题和矛盾，督促应急力量完成各项应急救援任务。

四、演示法

演示法是指通过计算机模拟、实地演示等方式，熟悉并完善应急救援行动方案，组织应急力量进行准备和实施的方法。在演示过程中，指挥员必须采取有效的方法组织指挥应急力量理解各自的应急救援任务，以及相互的配合协同，并且通过演示，发现应急方案中存在的问题，以利于及时修正完善。通过演示法可以帮助应急力量更好地明白指挥员的意图和决心，加深对应急救援行动方案的理解，有利于形成正确合理的应急行动思路。

第三节　应急行动组织的方式和要求

有效组织行动需要科学、有效的应急行动组织方式，它是应急行动组织实施的重要保障；同时，应急行动组织要做到快速、周密、安全，应急行动方案要具体可行，力求简明。

一、应急行动组织方式

1. 应急行动组织方式的含义

应急行动组织方式是应急处置行动时所采取的组织形式。突发事件现场复杂，险情频出，应急救援行动的组织必须快速高效、周密细致且安全到位。应急行动组织方式力求简明、适用，做到统筹使用到场的各方面应急救援力量，充分发挥到场应急救援力量的攻坚作用，提升应急救援行动总体效能。

应急行动组织方式应根据突发事件现场的范围大小、现场险情的复杂程度、应急救援任务、应急救援力量构成等方面来综合确定。

2. 应急行动组织方式的种类

（1）分层式行动组织方式　按现场应急指挥机构设置的层次，逐级履行各自的组织指挥职能，围绕着高效达成应急行动任务目标，指导、协调和保障所属救援力量的应急处置行动开展。

常见的组织指挥分层形式有：现场指挥部，区域指挥所，行动组指挥员。其分层指挥关系如图 5-11 所示。

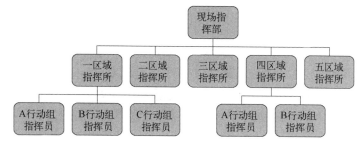

图 5-11　分层指挥关系示意图

（2）分组式行动实施方式　按具体行动任务和险情处置技战术需要，对应急处置力量进行基本行动单元的编成和分组，每个行动小组既承担有明确的任务又实施某项技战术行动，人员由一名小组长和若干名队员组成，小组长接受某任务行动组指挥员的指挥。例如，灭火行动组，可分成火情侦察小组、人员搜救小组、火势蔓延控制小组、火场排烟小组、火场供水小组、内攻灭火小组等，其行动实施方式如图 5-12 所示。

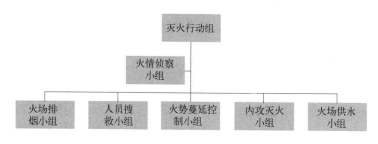

图 5-12　灭火行动实施方式示意图

（3）交替式行动组织方式　针对某一艰巨行动任务或重大险情，采取的将处置力量分批换班式行动组织方式，要求根据险情危险程度、行动场地条件、处置行动所需体力强度、个人安全防护的局限等综合地确定进入危险区持续行动时间、每批处置人员数量和分批次数。例如，重大毒气泄漏危险源处置，进入重度危险区的处置行动采用交替式组织方式，一般每批两人，持续行动时间 20min，两批次轮换行动。

（4）接力式行动组织方式　对空间距离较长且需行动持续实施的任务，按行动可实施的合理距离，将整个任务行动空间距离分为若干段，每段安排相应的力量和职责，实施段与段之间行动接力，共同完成所担负的任务。例如，地铁长隧道内部伤员救助，可视情况分为隧道内搜救段、站台站厅转送段、地面出口处医疗急救和转院段。又如，大型火场远距离不间断供水，可根据每辆消防水罐车的供水距离，分段部署相应数量的供水车，实施接力供水。

3. 应急行动组织方式的选择依据

应急行动组织方式应根据突发事件现场的范围大小、现场险情的复杂程度、应急救援任务和应急救援力量构成等方面来综合确定。

（1）突发事件现场的范围大小　现场范围大小决定需投入力量的多少和应急处置指挥层次的高低。大范围现场的应急处置调集和使用的力量不仅种类和数量多，而且到场指挥的层次也高，为使应急处置行动全面协调和有序高效地开展，行动的组织必须采取分层式组织指挥方式；同时，在遂行某项具体任务时，可根据行动距离长的情况，考虑采取接力式行动组织方式，以保证处置行动的持续性。对于小范围现场，应急力量遂行同一任务，且在同一区域行动，常可采取分组式组织行动，因为处置涉及的力量较少且指挥层次较低，无须过多的指挥层次，以便于保证指挥决策的时效性。

（2）现场险情的复杂程度　险情的复杂程度不仅体现在险情的危险性和处置工作的艰难度，而且还在于应急行动所需人员的精干性和技术保障的全面性。复杂险情，如石油化工装置内部的泄漏，在重危区处置所需人员不在于多而在于精，因此，其应急行动应采取交替式组织方式。

（3）应急救援力量构成　大型应急救援现场，到场的应急救援力量往往数量众多、成分复杂，不仅有国家综合性应急救援力量，还有社会上其他应急救援力量。一般来讲，应急救援力量构成成分越复杂，协同越困难，应急行动组织难度越大。当主观条件无法满足统一组织行动需要时，就要从指挥对象中划出某些成分，授权分身、层次控制，从而保证总体上的统一指挥行动，此时可采取分层式行动组织方式或接力式行动组织方式。如果突发事件规模不大，突发事件现场的应急救援力量数量不多、成分相对单一，可以集中统一组织行动，此时一般可采取分组式行动组织方式或交替式行动组织方式。

二、应急行动组织要求

1. 快速

由于突发事件的突发性，应急力量准备的时间很短，特别是当有人员被困，生命受到严重威胁的情况下，只有力争在最短的时间内，做好最充分的应急救援准备，才能抓住有利时机，掌握应急行动的主动权。所以，应急行动对组织行动的时效性提出了更高要求。指挥员和指挥机关在组织应急行动中，必须"快"字当头，争时间，抢速度，快速下达应急指令，快速组织协同和各种保障，快速指导应急力量做好各项应急行动准备。

2. 周密

应急行动准备涉及内容广泛而复杂，整体性要求高，必须周密细致。指挥员和指挥机关在指挥过程中，只有周密地组织应急力量实施应急救援行动，才能在复杂多变的突发事件现场，及时应对可能随机出现的危急情况。周密细致地组织应急行动，是确保应急救援成功的重要方面。

3. 安全

应急行动过程中，危机四伏，险情不断，随时都可能出现险情甚至伤亡情况。有效地保护应急救援人员的生命安全，保持突发事件现场高效持续的应急救援战斗力，始终是应急指挥的重要任务。所以，在组织应急行动过程中，要密切关注应急救援人员特别是实施核心区域任务人员的个人防护和协同保护。通常情况下，作为指挥员要认真重视应急救援人员的安全，没有特殊情况一般不要冒险行动，尽可能避免伤亡和损失。

第六章

应急协调控制

在突发事件应急处置与救援过程中，对应急救援力量参加救援准备和实施救援行动进行监督、指导和协调活动，并根据突发事件现场情况的发展变化适时调整应急救援行动方案和应急救援力量部署，不仅是突发事件现场应急指挥的重要内容，而且是应急指挥链中不可缺少的环节。通过监督和指导可以了解应急救援力量对领受救援任务的理解程度和执行情况，发现应急救援行动方案中存在的问题，进而协调应急救援力量及应急救援资源，以便于现场指挥部根据掌握的情况及时调整救援行动方案，确保突发事件应急处置与救援任务的顺利完成。

第一节 概　述

《中华人民共和国突发事件应对法》规定：地方各级人民政府是本行政区域突发事件应对工作的行政领导机构，负责本行政区域各类突发事件的应对工作。当发生跨层级的突发事件时，要根据突发事件严重程度确定某一级的主责政府，并且下级政府要在上级政府领导下负责本地突发事件应对工作；上级政府根据实际情况和需要，对下级政府工作提供资金、物资、人力支持和技术指导。

一、应急协调控制的主体构成

因突发事件的复杂性和跨地域性要重视不同地方政府之间的跨区域合作和各区域内的合作，更要加强合作、协调、联动和高效。突发事件应急协调控制的主体构成有国家应急指挥总部、专项应急指挥部和现场应急指挥部。以 2010 年舟曲泥石流灾害为例。2010 年 8 月 7 日，甘肃省舟曲县突降特大暴雨引发特大山洪泥石流灾害。此次灾害导致舟曲县 1765 人死亡，4.7 万人受灾，灾区道路、供水、供电、通信等基础设施严重受损，运营中断。在这一突发事件应急协调控制中，国务院成立了指导协调组，作为国家层面的指导协调机构。甘肃省成立了抢险救灾指挥部，全面负责前线工作。甘南州成立抢险救灾指挥部，作为甘南州和舟曲县联合抢险救灾指挥部，承担落实省指挥部决策、具体协调州内有关各方面力量，以及为救援力量提供后勤保障任务。在泥石流灾害现场成立了由多种救援力量组成的现场应急指挥部。

1. 国家应急指挥总部

国家应急指挥总部是由政府综合应急管理部门支撑的、能够支持多个部门参与突发事件应急处置与协调的场所，在突发事件应急指挥方面起到至关重要的作用。2018 年我国成立了国家应急管理部，承担指导各地区各部门应对突发事件工作，统筹应急力量的建设和物资储备，并在救灾时统一调度，组织灾害救助体系建设等职责，在突发事件应急处置及救援过程中发挥了统一指挥和综合协调的作用。目前我国在积极推进国家、省、市、县四级综合指挥调度平台和地方应急指挥平台示范建设，以实现各级政府与行业部门、重点救援队伍互联互通、协调联动。

2. 专项应急指挥部

专项应急指挥部是根据专项应急预案，专门为处置某种突发事件而启动的应急指挥机构，如为处置自然灾害而启动的以民政部门为主体的应急指挥部和为处置事故灾害而启动的以安监部门为主体的应急指挥部。专项应急指挥部由有关专业部门负责其办公室工作，待达到启动指挥部条件时，启动指挥部。大部分专项应急指挥部具有综合性应急指挥的特点，除了控制危险源不同外，大都涉及人员救助、秩序维护和次生衍生灾害防范等内容。

3. 现场应急指挥部

现场应急指挥部有两种基本含义，第一种是作为某一级专项指挥部向下派出的代理性指挥部，如某市地震灾害应急指挥部可能会向受地震破坏严重的县或者乡镇派驻市"前线指挥部"，代表市政府领导该局部的应急处置工作；第二种是作为进行专业化处置的"现场战术性指挥部"，是与处于后方的国家应急指挥总部或专项应急指挥部相对应的概念。2019 年 4 月 1 日起施行的《生产安全事故应急条例》第二十条规定：发生生产安全事故后，有关人民政府认为有必要的，可以设立由本级人民政府及其有关部门负责人、应急救援专家、应急救援队伍负责人、事故发生单位负责人等人员组成的应急救援现场指挥部,并指定现场指挥部总指挥。第二十一条规定:现场指挥部实行总指挥负责制,按照本级人民政府的授权组织制定并实施生产安全事故现场应急救援方案,协调、指挥有关单位和个人参加现场应急救援。

二、应急协调控制的原则

根据《国家突发公共事件总体应急预案》的规定,突发事件应对协调控制工作的主要原则包括:统一指挥、协同联动、注重沟通。

1. 统一指挥

"统一指挥"是指在有限的时间、空间和资源等条件下,通过突发事件现场指挥部来协调不同部门和不同区域的应急处置与救援行动,最大化实现共同目标。强有力的统一指挥不仅是突发事件应急协调控制的基础,也是突发事件处置与救援的保障。高度集中、统一指挥的应急协调控制体系,可以实现资源的整合,避免各部门各自为政,确保政令畅通。

甬温事故处置与救援过程中,省部按照各自的系统信息层层上报,两天内指挥部五次变化,暴露出突发事件应对过程中"统一指挥"的难度。2011 年 7 月 23 日 20 时 30 分,北京开往福州的 D301 次列车与杭州开往福州的 D3115 次列车发生追尾事故,共造成 40 人死亡,约 200 人受伤。甬温特别重大铁路交通事故发生后,在党中央、国务院的领导下,浙江省、温州市党委、政府和铁道部等国家有关部门成立应急救援指挥机构,紧急开展抢险救援及应急处置工作。当地公安民警、消防和武警官兵、铁路系统干部职工、医疗卫生救护人员、人民群众和社会各界人员奋力救援。事故现场以消防救援力量为主,成立了现场救援指挥部,统一指挥协调现场人员搜救工作。浙江省委、省政府接报后,主要领导兵分两路,一路直接赶赴现场指挥救援,另一路赶赴省应急指挥中心和省公安厅指挥中心。省应急指挥中心和省公安厅指挥中心实际上成为后方指挥部。省政府主要负责领导到达现场后又成立了抢险救援指挥部,取代了以消防为主的事故现场救援指挥部。7 月 24 日凌晨 2 点多,上海市铁路局党政主要负责人到场后也成立了现场救援指挥机构,浙江省和铁道部各有一个现场救援指挥部,3 时左右,铁道部主要负责人到场成立省部联合救援指挥部,浙江省与铁道部两个指挥部合二为一,救援行动的协调性由此可见一斑。

2. 协同联动

"协同联动"不仅包括负有责任的地区、部门、单位之间的协同行动,而且包括军地之间的协同行动，还包含政府与非政府组织、企事业单位和公众之间的合作。该原则不仅能充分动员和发挥乡镇、社区、企事业单位、社会团体和志愿者队伍的作用，而且能依靠公众力量，形成反应灵敏、功能齐全、协调有序、运转高效的应急协调机制，以形成突发事件应对的合力，实现信息互通、资源共享、协调配合、高效联动。

不管发生哪一级别的突发事件，突发事件往往涉及范围广、社会影响大，超出了某个政府部门、甚至某级地方政府的控制能力，需要开展社会动员、实现协调联动。如 2011 年 7 月 23 日甬温事故处置与救援过程中，公众作为应急救援力量，没有被纳入救援体系中，公众的参与是自发而不是自觉的，造成了初期死伤人数统计的困难。要形成社会动员、协调联动的效应，一是整合政府、企业和第三部门力量，形成突发事件应急处置与救援的网状化格局，发挥整体效能；二是突发事件发生地政府同周边地区政府建立同声响应的应急互助伙伴关系，统筹调动人力、物力、财力资源；三是充分发挥武装力量在突发事件应急救援中的突击队作用，体现军民结合、平战结合的精神。

3. 注重沟通

突发事件应对中的沟通是现场应急指挥部和应急管理者，与内部和外部的各相关方建立良好关系，以交流信息和互动反馈的双向过程。沟通工作对于突发事件应对工作的内部协同和外部支持至关重要。在舆论方面，要获得公众的理解和支持，必须加强舆论引导。在突发事件应对过程中，要满足社会公众的知情权，要努力做到信息透明和公开，此外，还要对公众舆情进行监测，了解社会公众的所思、所想和所愿，对舆情进行正确有效引导。在 2011 年 7 月 23 日甬温事故处置与救援中，铁道部按照以往事故现场处置方式，在现场挖坑准备将受损车头和零散部件掩埋，虽被制止，却在社会上产生了不良影响。

三、应急协调控制的内容

突发事件应急协调控制是指突发事件发生后，履行统一领导职责或者组织处置突发事件的行为主体（通常是某一级政府），组织有关部门和工作人员、调动应急救援队伍和社会力量，依照有关法律、法规、规章的规定，营救受害人员，疏散、撤离、安置受到威胁的人员，控制危险源，标明危险区域，封锁危险场所，并采取其他防止危害扩大的措施等工作。突发事件应急协调控制的主要内容包括掌握突发事件现场情况和突发事件处置与救援进展、协调突发事件应急处置与救援工作、调整突发事件应急处置与救援行动。

1. 掌握突发事件现场情况和突发事件处置与救援进展

掌握突发事件现场情况和突发事件处置与救援进展，是协调控制的首要环节。突发事件现场指挥部可借助卫星电话、无人机、图像传输系统等监控突发事件的影响区域，部署救援力量进入现场观察和询问等手段掌握突发事件的处置与救援进展情况。此外，在突发事件应急救援行动方案组织实施过程中，现场指挥部要了解下达指令的落实和执行情况，并针对实施过程中遇到的问题及困难等给予指导和解决，以确保救援进程按照救援行动方案和指挥部下达的指令来进行。

2. 协调突发事件应急处置与救援工作

由于突发事件的复杂性和动态演化特征，现场指挥部要根据突发事件现场情况的变化及时调整应急救援方案与处置行动，如果事态进一步扩大、升级或处置难度超出预期，目前的指挥体系架构、救援力量和救援物资不能满足现场需要时，需要将可用的人力、物力和财力等资源整合、分派、调配和部署，实时统筹管理，并及时请求上级政府及行政管理部门提供资金、物资、人力支持和技术指导，形成相互支援、密切协同的功能互补型的救援行动局面，确保突发事件应急救援行动持续有序地进行。

3. 调整突发事件应急处置与救援行动

突发事件应急处置与救援行动决心和行动方案，要依据突发事件现场情况的变化和指挥部侦察判断的结论不断地修改完善，这就要求突发事件现场指挥部确定新的应急救援行动关键节点，重新进行应急力量编成，重新组织进攻协同，及时调整增援力量和保障力量，准确确立指挥关系及指挥方式，调整应急力量的任务与行动方法，使应急处置与救援行动方案符合突发事件现场情况的变化。

第二节　督 导 行 动

突发事件督导行动是指在突发事件发生后，对各层级应急协调控制主体融合成的应急部门，能够有效应对并妥善处置突发事件和保障人民生命财产安全的一项监督、检查和指导工作。突发事件应急响应的督导工作可以确保合法使用应急权、确保应急响应符合预案规定、确保应急处置措施有效落实，并根据突发事件的事态变化及时调整应急处置措施，保证突发事件应急处置的科学性、严谨性和合法性。

一、督导行动的主体与内容

1. 督导行动的主体

突发事件督导行动主要由突发事件处置主体的上级人民政府、行政机关、应急管理业务主管部门或上级及同级监察机关负责。同级监察机关是突发事件应急领导小组或应急指挥部的成员单位。突发事件应急领导小组或应急指挥部要对应急成员单位处置措施的实际落实情况进行督查，应急成员单位必须将突发事件应急处置措施的具体落实情况及时并如实向应急指挥部汇报，应急指挥部再根据实际落实情况，随时调整处置方案、及时调整决策部署。突发事件发生后，同级监察机关在接到紧急应急工作的通知后要及时回复，并按时赶到现场参与应急处置相关工作，负责对国家行政机关及其工作人员和国家行政机关任命的其他人员在突发事件应急处置工作中履行职责的情况实施监察，对事件调查处理工作进行监督，对在突发事件应急处置工作中的失职、渎职等违纪、违规行为进行责任追究。

2. 督导行动的内容

突发事件督导行动的内容主要包括启动应急响应是否合适；突发事件事态扩大，达到更高等级的应急响应标准时，应急响应等级是否及时提升；突发事件事态得到控制，已降低到低等级的响应级别时，应急响应等级是否及时降低；突发事件得到控制，其他隐患得到消除，并已经符合应急预案终止应急响应的规定时，是否及时终止应急响应。在突发事件现场，应急指挥部在制定行动方案和实施应急行动方案后，为了了解应急救援行动总体方案、协同方案和保障方案的准备和执行情况，具体措施和步骤的落实情况，现场救援力量和救援物资的需求情况等，需要对突发事件现场应急救援小组成员进行现场督导管理活动，目的是实时跟踪突发事件现场各项救援措施实施的最新进展，向应急指挥部提供他们所掌握的相关信息，并协助指挥部及时更新调整救援方案，确保突发事件应急救援力量能够按规定的时间、路线、地点，以安全、有效、迅速的方式，实施突发事件指挥部的应急行动决心，落实应急救援行动计划和方案，高效地开展突发事件应急处置与救援行动。

二、督导行动的主要任务

1. 监督应急救援行动方案的组织和实施情况

一般来说，突发事件应急救援行动方案由总体方案、协同方案和保障方案等部分组成。总体方案是对应急救援行动的整体设计，是制定其他各项方案的纲领。包括情况与判断、编成和任务、行动阶段划分及各阶段情况的预想、行动方法、指挥组织等。协同方案是为组织各救援力量协调一致地遂行行动而作出的一套预先设计，是行动方案的重要组成部分。保障方案是为了保证突发事件救援行动的顺利实施，对各类保障活动所进行的预先设计，是不可缺少的重要组成部分。监督应急救援行动方案的组织和实施情况有助于指挥部了解救援人员对受领任务的理解程度和救援任务的指派情况。

例如，在制定高层建筑火灾应急救援行动总体方案时要确定以内攻为主和充分发挥建筑内部固定消防设施作用的原则，同时根据火灾现场的实际情况，将救援人员分为疏散、营救、排烟和灭火等多个作战小组，并做好力量部署、现场通信和供水保障等。疏散小组应首先疏散着火层及着火层以上的被困人员，此时指挥部可通过对讲机和疏散小组的指挥员或组长建立通信联系，了解疏散小组的人员组成、准备情况、疏散行动的开展情况，如是否正在利用疏散楼梯疏散人员。

2. 检查应急救援行动方案中各项具体措施的落实和执行情况

突发事件应急救援行动方案在组织实施过程中，现场指挥部不仅需要了解下达指令的落实和执行情况，而且需要不断了解各救援小组的救援能力、正在实施的具体措施的实际进展情况、在实施过程中遇到的问题，以及需要协调解决的困难等，以确保救援进程按照行动方案和指挥部下达的指令来进行。

以高层建筑火灾应急救援为例。在应急救援行动总体方案的落实和执行过程中，疏散、搜救、控制火势、通风、供水等各小组要协同配合，利用疏散楼梯和消防电梯，尽量使用室内消火栓给水系统内攻灭火，利用举高消防车，从室外楼梯、阳台、相邻建筑物平台及其他可利用的设施接近起火层外攻灭火。如果控制火势小组组长发现在控制火势时，存在供水间断、水压较低等困难和问题时，要及时向指挥部汇报，由指挥部协调市政供水部门加大水压和水量，保证及时且不间断的供水。

3. 针对应急救援行动过程中的问题提出指导建议

在检查突发事件应急救援行动方案中各项具体措施的落实和执行情况后，指挥部要针对各救援小组在落实和执行过程中存在的问题给予及时的纠正，遇到的困难给予快速解决，尽可能提出一些切实可行的指导建议。此外还应加强信息反馈，采用追踪检查的方式，确保及时解决问题，改进和完善救援方案，达到预定的目标。

以危险化学品泄漏事故应急救援为例。侦检小组人员要使用便携式侦检仪实施不间断检测，并根据事故现场地形和气象条件及时调整各个危险区域的边界范围。如果在检查过程中发现侦检小组的人员过少和安全防护措施不到位等问题时，要根据危险化学品泄漏量的变化和周围地形等情况及时增加人员、根据泄漏危险化学品的性质采取相应的防护等级，并为指挥部提供实时的数据，便于调整人员部署，协调救援行动，确保应急救援行动方案符合事故现场的实际情况。

三、督导行动的实施方法

1. 了解掌握应急行动开展和方案实施情况

在突发事件应急救援行动方案实施的初期，如果现场通信不畅，率先抵达现场实施救援行动的先遣救援力量无法将现场情况和方案实施等信息传递时，指挥部可通过询问从现场逃出来的知情的幸存人员，了解救援行动的开展情况。随着突发事件应急救援行动方案的实施，现场通信联络逐渐畅通时，指挥部可借助卫星电话、卫星影像、无人机和图像传输系统等监控突发事件的影响区域、首批救援力量的部署情况、救援物资的需求情况等。如2008年汶川地震灾害救援过程中，指挥部利用卫星电话和卫星影像进行监测，及时掌握了救援方案的实施情况。

2. 指派人员深入突发事件现场督导

根据需要指派督导人员深入现场检查，督促完成各项救援任务。此时要选派对突发事件的发展变化比较熟悉、有较强观察和分析能力的人员，对方案的实施情况、具体措施的落实情况、存在问题的解决情况等方面进行检查，并协调解决出现的各种问题和矛盾。督导人员要配备必要的通信器材，及时将掌握的相关信息通过对讲机或当面汇报给督导组负责人，督导组负责人再向指挥部汇报。

2013年4月20日8时2分46秒，四川省雅安市芦山县龙门乡发生7.0级地震，震源深度13km。地震发生后，四川省地震局立即启动四级应急响应预案，指示当地地震现场工作组赴震中调查了解灾情。在抗震救灾工作期间，四川省指挥部派出了7个监督小组，雅安市和灾区各县指挥部派出了260个监督小组，奔赴救灾一线和重点单位，同步对抢险救援的全过程实施监督。地震后的第二天，四川省民政厅下发紧急通知，对救灾资金、物资的接收、管理和使用工作作出明确要求和规范，尤其是重点加强了救灾资金及物资的登记、运送、发放各个环节的专人监管，并明确邀请地方纪委介入监督，保证救灾资金、物资的使用发放依法依规、有序高效。

3. 对各分任务小组应急行动中的困难予以指导和解决

一般来说，大型突发事件现场指挥部要下设各分任务前沿指挥部，负责各职能部门、各救援任务区的救援行动。此时需要建立多级指挥体系和组建多级通信网络，指挥部应利用对讲机、通信指挥车等方式与各分任务负责人建立通信联络，便于指挥部了解各职能部门、各分任务小组正在进行的救援任务和当前状态，并及时对各分任务小组实施救援行动过程中的困难给予指导和解决。

第三节　协调行动

突发事件协调行动既包括地区、部门、单位之间的协调，也包括军地之间、政府与非政府组织之间、企事业单位和公众之间的协调，还包括跨地区和跨国的协调。突发事件影响的广泛性和应急处置的系统复杂性要求这些跨界协调工作要调动好各方面的积极性，以实现信息互通、资源共享、协调配合、高效联动。

一、协调行动的定义与依据

1. 协调行动的定义

突发事件现场的协调行动是指在突发事件现场，指挥部通过遥感卫星影像、视频图像传输系统、派人员实地检查、各项分任务负责人汇报等方法督导行动方案的实施情况后，针对应急救援行动方案及具体措施在实施过程中遇到的救援力量和救援物资等不能满足现场需要等实际问题，需要调整救援行动方案时，将可用的人力、物力和财力等资源整合、分派、调配和部署的一项综合管理活动。其实质是现场指挥部对应急救援资源的实时统筹管理，形成相互支援、密切协同的功能互补型的救援行动局面，确保突发事件应急救援行动持续有序地进行。

2. 协调行动的依据

《中华人民共和国突发事件应对法》和《国家突发公共事件总体应急预案》规定：地方各级人民政府负责本行政区域各类突发事件的应对工作。当发生一般突发事件时，由县级政府统一领导和协调应急处置工作；发生重大突发事件，由设区的市级政府统一领导和协调应急处置工作；发生重大和特别重大突发事件，由发生地省级政府统一领导和协调应急处置工作；超出地方处理能力范围或者影响全国的特别重大突发事件，由国务院统一领导和协调应急处置工作。此外，上级政府根据实际情况和需要，对下级政府提供资金、物资、人力支持和技术指导。下级政府在上级政府领导下，负责本地突发事件的应急处置工作，并根据突发事件的严重程度确定某一级为主责政府。当突发事件规模较大，性质较复杂，事态演变迅速，外部环境不确定性很高，甚至各种新情况、新问题、新情景不断出现时，往往需要不同地区、不同部门、不同行业之间应急力量的协调行动，需要第一时间在第一现场获得信息和必要的资源，以辅助指挥员根据现场不断变化的情况，制定协同方案，合理部署协同力量。

二、协调行动的方式

1. 跨地区的协调

随着突发事件复杂性、危害性和应对难度的增加，周边地区地域相邻、人缘相近、突发事件关联性强。特别是随着气候变化、恐怖主义、传染性疾病、严重自然灾害等区域性和全球性重大挑战的日益增多，如果没有建立区域间的信息共享和应急协调联动机制，在突发事件发生后可能造成严重的人员伤亡和经济损失。如2013年8月16日11~23时，辽宁省抚顺市清原满族自治县南口前镇突降449毫米暴雨，暴雨引发特大洪涝灾害，造成63人遇难，101人失踪。遇难者中超过一半的人死于南口前村。上游和下游的村落均由村干部组织撤离，唯独该村村民没有得到通知。

如果突发事件发生后快速地跨地区调集应急救援资源，能够大大降低突发事件造成的人员伤亡和财产损失。如2010年7月16日，大连市中石油国际储运有限公司保税区油库输油管线爆炸起火后，大连市公安消防支队在调集救援力量的同时，辽宁省公安消防总队立即启动跨区域增援预案，迅速调集全省的公安消防力量和企业专职力量，同时在全省范围内调集泡沫液和救援专家等前往大连增援，经过15h的艰苦奋战，17日9时55分大火被全部扑灭，成功保住了罐区20个原油储罐、邻近2个单位的56个原油和成品油储罐、51个二甲苯和苯等储罐及大连地区的安全。

2. 跨部门的协调

在突发事件应急处置与救援过程中，可能需要组织和协调公安、消防、水利、环保、建设、农业、卫生、防疫、医疗救护等多个部门的参与，在跨部门协调过程中要明确各部门的职责和分工协作的关系，保证现场所需人力、物力和技术保障落到实处。例如，突发火灾事故现场，公安、武警负责现场警戒、交通疏导管制、保护现场、维护现场治安秩序等。供水部门负责现场公共管网的供水，必要时停止部分地区供水，以保证现场必要的水量和水压。各部门如果在平时缺乏制度化的信息交流和合作，在紧急情况下缺乏重要救灾要素的快速集成机制，可能影响应急指挥的效率。

如 2008 年 1 月中旬到 2 月上旬，中国南方地区连续遭受四次低温雨雪冰冻极端天气袭击，给电力和交通运输设施带来极大破坏，直接经济损失达到 1516.5 亿元。这场大雪灾在短时间内造成极大危害的原因之一是在罕见天气出现后，多个部门各自为政，部门之间的信息交流不完善，部门边界模糊，相互协调难度大，协调程度差，相关的应急措施没有跟上，在最初的应对中只是南方各省之间各扫门前雪，没有形成一个有效的联动应对机制。与此相类似，每个部门之间的应对也没有提升到一定的高度，贻误了应对的最佳时机，以至于后来不得不动用巨大力量才遏制了雪灾，缓解了雪灾带来的社会和经济损失。

与 2008 年雪灾相比，兰州石化爆炸事故的处置是多部门协调联动的成功案例。2010 年 1 月 7 日 17 时 30 分，兰州石油化工公司发生爆炸着火事故，18 时许，甘肃省委书记和省长赶赴现场，18 时 50 分许进入事故现场详细询问人员伤亡、事故原因和处置情况。在听取有关部门和人员汇报后，对如何进一步处理事故等提出意见，要求采取有效措施抢救受伤人员，控制事故影响，及时向社会公布情况，同时向中石油集团总部报告。22 时 40 分，甘肃省政府召开新闻发布会。爆炸事故发生后，兰州石化公司立即启动了三级防控预案，石化消防支队赶赴现场抢险灭火。甘肃省消防总队接到报警后，调集了兰州和白云支队的消防人员和消防坦克奔赴现场。此外，公安、卫生、安监、环保等部门也组织力量赶赴现场。接到报警后，240 名干警赶赴现场设置警戒线，疏散群众，将现场受伤人员送到医院治疗。交警部门对周边交通实施管制，疏导车辆分流行驶。公安部门在现场实施警戒，防止发生次生灾害。甘肃省政府通过手机短信与社会公众进行沟通，避免了不必要的社会恐慌。

3. 军地间的协调

无论哪个国家，军队都是突发事件救援的重要突击力量。特别是在中国，公安、武警、解放军都是应急突击力量。近年来，中国重特大突发事件应急救援都具有军地联合参与、军地联合指挥的显著特点。中国也对军队参与处置突发事件作出规定。如 2005 年 6 月颁布《军队参加抢险救灾条例》，中央军委 2006 年 11 月颁布《军队处置突发事件总体应急预案》，中央军委 2010 年 11 月批准发布《军队处置突发事件应急指挥规定》。总的来看，由于现有政策法规不完善，军地之间在管理体制、信息、队伍、装备等方面标准不一，军地协同指挥机制不够明晰，信息共享共通不畅，在一定程度上影响了军地协作的有效开展。

以 2008 年汶川地震为例，直到 5 月 14 日，中央军委授权成都军区组建抗震救灾联合指挥部，统一指挥调度在灾区的所有军区、武警、特警和消防与专业救援队伍，混乱局面才得到改善。特别是军地情报信息最低限度共享已经成为当前中国军地协同工作的现实问题。在汶川特大地震初期，军地协同指挥机制不够明晰，信息无法共享共通，导致救灾局面比较混乱。再如，2005 年 8 月 25~29 日，在美国东南部登陆的"卡特里娜"飓风灾害造成 1330 人死亡，100 多万人转移疏散，经济损失超过 1000 亿美元。在此次灾害应对过程中，军地协同极差。灾区在灾后 48h 才见到了驾驶 40 辆坦克装甲车前来救援的国民警卫队员，但是他们对救灾没有任何针对性准备。在新奥尔良被淹的最初 72h，只有 2800 名国民警卫队队员到达新奥尔良。尽管距离新奥尔良只有 3h 路程，但是美国山地师第四旅的 3000 名官兵却一直在袖手旁观。

与上述案例相比，三门峡支建煤矿透水事故救援的成功是军地协同的典范。2007 年 7 月 29 日，河南省三门峡市陕县支建煤矿因自然灾害发生透水事故，正在作业的 69 名矿工被困井下。事故发生后，中央领导高度重视，河南省及三门峡市政府迅速组织力量，展开救援工作。由于应急信息报送的准确与及时，现场指挥部制定了"一堵、二排、三送氧气"的救援方案，经过 75h 的奋战，69 名被困员工全部获救。事故发生后，300 多名来自洛阳与三门峡的武警战士快速出动，堵住了河道冲进采空区的洪水，最大限度地遏制了透水后果的扩大。作为企业，义马煤业集团全力救援，其下属的 6 个煤矿每天出动 360 人次救援，义马煤业集团的董事长、党委书记还亲自下井参加救援。为了配合救援行动，河南地方气象部门实施人工干扰，400 多发炮弹有效驱云，为救援工作的顺利开展创造了良好的气象条件。陕县网通公司充分保障救援人员与井下被困矿工的通信畅通，及时恢复了一度中断的联络。医疗卫生部门做好了紧急救助的准备工作，被困矿工一升井，便被有序地安置到各个医院。由于统一领导、集中调度，政府部门、武警、企业密切合作，打破了部门分割、条块分割的界限，此次突发事件的应急处置与救援活动有条不紊，十分顺利。

4. 与社会组织、企业等社会力量的协调

非政府组织、公民的志愿性社团、协会、社区组织、利益团体等社会组织都是突发事件应急处置与救援的重要主体。在突发事件发生后，社会组织为指挥者提供突发事件事态发展、灾民需求等信息，以辅助现场指挥部研判和决策。为避免政府因信息有限或不能充分有效地利用信息而产生的突发事件信息缺

失，政府体系外其他力量的积极介入至关重要。这些信息将丰富或补充应急指挥体系内所能获取的有限信息，从而使应急救援指挥部作出更加科学准确的决策，及时有效地控制突发事件事态的发展。

5. 跨国界的协调

在全球化时代，突发事件的复杂性和困难性大大超过了突发事件所在国家的应对能力范畴，迫切需要国际社会通力合作。如2013年12月，几内亚发现首个埃博拉病例，2014年2月以后，埃博拉疫情逐步扩散至利比里亚、塞拉利昂等9个西非国家。西非埃博拉疫情的传播速度、感染病例数量、死亡人数和受影响的国家数量均超历史之最。2014年8月8日，世界卫生组织总干事根据《国际卫生条例（2005）》突发事件委员会决议，宣布本轮埃博拉疫情为"国际关注的突发公共卫生事件"。

埃博拉疫情情况复杂，应对难度大，超过疫情国（区域）政府的能力。在世界卫生组织的呼吁和号召下，构建了以突发事件所在国（区域）政府为主导，以国际（区域间）组织为领导，以非政府组织、企业等各类国际援助组织为协助的突发事件应急救援指挥网络，诠释了突发事件应对的国际合作力量保障。世界卫生组织主要通过疫情国汇报信息、派出专家组跟踪监测等措施，获取疫情数据并进行分析研判，以确定需要国际社会的援助力度，并通过多种形式向外界进行信息通报。联合国建立了埃博拉应急特派团，全面调动和协调联合国系统的力量。非洲联盟多次召开会议，就非洲国家在应对疫情上的立场和策略进行协调。中国、美国、法国等提供了多批次的紧急公共卫生及人道主义援助。红十字会、无国界医生组织、私立基金会等民间社会组织提供疫情监测、人财物援助以及防疫宣传等工作。国际金融性组织、跨国公司以及民营企业为埃博拉疫情应对提供了大量的资金支持。在国际社会广泛参与后的7个月，西非地区埃博拉疫情得到了有效控制。

三、协调行动的实施方法

1. 建立突发事件现场应急指挥体系

随着需要协调跨地区、跨部门、跨行业突发事件的不断增多，需要建立各种各样的综合管理协调机构，以加强对突发事件应对工作的统一领导和统筹协调。统一领导是指在各级党委的领导下。如在中央，国务院是最高行政领导机关，在地方，地方各级政府是本地区的行政领导机关。统筹协调是政府对所属各有关部门、上级政府对下级各有关政府、政府与社会各有关组织和团体的协调。

在突发事件现场，短时间内快速调集和协调各方面的救援力量，需要一个高效的现场指挥体系。如 2008 年汶川地震，国务院成立了抗震救灾总指挥部，有关部门、军队、武警部队和地方党委、政府主要负责人参加，实施统一领导和部署。总指挥部下设抢险救灾组、地震监测组和宣传组等多个工作组。实践证明，成立以党政军领导为主组成的现场总指挥部，制定、实施和完善救援行动方案，实施现场统一指挥，调动不同地区、不同部门、不同行业的应急救援资源，发挥各救援资源的优势，实现优势互补，人员、物资、装备共享，是保障救援任务完成的关键。根据灾情和应急救援工作的需要，可将现场划分成若干个任务区，并成立各项分任务的指挥部，实施分级协同指挥。分指挥部的主要职责是向总指挥部汇报现场情况，提出救援行动方案，参加总指挥部的决策，负责救援行动的组织指挥。

2. 建立突发事件应急指挥协调联动机制

突发事件应急救援既涉及政府体系内的不同地区和不同部门，又涉及政府体系外的其他各类组织，需要集中和动员国家与社会的各种力量和资源，通过建立强有力的应急指挥协调联动机制，实现跨部门、跨地区、跨行业甚至跨国的合作互助已经成为必然趋势。例如，美国国家级应急响应框架的应对主体是一个由地方、州和联邦政府以及志愿者组织、私营部门和国际资源等共同组成的网络结构。2001 年 9 月 11 日美国恐怖袭击事件等个案研究发现，协调和沟通是救援的重要环节。在事件发生的头 12 天，围绕现场救援和善后工作，有 800 多家机构开展了 7600 多项行动，其中 529 家不同机构相互之间发生了 4600 多次交互行为。再如，日本所有都道府县签订了 72h 相互支援协议，90%以上的市町村签订了相互支援协议。美国各州签订了州际应急救助协议，实现互帮互助。德国内政部通过开展跨州应急演练，强化跨地域、跨部门的综合协调。在中国，2008 年以来，泛珠三角九省区、首都地区、长三角区域、晋冀蒙六城市、陕晋蒙豫四省区、粤港澳等也建立了区域应急协作联动机制。

3. 建立突发事件信息实时交互机制

在跨地区、跨部门、跨行业应对突发事件过程中，建立灾情信息交互机制是确保应急指挥协调联动机制运行的关键。2008 年汶川地震救援过程中，最先达到灾区开展救援的队伍由于信息传输设备落后，缺乏灾害现场与后方之间的信息交互机制，基于社会力量的灾情信息上报体系缺乏，导致无法及时传递救援信息。此外，各专业救援队以行业为主线各自为政，缺乏信息共享和交互，出现了某些灾区救援力量过剩，而大量重灾区救援力量严重不足的现象。因此，完善现有政策法规，建立灾情信息实时交互机制，在向上级部门传递的同时，加强各救援力量之间的横向信息交互，变直线型信息传递为矩阵型信息共享，为指挥部高效决策提供信息支援。

4. 建立突发事件国际应急救援合作体制

全球肆虐的新冠疫情凸显了国际社会共同应对突发事件的重要性。在突发事件国际应急救援合作中，信息的交流和共享是国际应急救援合作的关键内容，其直接影响应急救援合作的成效。如 2014 年 3 月 8 日凌晨，载有 239 人的航班"MH370"在离开马来西亚首都吉隆坡后不久，与空中管制中心失去联系。飞机失联后国际范围内展开了航空救援史上最大规模的搜寻工作。参与救援行动的机构包括马航，马来西亚民航局，马来西亚皇家空军部队及海军部队，马来西亚海事执行机构，泰国、越南、菲律宾、中国、新加坡、澳大利亚、英国、马来西亚、新西兰、美国等国家。参与搜寻的力量既包括政府部门，也有志愿者组织，既有民事部门的参与，也有军事力量的参与。作为当事国的马来西亚，由于没有明确的、事前的国际应急救援合作体制，导致在应急救援前期各国和各部门都基本处于各自为战的状态。此外，马来西亚与周边国家应急救援信息交换不畅通、不及时，没有与相关国家和国际组织间共享救援信息，也没有建立完善的信息通报机制，使得参与应急救援的专家队伍、物资储备、新闻媒体等方面的信息不准确，导致应急救援分工不明确，国际应急救援工作效率大打折扣。

为加强突发事件的国际应急救援合作，首先要建立专门的管理机构，负责国际应急救援及援助的战略规划、统筹协调、国际合作、信息收集研判、应急救援队伍接受和派遣等工作。如东盟 10 国和日本、中国、韩国等已经协调了在巨灾合作方面的立场，构建了防灾减灾应急救援的国际合作平台。其次要建立针对国际重特大突发事件的预警监测、风险评估、信息共享、科普宣教、救援协调、联合处置等工作机制，促进各救援力量之间的密切配合。最后要加强国际应急救援队伍的装备管理、资金管理、训练管理、救援能力评估等工作，建立健全接受和派遣国际应急救援队伍的相关制度等。

四、实施协调行动的注意事项

1. 预测增援力量到场时间，提前部署任务

首批救援力量出动到达突发事件现场后，增援力量因距现场的远近不同，将陆续先后到达现场。为了使整个救援工作从开始就能按照迅速、有序和协同的要求顺利地实施，首批救援力量的指挥员应及时与增援力量的各单位进行联络，预

测其到场时间，并按初步确定的总体救援行动方案，确定各增援单位的具体任务，预划分现场的任务区域、进入现场的路线和现场的集结地点，并提前进行部署。待各增援单位到达后，能够立即展开救援工作，又不会因到场时间的先后而妨碍整个救援行动始终协同一致地进行。

2. 确立救援力量的最佳编成，前后方互成体系

增援力量陆续到达突发事件现场后，指挥部应根据各救援力量的类型、管理体制、救援专长、装备技术、救援能力、协调行动中执行的任务等情况，确定不同救援力量的主要工作阵地的位置，力量的最佳编成、相互协同的方式和手段。这就要求指挥部组织指挥协同作战时，要根据灾情的具体情况，制定现场总体的阵地部署方案，尽量使同一任务区的救援力量形成前后方互为协同配合的整体，避免出现各自为战的情况。

3. 在指挥上应高度集中和适度分散相结合

多种救援力量协同作战时，必须实施高度集中统一的指挥，才能使各种救援力量在现场围绕统一的救援目标，有序地展开各种救援行动，形成相互配合和支援的、不可分割的、有机协调的整体，才能避免内部消耗，发挥出最大的整体救援效能。如在各救援力量之间的关系和独立承担的救援任务方面，应实施集中指挥；在整体救援展开或多种救援力量联合处置等关键时刻以高度集中指挥为主。然而，协同作战又要求在一定范围和时间内对各救援行动实施适度分散的指挥。因为协同作战时各专项任务分别由各救援队伍的指挥员指挥和实施，具有一定的独立性，指挥部难以对所有救援行动实施高度集中的指挥。如危险源难以及时控制的情况下，灾情事态变化快，过分的集中统一指挥会使一线的各救援队在复杂多变的现场环境中丧失作战的主动性和灵活性，可能导致不必要的损失或贻误战机，因此要给予一线各救援队的指挥员临机处理权，当突发严重险情且上级未及时调整时，允许一线指挥员随机应变，及时调整自己的任务、实施紧急处置和避险措施。

第四节　调整行动

当突发事件现场情况发生重大变化，特别是灾情发生突变，预定的应急救援行动决心及救援方案不符合现场情况时，应及时根据突发事件的动态演变进展作出灵活调整，修正应急救援行动决心及行动方案，并依据修正的应急行动方案，调整应急救援力量及部署。

一、调整行动及内容

调整行动，是依据突发事件现场情况的变化，重新修订应急救援行动决心，调整应急力量部署的一项活动。应急救援行动决心，是建立在一定的突发事件现场情况的侦察判断基础之上的，和突发事件现场实际发展变化不可能完全吻合。这就要求指挥员和指挥机关要根据突发事件现场实际情况的发展变化，不断地修改完善应急救援行动决心和方案。如应急救援行动过程中现场发生爆炸、倒塌、毒气泄漏等重大突变，预定的应急行动决心部分不符合当前情况时，应及时地修正完善，调整力量部署。调整行动的主要内容包括确定新的应急救援行动关节点、调整各应急力量的任务与行动方法、重新进行应急力量编成和组织进攻协同、调整增援保障力量和调整指挥关系及指挥方式等。

二、调整行动的程序和方法

1. 掌握突发事件现场情况

掌握突发事件现场情况是调整应急救援行动的前提。掌握突发事件现场主要是掌握突发事件现场态势，如火灾现场火势的发展蔓延方向，主要救援力量的部署，突发事件应急处置的方法，如灭火战术和灭火方法，其他辅助应急救援力量的位置，主要应急救援行动的进展情况，突发事件现场环境的变化，如风速、风向、降雨量等。

掌握突发事件现场情况，首先应当以反复侦察和各应急救援力量及时汇报为基础，综合使用侦检、现场观测、现地核查、口头或书面查询等手段，充分发挥各种监测系统和技术装备、器材的作用，大范围、不间断地密切监视整个突发事件现场，随时掌握应急救援行动的进展和突发情况。其次要通观全局，围绕各个阶段、各个环节的应急救援重心和关键行动，全面而有重点地进行，特别注意观测对救援力量构成主要威胁的动态和突然变化情况，以便随时掌握突发事件应急处置进展顺利或行动艰难的处境和需求。最后要灵活采取多种方法，确保信息渠道的灵敏、可靠、高效，保证按照突发事件指挥部的意图和现场指挥部的既定决心和计划，随时对突发事件应急救援行动进展的实际情况进行分析评估，并适时向现场总指挥报告。

2. 评估突发事件救援行动的效果

评估行动效果是调整应急救援行动的基础。指挥员及其指挥机关应根据突发事件应急行动进展情况，实时预测和评估应急行动效果。预测和评估应急行动效果，主要是对应急行动目的实现程度、突发事件现场发展情况、应急人员和装备力量消耗程度、应急行动能力等进行评估。依据评估结论，合理确定后续应急行动意图、力量使用和行动方法等，辅助指挥员科学决策。预测和评估应急行动效果，应当综合运用各种侦察手段，及时收集应急力量行动反馈信息，全面准确地获取应急行动效果的客观、真实数据，进行科学预测和评估，力求评估结论准确可靠。

3. 作出突发事件应对的策略

作出应对策略是调整应急救援行动的核心，其实质是根据突发事件现场情况的危急变化对应急救援行动的影响，有针对性地作出的应对策略。当突发事件现场情况发生重大变化，预定的应急行动决心和计划已不适应现场实际时，特别是当现场情况突变、应急方法发生重大改变时，应急协同失调或应急救援行动进展特别顺利、可以加快行动速度和节奏等时，都需要适时定下新的应急救援行动决心，及时调整或者变更应急行动计划及行动方案。据此，指挥员及其指挥机关应当迅速查明情况，结合预测和评估作战效果，及时作出应对策略。

需要注意的是，作出应对策略时，首先应根据应急救援行动进程中突发事件现场情况的重大发展变化，因势利导，把握战机，果断实施；然后再充分利用预备方案，简化计划组织工作的程序，减少指挥层次，尽快地完成组织准备工作；其次要按照执行主要任务的力量、执行辅助任务的力量、预备力量、支援保障力量的顺序，按步骤稳妥地实施；最后要加强防护等保障措施，严格控制应急救援力量的行动，防止发生混乱。

4. 调整救援力量的应急行动

调整救援力量的应急行动是根据新制定的突发事件应急救援行动方案，对救援行动中出现的应急救援任务和应急救援方法进行调整的一项活动，是突发事件应急救援行动成功的关键。突发事件现场指挥部在作出应对策略后，应立即下达给现场各应急救援力量贯彻执行，以保证救援力量实施正确的应急救援行动。

三、调整行动的主要要求

1. 必须确立高效调整的意识

突发事件，特别是危险化学品火灾事故，其发展迅速、变化突然、燃烧爆炸异常猛烈、应急救援进程快速、现场情况变化快等特点对应急救援现场的调整行动提出了更高的要求。可以说，没有高效率地调整行动，就不可能掌握应急救援行动的主动权。因此，突发事件指挥部必须具有高效率调整行动的意识。在随时掌握现场各方面情况的基础上，科学预测突发事件发展变化趋势并正确评估当前行动所产生的效果，牢牢把握应急救援行动重心和关键，及时修正偏差，积极、主动、不间断地调整应急救援行动，使各应急救援力量始终保持较大的整体合力，协调一致行动，以最小的代价取得应急救援行动的成功。

2. 必须完善调整行动的机制

要实施有效的调整行动，必须建立高效率的调整行动机制。而调整行动机制是通过科学编组指挥机构来实现的。按照结构学的观点，有什么样的系统组织结构，就有什么样的系统功能。通常情况下，一个系统组织结构合理、分工科学、关系顺畅，其功能效率就高。调整行动的组织机构是以指挥层次为基本形式的。在突发事件处置及救援过程中，指挥层次要科学合理，要设置专门负责调整行动的职能部门，明确其任务与职责，规范其工作程序、内容和方法，理顺其与相关部门的关系，以保障调整行动的有效运作。

3. 必须严格调整行动的程序和方法

突发事件现场情况复杂多变，预料之外的情况随时都有可能发生。针对突发的情况和险情，指挥员除具备快速的反应能力、果断的决策能力和临机应变的能力外，还必须严格遵守调整行动的程序和方法，在全面掌握突发事件现场情况的基础上，实时预测和评估应急行动效果，根据现场情况变化对应急救援行动的影响作出有针对性的应对策略，并立即下达给救援力量执行，从而确保调整行动的正确性、科学性和有效性。

4. 必须全程不间断地调整

突发事件应急指挥的连续性、合成性和信息的密集性，都对应急调整行动提出了更高要求。因此，突发事件现场指挥部必须着眼全局统筹应急行动，把握突发事件应急处置与救援的重心，实时调整应急救援力量的行动。既要考虑全局目标的要求和协同救援的需要，又要考虑各个指挥环节，把握突发事件现场的主要方面和主要行动，以协调控制好整个突发事件现场。同时，突发事件应急救援行动又是一个激烈对抗和急剧发展变化的过程，从应急救援行动的开始到应急救援任务的结束都充满着危险，任何一个环节的失调都可能导致整个救援行动的功亏一篑。因此，突发事件现场指挥部必须把调整行动贯穿于突发事件应急处置与救援的始终，以牢牢掌握行动的主动权。

第七章

应急指挥风险控制

应急指挥风险是由应急指挥时限性及现场情况复杂性决定的，其在突发事件应急处置活动中客观存在，并且贯穿于整个应急处置过程。通常应急指挥行动及其指挥都是在一定时间内进行的，加之现场情况复杂多变，关键节点往往稍纵即逝。这种时效性和复杂性决定了应急指挥员往往在面对突发事件时，在现场信息不完全的条件下作出指挥决策，或者由于指挥决策者的个人偏好造成指挥决策方案优选的差异，以及在组织实施和应急指挥协调控制中都会存在不确定性，这些都会增加应急指挥的风险性。

第一节　概　　述

应急指挥风险是与应急指挥决策紧密联系在一起的。要充分了解应急指挥风险的概念及形成原因，必须结合应急指挥过程中各个关键阶段的不确定因素加以分析。

一、风险与应急指挥风险的概念

1. 风险的定义

风险是指在某一特定环境下，在某一特定时间段内，某种损失发生的可能性。风险由风险因素、风险事故和风险损失等要素组成。换句话说，在某一个特定时间段里，人们所期望达到的目标与实际出现的结果之间产生的距离称之为风

137

险。同时，风险也是一个统计概念，用于描述在给定的时间和空间中消极的事件和状态影响人或事件的可能性。

综上所述，风险包括了两个方面的内涵：一是指风险意味着出现了损失，或者是未实现预期的目标；二是指这种损失是否出现是一种不确定性随机过程，可以用概率表示出现的可能程度，但不能对是否出现作出确定性判断。

2. 风险的特征

风险作为一个普遍存在的现象，它具有以下特征。

（1）客观性　风险是客观存在的，是不以人的意志为转移的。风险的客观性是保险产生和发展的自然基础。人们只能在一定的范围内改变风险形成和发展的条件，降低风险事故发生的概率，减少损失程度，而不能彻底消除风险。

（2）不确定性　风险是客观的、普遍的，但就某一具体风险损失而言其发生是不确定的，是一种随机现象。例如，火灾的发生是客观存在的风险事故，但是就某一次具体火灾的发生而言是不确定的，也是不可预知的，需要人们加强防范和提高防火意识。

（3）可变性　世间万物都处于运动、变化之中，风险也是如此。风险的变化，有量的增减，有质的改变，还有旧风险的消失和新风险的产生。风险因素的变化主要是由科技进步、经济体制与结构的转变、政治与社会结构的改变等方面的变化引起的。

（4）普遍性　风险在人们生产生活中无处不在、无时不有，并威胁着人类的生命和财产的安全，如地震、山洪、火灾、爆炸、意外事故及公共卫生事件的发生等。随着人类社会的不断进步与发展，人类将面临更多新的风险，风险事故造成的损失也可能越来越大。

（5）多样性　对于突发事件的发生，随着环境的复杂化和规模化的改变，其将会使突发事件的孕育存在许多不同种类的风险，如政治风险、经济风险、技术风险、社会风险等，而这些风险之间存在着相互关联、相互耦合的联系，它们之间互相影响、交互作用。因此，对任何一种风险要进行系统识别和综合考虑。

（6）损害性　损害是风险发生的后果，它可能是经济损害，也可能是人身损害，或者二者兼而有之。同时，损害程度也是不确定的。尽管居住在沿海地区的人们知道每年或多或少都会遭受台风的袭击，但人们无法预知台风灾害会带来多大损失。

（7）社会性　没有人和人类社会，就谈不上风险。风险与人类社会的利益密切相关，时刻关系着人类的生存与发展，具有社会性。随着风险的发生，人们在日常经济和生活中将遭受巨大的损失，各种突发事件将会造成严重的人身伤亡和财产损失。

3. 应急指挥风险的内涵

应急指挥风险是以突发事件处置过程为核心，具有现场信息作为第一要素，由决策条件和决策方案的不确定性所引起的。应急指挥既有确定性方面，也有不确定性方面，前者表现为应急指挥应遵循的规则和程序，后者表现为应急指挥过程中现场信息采集及处理方式、决策方案的变化。这种变化使得应急指挥面临着多种风险，这种风险体现在信息收集处理过程中为信息收集不及时、不全面导致指挥决策不符合灾害现场的客观实际情况，指挥现场态势判断中的不确定性，应急指挥决策方案制定中的不确定性，应急指挥组织实施的不确定性和应急指挥协调控制的不确定性。

4. 应急指挥风险的特殊特征

应急指挥风险，是一种与应急指挥行动相联系的特殊风险，它除了具有风险的上述一般特征之外，还具有不同于一般风险的特殊特征。只有在掌握风险的一般特征的基础上，同时了解其特殊特征，才能更全面、更深刻地掌握应急指挥风险的概念。

（1）严重的危害性　应急指挥风险具有严重的危害性。应急指挥最重要的是在突发事件发生的紧急情况下，运用正确的指挥而充分发挥有限的应急力量控制事态发展。经济风险，其危害性一般主要表现为金钱的损失以及对环境和资源的破坏；而应急指挥风险，其危害性则严重得多，它不仅表现为大量生命财产的损失，而且关系到突发事件处置的胜败、国家利益的得失甚至民族的存亡。因此，应急指挥风险具有致命的危害性，其严重程度是任何其他活动中的风险所无法比拟的。

（2）不可转移性　应急指挥风险是不可转移的。与个人风险、企业风险和经济风险不同，应急指挥风险是不可转移的，因为没有针对突发事件应急处置的保险公司，应急指挥的后果只能由应急指挥的行为主体来承受。在突发事件应急处置中，应急指挥决策者必须要面对风险作出判断、处置和选择，并且必须为可能遭受的风险损失承担责任。总之，应急指挥风险的管理不同于一般风险，是无法分散和转移的，应急指挥过程只能通过提高信息的收集、指挥决策的质量和决策方案的优化在一定程度上控制和降低风险。

（3）不可弥补性　应急指挥风险具有不可弥补性。应急指挥过程不同于一般的社会实践活动，如在经济活动中，这次决策损失了，下次可以再改变方向弥补回来，但对于突发事件的应急处置过程，一旦指挥决策失败，会使国家利益和人的生命遭受巨大的损失，这是无法重新来过的。因此，对于突发事件的应急指挥一定要慎之又慎。

二、应急指挥不确定性

应急指挥是政府在启动应急响应期间，通过成立总指挥部、现场指挥部等临时机构，按"一案三制"相关要求，运用指挥手段处置突发事件的过程。在这个过程中，由于主客观因素的影响，应急指挥存在着一系列的不确定性。

1. 信息收集处理的不确定性

收集处理指挥现场信息，是应急指挥员和指挥机关以侦查、检测、询问等各种方法和手段获取与应急指挥有关的现场情况，并对这些情况进行加工整理的活动。收集处理现场信息活动，是制定应急指挥决策的基础和首要环节。制定正确的应急指挥决策，必须收集掌握足够数量和质量的现场信息。然而，在实际的应急指挥过程中决策者所收集到的现场信息往往参差不齐。在应急指挥现场，指挥决策者常常无法得到充足的、完全的信息，也无法得到决策所需要的、可靠的、特定的信息。指挥现场信息的不充分、信息的不可靠、信息的不完全以及大量的模糊信息、相互矛盾的信息和繁杂的信息，致使信息处理和信息利用极为困难，应急指挥决策人员难以全面深入地认识指挥决策的客观环境，从而导致应急指挥决策产生大量的不确定性。

突发事件态势判断的任务是根据所掌握的现场信息，确定现场的总体情况，判断事件发展的趋势和可能造成的严重后果等。态势判断中不确定性的产生，不仅来源于掌握情况的不充分，而且还在于判断指挥决策者认识能力和专业知识的局限性和主观性。了解情况是态势判断的基础，对指挥现场情况了解中的不确定性必然会进一步在突发事件态势判断中引起不确定性。即使假设指挥决策者对现场的情况了解是充分可靠的，也不能完全排除事件态势判断中的不确定性。现场态势的判断，不仅依赖于对事件现场信息的掌握，而且还依赖于应急指挥主体的认识能力。

2. 应急指挥决策方案制定的不确定性

应急指挥决策方案制定的不确定性，是指应急指挥行动方案效果的不确定性和由此产生的关于方案选择的不确定性。应急指挥行动方案实施的效果不仅取决于应急指挥行动本身的好坏，而且取决于一系列外部因素和行动条件，如下一阶段应急指挥行动所面临的现场环境以及现场发展趋势等，这些外部因素和行动条件是指挥决策者无法控制的，或者说是应急指挥决策者在决策的时候未知的。因此，即使一个确定的应急指挥行动方案也会具有很大的不确定性。

3. 应急指挥组织实施的不确定性

应急指挥组织实施中应急指挥行动准备、组织指挥机构设置及指挥方法的运用方面存在不确定性。当突发事件发生时，应急预案只是作为一种参考，并没有发挥出预案应有的功能。根据突发事件等级启动相应的应急预案，成立临时性的应急指挥机构，在实际操作中，往往因应急预案缺乏事前沟通和演练，造成突发事件发生后应急指挥程序运转不畅，部分领域责任界定不清，不能有效调动人员和物资。同时，临时性应急指挥机构会在突发事件处置结束后撤销，使得应急指挥组织实施缺乏连续性。上述几种情况给应急指挥组织实施带来不确定性。

4. 应急指挥协调控制的不确定性

应急指挥协调控制的不确定性在于指挥协调联动机制的不健全，突发事件发生时，地方政府处置突发事件的基本原则是分类管理、分类负责、属地管理、条块结合，以行政层级为基础，以突发事件所属行业为划分依据，对各类突发事件进行条块式应对处置。当发生重特大突发事件或跨地域行业的突发事件时，参与应急指挥过程的政府部门、单位之间往往由于缺乏指挥协调联动机制，而导致难以在最佳应急处置时间内开展行动。

参与应急指挥的单元包括地方政府、垂直管理部门单位、解放军和武警部队、央企等。地方政府与另一地方政府之间，地方政府与垂直管理部门单位、解放军和武警部队、央企之间，缺乏职责明晰、可操作性强的应急指挥协调联动机制，没有形成制度化、规范化的应急联动体系，无法实现资源互通、信息共享。对于应急指挥处置的相关法律法规中，原则性规定多，实质性操作程序少。当需要共同应对处置突发事件时，各应急处置单元间的横向合作比较松散，多采取一事一议的议事方式，以各自权责为中心，以条块状管理为主，依靠本地区本系统的资源和力量来处置突发事件，导致应对突发事件的应急指挥效率不高，重复性工作太多，处置能力不强。

三、应急指挥风险分析

应急指挥过程中的不确定性是一种状态，造成这种不确定性的风险也存在于应急指挥过程，风险的存在会造成严重的后果，其主要存在于指挥过程中的信息获取与处理、指挥决策、指挥组织实施及指挥协调控制等环节。

1. 信息获取与处理风险

指挥决策者无法收集到有关决策问题的全部信息所带来的风险，将会导致人们无法按照期望效用理论所假设的一样，作出完全理性的决策。突发事件应急指挥信息风险主要存在于指挥信息的获取与处理。

突发事件现场信息获取与处理，是应急指挥决策主体以侦查、检测、询问等各种方法和手段获取与应急处置有关的灾害现场情况，并对这些情况进行加工整理的活动。获取与处理灾害现场信息活动，是应急指挥决策的基础和首要环节，也是应急方案优选的依据。优选应急方案，必须获取掌握足够数量和准确的灾害现场信息。然而，在实际的应急方案优选过程中通常无法得到所需要的、可靠的、特定的信息，收集的信息中含有大量不准确、不肯定、不可靠、不完全甚至是不一致、相互矛盾的模糊信息，致使信息处理和信息利用极为困难，应急决策主体难以全面深入地认识灾害现场的客观环境，对灾害事故的全貌、发展进程比较模糊。

2. 指挥决策风险

指挥决策风险主要是由决策条件不确定性引起的，这是应急指挥决策活动的一个基本属性。对突发事件应急指挥决策来说，其风险点主要来源于应急处置目标、应急处置任务、决策方案制定及应急物资保障。

应急处置目标一般以定性或定量的形式进行描述。应急处置目标是应急救援目的、现场指挥部和上级部门意图的综合反映。处置目标如果没有准确的定义，下级指挥员和一线处置人员将会很难把握，指向性不明，就会使应急决策活动具有风险，增加执行的难度，设置会偏离既定的应急处置目标。

应急处置任务是由时间、次序和资源约束所组成的。事件的突发性以及任务执行时间与资源消耗的不确定性使应急处置任务具有风险。如在行动正式开始前未充分考虑问题发展的各种可能性，最优的行动方案时间就会延长。同时，决策者对于此类应急处置任务是否具有一定的经验，也成为应急处置任务存在风险的另一个主要方面。

决策方案制定的不确定性在于行动方案效果的不确定性和由此产生的关于方案优选的不确定性。在应急指挥决策方案的制定过程中，通信不畅造成信息延时或缺失；指挥决策人员在信息处理环节出现失误；决策制定过程的制度不完善、防范不科学；组织和管理不善等。由于指挥行动所面临的环境以及现场态势的变化，具有不确定性，因此即使对于一个确定的行动方案，其实施效果也具有不确定性，既然行动方案的效果不确定，决策者选择何种行动方案也就不确定。在决策过程中，行动环境和现场信息不确定所导致的行动效果的不确定，是拟制、评估和选择方案的困难所在，也是构成决策风险的根本原因。

应急物资保障是开展应急管理工作的基础，包括应急物资的储备、筹集和运输。其不确定性主要表现在：应急物资需求的不可确定性；应急物资预测的偏差将直接导致指挥决策时物资保障措施、手段、方式选定错误的风险；应急物资运输中应急物资调送方式及上下级联动协调问题的不确定性。如巨灾发生时，应急运输力量主要包括车辆和人力两个方面，无论是运输车辆（包括火车和货车等）不足还是人力（包括司机、装卸工人等）匮乏，都直接影响运送。优先运输哪些应急物资、运输是否有序、运力安排是否合理以及走哪条路线、运输过程中遇到问题的协调与处置等，都影响应急物资运输效率。

3. 指挥组织实施风险

城市的突发事件应急指挥模式不同，主要有集权模式、授权模式、代理模式、协同模式。对于突发事件的应急处置，现场应急指挥机构作为整体的应急指挥网络体系中的执行层，起着承上启下、运行中枢的作用。然而，在诸多重大突发事件的现场指挥实践中，其指挥效力却面临着一定的风险。如突发事件进展的信息交换与形势研判难以顺畅。重大突发事件处置中有着众多的参与救援部门和不同行动规范以及差异化的信息传递方式，当事态不断恶化时，现场的应急指挥组织会发生快速的变化。大量的现场数据和管理信息在决策者和各个部门之间流转，产生了大量的部门间信息交换及其相互协商的信息，其指挥关系更替和信息流向不明时，必然导致信息处置不充分、研判不一致、决策不及时。

突发事件现场应急指挥部应当建立具备多主体协作关系的责权一致的组织机制，才能确保指挥组织的灵活性、可扩展性和适应性。特别是面对非常规突发事件时，现场应急任务的有效完成依赖于高度分化的组织机制的重新整合。上述现场应急指挥机制低效的风险，主要来自于现场救援任务往往是单个部门和单一队伍无法独立完成的境况。

4. 指挥协调控制风险

应急指挥要求各方力量的高度整合，所以必须具备统筹、协调、指导的能力。应对突发事件的发生需要一个多元主体协同配合。在这一流程中，一个统一指挥、高效运转的协调联动机制的形成是必不可少的，以管理好各个层次、部门、区域、业务领域和各个系统之间的合作关系，减少应急成本，提升管理效益。突发事件应急指挥处置行动涉及部门多、领域广、指挥协同较为复杂。往往涉及跨区域、跨部门等应急协调联动，各地区、各有关部门、各企业之间还存在一定的

"信息孤岛"，突发事件发生时，对现场监测预警、应急资源管理和指挥决策行动的开展造成一定的不利影响。从跨区域应急指挥协同联动来看，现有的一些近乎模式化的协调联动总体水平较低，各个地方经济发展水平不同，应急意识和应急能力有所差异。这就给应急指挥协调联动带来较大的风险。

第二节　应急指挥风险控制的途径

在突发事件应急指挥实战行动中（包含自然灾害、事故灾难、公共卫生事件和社会安全事件），行动风险的大小及风险的危害程度是衡量应急指挥行动是否可行的标准。指挥者在展开应对行动时，应当设法降低应急指挥过程中的实施风险，减少应急指挥失误。

在应急指挥实战行动中，指挥者所面临的自然环境和条件是比较复杂的，存在较多不确定因素。这些不确定性因素是导致在行动实施过程后，其结果与预定目标不吻合的外在因素。在应急指挥行动执行过程中，如果能够对这些不确定因素进行合理、有效的控制，就能有效地降低应急指挥行动的实施风险。

在应急指挥过程中，要控制整个行动的风险点及风险面，通常可以采用以下四种基本途径。

一、消除信息收集处理风险的基本途径

应急指挥行动所面临的自然环境、社会环境和条件的不确定性，是导致指挥决策方案实际实施效果不稳定的外在原因。有关应急指挥行动的不规则性以及指挥决策信息在数量和质量上的不足，是导致应急指挥行动不确定性发生的客观因素；与此同时，在分析处理信息的过程中，指挥者在认识能力上的局限性和主观性，则是引发应急指挥行动不确定性的主观因素。因此，从信息数量和质量、指挥者的认识能力及态势判断三个方面消除应急指挥行动中信息不确定性。

1. 掌握足够数量和质量的信息

在应急指挥行动中，制订应急指挥决策，必须掌握足够数量和质量的信息。在繁杂的信息中包含了大量与指挥相关和无关的内容，以致需要花费很大的努力才能从中分离出所需要的东西，这些信息本身的含义可能相当明确和一致，但其理解过程却异常复杂。如果将不确定性归结为缺乏信息，可利用先进的感测技术

去搜集指挥行动中的现场信息。当突发事件发生时，现场指挥中心通过接收从行动现场传递过来的信息，对现场态势进行科学预测，确定现场指挥相关决策，并把指挥中心的决策内容传送到指挥现场，进行及时的指挥。所以必须加强应急指挥信息化基础建设，拓宽现场信息获取的渠道，增强信息获取、信息传递、信息处理和信息应用能力。

2. 充分发挥指挥者主观能动性

指挥者直接观察到的或由感测器材获得的信息，是指挥现场活动的外在形式，如数据和事实等。为了将这些语法信息用于指挥决策的制订，指挥者必须要对这些信息进行加工处理。在这个过程中，对于数据和事实的掌握，将变成指挥者对现场情况的了解。由于人对信息的认识不可避免地带有一定的局限性和主观性，因此，即使面对同一条信息，不同的人从不同的角度出发，也可以对其内在含义和决策效用作出不止一种理解和解释。因此，在应急指挥行动中，指挥者要提高自身的专业知识能力和认识水平，从现场信息中提取出有效的语义信息和语用信息，充分消化和理解所搜集到的数据和事实中所反映的全部情况，以便更快地将全部精力投入对行动意图构思和方案的制订上。

3. 识别态势判断的不确定性

态势判断中的不确定性具体表现为：根据所掌握的指挥现场情况似乎可以推断出符合逻辑的多种有效的关于指挥意图的判断；不能及时依据现场情况对应急指挥达成各自目的的利弊给出确定的结论；依据当前情况，分析现场形势的发展态势存在多种可能性。由于现场情况的复杂性，不可能将所有因素考虑进去，只能抓住主要方面，而忽略次要方面，对于态势判断过程，推理不确定性的动态积累和传播过程也是造成不确定性的原因，针对上述态势判断中的不确定性，指挥者及参谋人员学会多种不确定性的处理方法，提升指挥员的应对能力，进而消除态势判断中的不确定性。

二、控制应急指挥决策风险的基本途径

应急指挥决策中不同指挥决策者自主权影响各级指挥者现场作用的发挥，而应急指挥者提出的决策方案风险的大小也与方案本身抗风险能力有很大关系。在应急指挥过程中，每一个决策方案都存在多样性，每个方案所承担的风险也不尽相同。因此，从不同级别指挥决策者的自主权、应急指挥决策方案抗风险能力及辅助决策系统新技术等三个方面控制应急指挥决策风险。

1. 赋予指挥决策者自主权

分解应急指挥决策中的风险点，即在现场应急决策的职责和运行机制上，如何发挥现场各级指挥者的作用，根据各自的职责、本区域救援行动人员和面临的现场客观情况变化，确定本级相关的决策内容。因为决策中的不确定性主要源于现场客观情况及其变化的及时掌握和认识的缺失，而面对突发事件现场，参与一线处置的救援人员是最能及时和全面了解掌握现场险情变化的，因此，不要始终依靠在决策最高层次上来解决所有的不确定性，而应该通过赋予下级更大的自主权和调动下级的主动性来逐步解决不确定性。这是控制应急指挥决策风险的一种策略，它能够显著控制应急指挥决策所面对的不确定性的总量，其实质是调动起各级决策者的才智来控制应急指挥决策中的不确定性。

2. 提高指挥决策方案抗风险能力

现实中发生的突发事件，大多都事发突然、具有复杂的发生机理，其发展和演变过程具有高度的不确定性，且存在多种可能情形的次生灾害等，具有很高的资源性、时间性、紧急性等特点，因此突发事件应急指挥决策方案选择的问题，大多具有资源有限、时间紧迫、不确定性高等特点，在对应急指挥决策方案进行优选时需要采取相应的风险决策防范。

每个决策者在进行风险决策时，偏重考虑的决策点是不一样的。所以在降低应急指挥决策方案的风险时，必须要考虑应急方案选择的风险决策问题，分析所面临的各种可能的风险和决策者的行为特征，如风险偏好、风险规避等行为，考虑决策者的心理行为特征，提高应急指挥决策方案抗风险的能力。

3. 采用辅助指挥决策新技术

决策支持系统的提出，辅助决策者通过数据、模型和知识，以人机交互方式进行半结构化或非结构化决策建立计算机应用系统，可以帮助决策者对可能快速变化并且不容易预测结果的问题作出决策。近年来，将数据仓库、联机分析处理、数据挖掘、模型库、数据库和知识库结合起来形成了新的决策支持系统——综合决策支持系统。例如，对于突发事件的应急处置，应急指挥决策是一类典型的非结构化、非程序化决策，通过决策支持系统既可以增进突发事件应急决策的有效性，又能够节约宝贵的决策时间，提高应急指挥决策的效率。

三、降低应急指挥组织实施风险的基本途径

突发事件自身演化的不确定性是影响应急指挥组织实施发挥效力的最大难

题。有效的应急指挥往往需要规范化、形式化的组织形式。当面对重特大、非常规突发事件时，由于应急指挥现场参与主体众多，职能关系纵横交错，时态演化过程叠加多种次生事故，应急指挥组织实施存在风险。因此，从应急指挥组织结构和应急指挥组织效率两个方面降低应急指挥组织实施风险。

1. 建立规范化的应急指挥组织结构

在突发事件应急指挥组织实施中，结构化的任务分工与组织缺乏灵活性。在突发事件情境下，既定的救援目标分解及实现，与可支配的应急资源和可遵循的组织运行规则常常不是正相关的对称关系。每个参与应急救援工作的主体，既有保护人民生命财产安全、维护公共安全的大任务，也肩负着维护、保存自身目标和利益的责任，显然，不同参与主体行为之间的差异性是产生这种非理性行为的现实原因。因此，应当建设规范化的应急指挥组织结构，在保证理性决策的同时能够控制目标执行过程中个别组织行为的非理性行动。

2. 提高应急指挥的组织效率

现场应急指挥部的下属各个工作组在运行形式上往往是各司其职，虽然各自具备分工明确的组织功能，但是这种固定的分工可能因为事件演化的不可控性，导致每个工作职能部门分别面对多个衍生事件，在工作组下隐含着多个分类事件的现场指挥行动。由此分析当前现场应急组织效能低下的原因之一是应急职能分配的固化导致应急行动缺乏灵活性。现场指挥部应对各类应急资源进行灵活配置，及时、主动地变更指挥组织形态和责权配置，可以有效保证应急指挥的组织效率。

四、控制应急指挥协调联动风险的基本途径

应急指挥协调联动机制是在最佳应急处置时间内开展应急指挥行动的重要保证。当发生重特大突发事件或跨地域行业的突发事件时，参与应急处置的各单位之间往往由于缺乏有效的应急指挥协调联动机制，使得应急指挥协调联动存在风险。因此，从完善应急指挥协调联动机制和优化信息传递和汇总功能两个方面控制应急指挥协调联动风险。

1. 完善应急指挥协调联动机制

应急处置行动中，参与应急处置的力量分别来自政府各主管的公安、卫生医疗等部门以及解放军、武警、消防救援、民兵预备役等多家单位，不同行业、不

同层级、不同建制、不同地域的力量协同处置，应建立明确的法律规范和进行实质操作中的协同训练、演练。

跨区域联动责任界限不清，区域联动的责任和任务不明确。由于区域政府之间的区域分割，容易造成跨区域应急协调与合作的障碍，严重制约了协调与联动的效果。突发事件的衍生效应使得整个事件的影响具有辐射性，跨区域协调成为突发事件协调的常态。政府应提高应对突发事件的危机意识，从主导者、主要指挥决策者的监督来认识和看待突发事件，加强主动指挥防灾、抗灾、救灾意识。在整个应急指挥过程中，各单位、各部门应避免条块分割现象，使应急指挥系统作为一个整体发挥效用，提高政府在突发事件发生时指挥决策效率。

2. 优化信息传递和汇总功能

建设突发事件应急指挥处置系统，在城市地理信息系统电子地图、应急通信服务支持和移动互联网等技术的应用下，调用公安、消防、急救、交警、城建、武警等部门、行业和多层次的应急力量和信息资源，实现对处置全过程的跟踪、指挥，快速、及时、准确地对应急信息进行收集，为政府决策提供有效的信息支持。建立信息收集和汇总、信息呈现、信息调度、应急资源调度和协助分析决策等措施，为控制应急指挥协调联动风险提供技术支持。

第三节　应急指挥风险控制方法

应急指挥风险是由应急指挥时限性及现场情况的复杂性共同决定的。通常应急指挥行动及其指挥都是在一定的时间内进行的，同时由于现场情况复杂多变，态势转化无规律可循，关键节点往往稍纵即逝。这种时限性和复杂性决定了应急指挥员往往并不完全掌握处置突发事件的具体情况，或者在条件并不完全具备的情况下作出应急决策和行动。前述章节已经分析了应急指挥风险主要存在于现场获取的信息滞后及态势判断、指挥决策过程、指挥组织实施及指挥协调控制等方面，可靠有效的应急指挥能够减少人员伤亡和财产损失。

指挥决策是整个应急指挥的核心环节，指挥决策风险在整个应急指挥风险控制的过程中是最为重要的，对指挥决策风险控制的方法主要是对现场获取信息不完全性的不确定性推理，实现对突发事件发生时应急指挥态势预测，以及基于不同指挥决策者应急决策方案偏好的信息融合，所以本节主要介绍应用 D-S 证据理论（又称证据理论）解决上述问题所提供的定量分析方法，从而有效控制和降低应急指挥决策风险，确保应急指挥高效安全实施。

一、D-S 证据理论

突发事件发生时，大部分多源数据或多源信息是不确定的，因此信息融合普遍涉及对不确定性信息的分析、建模及处理。目前，不确定性建模方法主要包括概率论、D-S 证据理论、可能性理论、模糊集理论以及粗糙集理论等。D-S 证据理论的本质是对概率论的一种推广，将概率论中的基本事件空间拓展成基本事件的幂集空间，并在其上建立了基本概率指派函数。与传统概率论相比，D-S 证据理论不仅能够有效表达随机不确定性，更能表达不完全信息以及主观不确定性信息。同时，D-S 证据理论针对信息融合还提供了有力的 Dempster 组合规则，该规则满足交换律和结合律等优良特性，可以在不具备先验信息的情况下实现证据间的融合，融合后可以有效降低系统的不确定性。这些优点使 D-S 证据理论在信息融合的理论研究以及工程实践上都受到广泛关注。证据理论是由 Dempster 和 Shafer 在 20 世纪 60 年代末至 70 年代初建立的一套数学理论。这套数学理论进一步扩展了概率论，最早用于专家系统，还适用于人工智能、系统决策及故障诊断等。以下主要介绍证据理论基本概念、Dempster 组合规则和证据理论融合框架等内容。

1. 证据理论基本概念

（1）辨识框架 若 $\theta = \{\theta_1, \theta_2, \cdots, \theta_N\}$ 是由 N 个两两互斥元素组成的有限的完备集合，则称其为辨识框架。

θ 的幂集 2^θ 所构成的 2^N 个元素的集合为

$$2^\theta = \{\varphi, \theta_1, \theta_2, \cdots, \theta_N, \theta_1 \cup \theta_2, \cdots, \theta_1 \cup \theta_2 \cup \theta_3, \cdots, \theta\} \qquad （7-1）$$

辨识框架就是所考察判断的事物或对象的全体集合 θ。辨识框架中的子集和命题相对应。辨识框架将抽象的路基概念转化成支管的集合论概念，进而把各个命题之间的逻辑运算转化为集合论运算。例如有一个均匀的六面骰子，现投掷该骰子，那么投掷出的点数可能为 1，2，3，4，5，6，对应组成的辨识框架为

$$\theta = \{1, 2, 3, 4, 5, 6\}$$

（2）基本概率指派 设 θ 是辨识框架，θ 的幂集 2^θ 构成命题集合 2^θ，$\forall A \subseteq \theta$，若函数 m 满足以下两个条件

$$m(\varphi) = 0 \qquad （7-2）$$

$$\sum_{A \subseteq \theta} m(A) = 1 \qquad （7-3）$$

则称 m 为基本概率指派（BPA），$m(A)$ 为命题 A 的基本概率数，被视为准确分配给 A 的信度。

（3）焦元　设 A 为辨识框架 θ 的任意一个子集，若 $m(A)>0$，则称 A 为 θ 上的基本概率指派 m 的焦元。所有焦元的集合构成该基本概率指派的核。

（4）信任函数　设 m 为 θ 上的基本概率指派函数，若 $Bel：2^{\theta}\rightarrow[1,0]$ 满足

$$Bel(A)=\sum_{B\subseteq A}m(B)，\quad A\in 2^{\theta}\qquad（7\text{-}4）$$

则称 $Bel(A)$ 是对命题 A 为真的信任度量。对于单元素命题 A，有 $Bel(A)=m(A)$，且信任函数满足

$$Bel(\varphi)=0，\quad Bel(\theta)=1$$

（5）似真函数　设 m 为 θ 上的基本概率指派函数，若 $Pl：2^{\theta}\rightarrow[0,1]$ 且对所有的 $A\in 2^{\theta}$ 有

$$Bel(A)=1-Bel(\overline{A})=\sum_{B\cap A\neq\varphi}m(B)\qquad（7\text{-}5）$$

则称 Pl 为 θ 上的似真度量，$Pl(A)$ 表示不反对命题 A 的程度。

似真函数的含义：Bel 表示对 A 为真的信任程度，$Bel(\overline{A})$ 表示对 A 为假的信任程度，因此 $Pl(A)$ 表示 A 为非假的信任程度。由基本概率指派、信度函数和似真函数的定义，可知三者之间的关系如下：

$$Bel(A)\leqslant m(A)\leqslant Pl(A)，\quad\forall A\subseteq\theta$$

即，$Bel(A)$ 和 $Pl(A)$ 分别表示对命题 A 的支持程度的上限和下限，如图 7-1 所示。

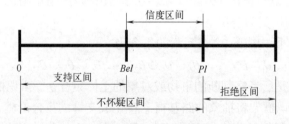

图 7-1　命题的信度区间表示

（6）信度区间　设 $Bel(A)$ 和 $Pl(A)$ 分别表示 A 的信任度和似真度，称 $[Bel(A)，Pl(A)]$ 为 A 的信度区间。信度区间刻画了对 A 持信任程度的上限和下限，在一定程度上表示命题 A 的不确定程度，如图 7-1 所示。

（7）众信度函数　设 m 为辨识框架 θ 上的基本概率指派函数，则当函数 $Q：\rho(\theta)\rightarrow[0,1]$ 满足：

$$Q(A)=\sum_{A\subseteq B}m(B)$$

则称 Q 为辨识框架 θ 上的众信度函数，$Q(A)$ 反映了分配到命题 A 及其超集合命题的总信任度。

2. Dempster 组合规则

为了组合来自多个独立信息源的信息，D-S 证据理论提供 Dempster 组合规则用以实现多个证据的融合，它的本质是证据的正交和。

设 m_1 和 m_2 为两组基本概率指派，对应的焦元分别为 A_1，A_2，…，A_k 和 B_1，B_2，…，B_k，用 m 表示 m_1 和 m_2 组合后的新证据。则 Dempster 组合规则表示如下：

$$\begin{cases} m(\varphi)=0 \\ m(A)=\dfrac{1}{1-k}\sum_{A_i\cap B_j} m_1(A_i)m_2(B_j) \end{cases} \tag{7-6}$$

其中，$k=\sum\limits_{A_i\cap B_j\neq\phi} m_1(A_i)m_2(B_j)$，称为冲突系数，用于衡量证据焦元间的冲突程度，$k$ 越大，则冲突越大。当 $k=1$ 时，组合规则无法使用。Dempster 组合规则仅能用于独立证据的组合，若待融合的证据之间存在相关性，则采用 Dempster 组合规则进行融合会导致过度融合。

假设 Q_1，Q_2，…，Q_n 是待融合基本概率指派所对应的众信度函数，则 Dempster 组合规则可表示为如下更简洁的形式：

$$Q(A)=k^{-1}Q_1(A)Q_2(A)\cdots Q_n(A) \tag{7-7}$$

其中，k 为对应的归一化因子，表示如下：

$$k=\sum_{\phi\neq B\subseteq\theta}(-1)^{|B|+1}Q_1(B)Q_2(B)\cdots Q_n(B) \tag{7-8}$$

Dempster 组合规则满足一系列基本数学性质，如下所示。

（1）交换律　$m_1\oplus m_2=m_2\oplus m_1$

式中，$\oplus$ 代表正交和，即 Dempster 组合规则。

（2）结合律　$(m_1\oplus m_2)\oplus m_3=m_1\oplus(m_2\oplus m_3)$

（3）聚焦性　当两个证据支持的命题偏向一致时，融合后能够有效降低系统的不确定性信息。

（4）同一性　存在幺元 m_s，使得 $m_1\oplus m_s=m_1$，这在实际的决策中可解释为某些决策者弃权时不会影响最终结果。

接下来给出一个 D-S 证据理论的应用例子。在突发事件发生时，构建态势评估数值，由专家 1 和专家 2 进行赋值。构建识别框架中包括样本 A、样本 B 和样本 C，则识别框架 θ 可以表示为 $\{A,B,C\}$，未知部分包含了所有可能的焦元，可

以表示为 $\Omega = \{A,B,C\}$，此时基本概率分配如表 7-1 所示。

表 7-1　基本概率分配

识别框架	专家 1	专家 2
样本 A	0.3	0.2
样本 B	0.5	0.4
样本 C	0.1	0.3
未知部分 Ω	0.1	0.1

首先根据式（7-6）计算冲突系数 k。

$$k = \sum_{A_i \cap B_j \neq \phi} m_1(A_i)m_2(B_j)$$

$$= m_1(A)m_2(A) + m_1(A)m_2(\Omega) + m_1(B)m_2(B) + m_1(B)m_2(\Omega)$$

$$\quad + m_1(C)m_2(C) + m_1(C)m_2(\Omega)$$

$$= 0.3 \times 0.2 + 0.3 \times 0.1 + 0.5 \times 0.4 + 0.5 \times 0.1 + 0.1 \times 0.3 + 0.1 \times 0.1$$

$$= 0.38$$

之后利用 Dempster 组合公式分别计算 $m(A)$，$m(B)$，$m(C)$。

$$m(A) = m_1 \oplus m_2(A)$$

$$= \frac{1}{k} \times \sum_{A_1 \cap A_2 = A} m_1(A_1)m_2(A_2)$$

$$= \frac{1}{k} \times m_1(A_1)m_2(A_2)$$

$$= 0.158$$

$$m(B) = m_1 \oplus m_2(B)$$

$$= \frac{1}{k} \times \sum_{A_1 \cap A_2 = B} m_1(A_1)m_2(A_2)$$

$$= \frac{1}{k} \times m_1(B_1)m_2(B_2)$$

$$= 0.526$$

$$m(C) = m_1 \oplus m_2(C)$$

$$= \frac{1}{k} \times \sum_{A_1 \cap A_2 = C} m_1(A_1)m_2(A_2)$$

$$= \frac{1}{k} \times m_1(C_1)m_2(C_2)$$

$$= 0.079$$

未知部分 θ，也是不确定部分 Ω 的函数 $m(\Omega)$，代表了信任区间的大小。

$$m(\Omega) = m_1 \oplus m_2(\Omega)$$

$$= \frac{1}{k} \times \sum_{A_1 \cap A_2 = \Omega} m_1(A_1) m_2(A_2)$$

$$= \frac{1}{k} \times m_1(\Omega) m_2(\Omega)$$

$$= 0.026$$

根据式（7-4）和式（7-5），可以得到 A、B、C 三个焦元的信任函数和似真函数分别为：

$$Bel(A) = 0.158，Pl(A) = 0.158 + 0.026 = 0.184$$

$$Bel(B) = 0.526，Pl(B) = 0.526 + 0.026 = 0.552$$

$$Bel(C) = 0.079，Pl(C) = 0.079 + 0.026 = 0.105$$

得到其信任区间分别为 $[0.158，0.184]$，$[0.526，0.552]$，$[0.079，0.105]$。

3. 证据理论融合框架

证据理论具备组合不同来源信息的能力，因此可应用于多传感器信息融合。基于 D-S 证据理论的信息融合基本框架如图 7-2 所示，主要分为三部分：证据表示、证据的组合及证据决策模型。首先，针对特定的信息融合任务，将每个信息源收集到的信息通过某种方法转换成 BPA 或证据。这里的证据所表达的信息是宽泛的，可以是定量的数据，也可以是定性的经验或知识等。得到了对应的 BPA 后，利用 Dempster 组合规则或者其他改进的融合方法对所生成的多个 BPA 进行融合，得到融合后的 BPA。最后，基于融合结果采用某种决策规则进行决策，从而得到最终的结果。上述过程为基于 D-S 证据理论的多源信息融合基本步骤。

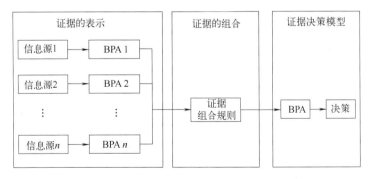

图 7-2　D-S 证据理论的多源信息融合基本框架

4. 证据冲突的处理

虽然 D-S 证据理论有许多优点，但在实际应用中往往并不是很理想，有时甚至出现与实际相违背的结果。产生这种结果的原因主要是由于证据之间存在不一致或证据间存在冲突。在突发事件发生时现场获取的信息融合过程中，证据冲突也是不可忽视的问题。

例如，设识别框架为 $\theta = \{A, B, C\}$，识别框架上的两个证据 A 和 B 的基本概率赋值分别为 m_1 和 m_2，即

$$A: m_1(a) = 0.9, \quad m_1(b) = 0.1, \quad m_1(c) = 0$$
$$B: m_1(a) = 0, \quad m_1(b) = 0.1, \quad m_1(c) = 0.9$$

由 D-S 合成规则来合成证据 A 和 B，得到事件 b 是必然事件，这显然是很不合理的。造成这一计算结果的主要原因是两个证据 A 和 B 之间存在冲突（或不一致），D-S 合成规则为了避免将非 0 的概率赋值给空集，采用了归一化因子，最终导致原来两个证据支持度很小的事件 b 变成了必然事件这样一个违背常理的结果。当两个证据间的总冲突为 1（即两个证据完全冲突）时，D-S 合成规则不能使用，两个完全矛盾的证据不能用 D-S 合成规则来处理。由此，可以看出，D-S 合成规则中对证据冲突的处理方法需要修改，即不能将所有冲突信息全部分配给不冲突的焦元。本文主要介绍典型的代表 Yager 公式。

Yager 公式主要表示如下：

$$m(\varphi) = 0 \tag{7-9}$$

$$m(A) = \sum_{A_i \cap B_j \cap C_k \cap \cdots = A} m_1(A_i) m_2(B_j) m_3(C_k) \cdots \qquad \forall A \neq \varphi \text{且} A \neq \theta \tag{7-10}$$

$$m(\theta) = \sum_{A_i \cap B_j \cap C_k \cap \cdots = \theta} m_1(A_i) m_2(B_j) m_3(C_k) \cdots + K \tag{7-11}$$

式中，$K = \sum\limits_{A_i \cap B_j \cap C_k \cap \cdots = \varphi} m_1(A_i) m_2(B_j) m_3(C_k) \cdots$

从上述三个公式可以看出，Yager 公式没有采用归一化因子，而是将冲突信息全部赋给识别框架 θ〔即未知项 $m(\theta)$〕，这是一种保守的做法。

例如：设识别框架 $\theta = \{A, B, C\}$，证据源为

$$S_1: m_1(A) = 0.99, \quad m_1(B) = 0.01, \quad m_1(C) = 0$$
$$S_2: m_1(A) = 0, \quad m_1(B) = 0.01, \quad m_1(C) = 0.99$$

由 Yager 公式合成得 $K = 0.9999$，$m(A) = 0$，$m(B) = 0.0001$，$m(C) = 0$，$m(\theta) = 0.9999$。

二、基于 D-S 证据理论的突发事件事故现场态势预测

突发事件事故态势预测，是指根据实际数据和历史数据，运用科学的理论、

方法和各种经验，对一定时效内形势的发展变化和未来可能发生的变化进行预测、估计和分析判断。在突发事件事故现场，分析各关键事故情况发生的稳态概率，从而实现科学有效的应急决策。

1. 态势预测模型

突发事件事故发生发展过程是一个由不同时段信息构成的系统，这些信息从不同侧面反映了突发事件事故不同阶段所处的情景状态，即突发事件事故关键情景征兆；通过这些征兆形成可以判断事故状态的证据，其中决策者对现场的初步判断被视为证据体，一些历时数据、各种技术手段获得的数据、专家知识和经验数据等信息也被视为证据体。对突发事件事故证据利用 D-S 证据合成规则进行融合，即可得到突发事件事故态势的预测结果。通过获取更多的数据信息，作为下一步态势预测的依据，预测新的灾害事故发展态势。基于 D-S 证据理论的事故现场态势预测模型框架如图 7-3 所示。

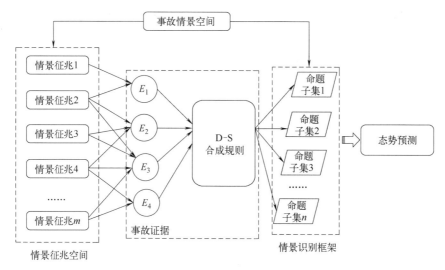

图 7-3　基于 D-S 证据理论的事故现场态势预测模型框架

2. 证据合成计算

对突发事件关键情景的态势预测，主要分为以下步骤。

① 根据现场情况进行情景和征兆空间分析。分析突发事件事故现场可能发生的情景，确定主要处置目标，并构建事故识别框架。

② 证据信息处理。证据集中的基本概率分布，是基于大量的事故案例总结并通过一定的方法处理得出的，其意义在于对响应关键事故情景的基本把握。突

发事件发生时事故现场往往复杂多变,对突发事件事故现场情况的预测,本身就是概率和部位的不精确推理,所以现场决策者在得到一个事故征兆信息后,需要对该征兆信息本身的置信度进行赋值。

例如,当化工园区储罐发生火灾时,通过现场的侦察,得到事故征兆信息"管线泄漏着火",决策者可能无法完全确定管线的真实燃烧情况,定义事实的置信度;同时,得到"管线泄漏着火"这个关键情景征兆以后,通过对证据集中的关键事故情景进行匹配,得到匹配到的事故情景,如定义为 S_1 流淌火和 S_2 管线喷涌燃烧,同时得到这两个关键事故情景的基本概率。然而,由于现场情况的不确定,需要对事故情景不发生的概率进行赋值,至此,一条证据信息处理完成。

③ 重复上述步骤,对新到来的证据进行处理。

④ 运用式(7-1)~式(7-3),构建多证据体识别框架 A。通过证据理论合成规则得到不同的证据合成后的每个关键事故情景的信任函数[如式(7-4)]和似真函数[如式(7-5)][$Bel(A)$, $Pl(A)$]。

通过信任区间,对比决策者设定的预制,实现对关键事故情景的态势预测,并基于态势预测结果进行事故应急决策。

3. 计算实例——福建"4·6"漳州 PX 项目爆炸事故

2015 年 4 月 6 日 18 时 56 分,漳州市古雷腾龙芳烃有限公司,吸附分离装置因焊接缺陷造成断裂,造成吸附分离装置和中间罐区 3 个储罐发生火灾。

大型油罐区一旦发生火灾,造成的影响和损失巨大,处置难度大。随着油罐火灾现场态势的不断演化,以及灭火救援行动的展开,会发生多个事故情景,形成事故情景空间;同时,随着现场侦察工作的不断深入,消防救援人员得到多个事故征兆,形成事故征兆空间,根据现场情况,列出关键事故情景征兆时间序列,如表 7-2 所示。

根据现场关键事故情景序列,对每个时间点的关键事故情景分析所得如下。

① 4 月 6 日 19 时 03 分,通过信息侦察得到,吸附分离装置爆炸燃烧,607、608、610 号罐猛烈燃烧,通过现场风向查询得到偏北风转东风,风速 2 级,阵风 4 级。

表 7-2 关键事故情景征兆时间序列表

时间	关键事故情景征兆
4.6(19:03)	芳烃吸附分离装置发生爆炸,607、608、610 号罐破裂发生猛烈燃烧
4.6(23:40)	厂区南面燃煤发电总降站起火
4.7(02:50)	102 号外浮顶罐罐顶橡胶密封圈着火
4.7(09:50)	607 号罐火情被扑灭,10 时 25 分,608 号罐火情被扑灭

续表

时间	关键事故情景征兆
4.7（11:30）	608 号油罐发生复燃
4.7（17:05）	610 号着火罐明火完全熄灭，至 19 时，607 号罐罐壁温度 21℃，608 号罐、610 号罐罐壁温度 24℃，610 号罐罐顶温度 60℃，各罐温度快速下降
4.7（19:40）	610 号罐油面发生复燃

　　根据现场情况，针对"管线泄漏着火"这个证据，可以确定已经发生，所以置信度为 1，针对"燃烧猛烈、火焰温度高、辐射热强"这个证据，由于现场情况危险，决策者无法通过深入罐区内部得到准确的数据，所以置信度赋值为 0.4。

　　通过事故情景演化分析，针对"管线泄漏着火""燃烧猛烈、火焰温度高、辐射热强"这两个证据，现场可能发生的关键事故情景为：S_1"发生流淌火"、S_2"管线喷涌燃烧"、S_4"邻近罐发生爆炸燃烧"和 S_5"罐体发生二次爆炸"。通过对历时案例的分析及相关领域专家的访谈，可以确定重大灾害事故的关键事故情景及每个关键事故情景对应的情景征兆，分别提取其中一个情景空间作为因变量，将与这个情景有关系的事故征兆作为自变量，进行定量分析得出每个情景征兆空间的基本概率分配。如 S_1=0.702，S_2=0.652，S_4=0.681，S_5=0.795。

　　通过基于 D-S 证据理论的合成计算式（7-4）~式（7-6），得到各个关键事故情景的概率分配函数，即 S_1（0.702，080）、S_2（0.652，0.90）、S_4（0.1362，0.980）、S_5（0.0795，0.980）。

　　通过第一次概率分配函数的计算，得到事故现场可能发生的四种关键事故情景，针对 S_1（0.702，0.80）这个概率分配函数可得，决策者至少有 0.702 的把握认为 S_1 会发生，至多有 0.80 的把握认为 S_1 会发生，根据之前建立的态势预测模型，决策者本身的决策原则对决策结果也会造成影响，即对概率函数判定的阈值，积极的决策者阈值较高，保守的决策者阈值较低，由于事故情况不清楚，到场力量不足，假设现场决策原则为较为保守，阈值定为 0.7，S_1 概率分配函数整体在设定阈值右侧，所以 S_1 极有可能发生，概率计算结果为（0，1），即发生的可能性为 1。同理，可以得到 S_2、S_4、S_5 的分析结果，如表 7-3 所示。

表 7-3　4 月 6 日 19:03 事故态势预测信息表

关键事故征兆	关键事故情景	概率分配函数	概率计算结果
管线泄漏着火	S_1	（0.702，0.80）	（0，1）
	S_2	（0.652，0.90）	（0.19，0.81）
燃烧猛烈、火焰温度高、辐射热强	S_4	（0.1362，0.980）	（0.67，0.33）
	S_5	（0.0795，0.980）	（0，1）

根据事故态势判断结果，现场的决策建议是在吸附分离装置部署力量实施冷却，防止流淌火和管线喷涌燃烧的发生；同时，对着火的607、608、610号罐重点部署力量冷却，对609号罐实时冷却防止可能的爆炸燃烧。

② 4月7日17时05分，通过现场信息可以提取如下证据进行态势预测，此时以610罐为研究对象，进行态势预测，更新之后的事故信息如表7-4所示。

表7-4　4月7日17:05事故态势预测信息表

关键事故征兆	关键事故情景	概率分配函数	概率计算结果
风向对灭火救援不利	S_5 罐体发生二次爆炸	（0.415，0.682）	（1，0）
	S_6 罐体复燃	（0.626，0.95）	（0.23，0.77）
油品自燃点较低	S_7 有害气体蔓延毒害环境	（0.619，0.728）	（0.47，0.53）

根据分析结果，罐体基本不会发生爆炸，有较大可能会发生罐体复燃，由于现场不存在有毒气体，所以不考虑有毒气体蔓延问题，根据第二次态势预测结果，给出的处置决策建议是继续对610号罐进行冷却，防止复燃。

实际情况是，19时40分，610号罐油面泡沫覆盖层被强风和雨水破坏，高温油品暴露后与空气接触发生复燃。指挥部立即组织现场力量增强冷却强度。

通过利用态势预测模型对该事故两次典型关键事故情景进行分析可以得到对同一关键事故情景对应的不同关键事故情景征兆条件下的信息融合和不同时序下的动态态势预测，且根据预测结果得到的现场决策建议与事实基本吻合。

利用 D-S 证据理论对现场信息进行融合，可以降低信息处理的风险，融合后的结果为现场指挥部作出指挥决策提供一定的参考。

三、基于 D-S 证据理论的应急决策方案偏好信息融合

突发事件发生初期，在获得有限的灾情信息的情况下，指挥决策者需要结合突发事件应急决策方案中的各个客观指标属性，根据指挥决策者自身的背景、领域、知识等主观偏好程度，通过 D-S 证据理论进行专家偏好信息融合，确定决策专家对于每个突发事件应急决策方案的综合偏好值，得出最佳的应急决策方案。

1. 问题描述

假设某群体决策问题由 q 个决策方案构成方案集合 $Q=\{Q_1, Q_2, \cdots, Q_q\}$，$n$ 个属性构成属性集合 $C=\{C_1, C_2, \cdots, C_n\}$，由 m 个决策专家构成专家集合 $G=\{G_1, G_2, \cdots, G_m\}$，其专家偏好程度 φ 的集合 $\varphi=\{\varphi_1, \varphi_2, \cdots, \varphi_m\}$，针对上

述的 q 个方案从 n 个属性方面进行决策，第 i 个专家对第 j 个方案的偏好矢量为：$V_{ij} = (C_{ij1}, C_{ij2}, \cdots, C_{ijl}, \cdots, C_{ijn})$。

其中，C_{ijl} 表示第 i 个专家对方案 Q_j 对应的属性 C_l 的属性偏好值，这里 $1 \leqslant i \leqslant m$，$1 \leqslant j \leqslant q$，$1 \leqslant l \leqslant n$。

2. 决策步骤

对突发事件应急决策方案偏好的确定，主要分为以下步骤。

① 针对群决策问题中决策方案的各级属性指标，建立指标体系，确定各级指标的相关性，利用无量纲处理二级指标的客观数据，以保证指标的一致性。

② 根据专家偏好类型，确定各个决策专家的偏好程度 $\varphi = \{\varphi_1, \varphi_2, \cdots, \varphi_m\}$。

③ 考虑应急方案的偏好函数，结合应急方案一级和二级指标及专家偏好程度，计算各个属性的偏好值 $V(C_{ijl})$，即第 i 个决策专家对于第 j 个方案的决策偏好 $V_{ij} = (C_{ij1}, C_{ij2}, \cdots, C_{ijl}, \cdots, C_{ijn})$。

④ 采用 D-S 理论中的信任函数 Bel 描述专家对于方案属性的偏好度，$V_{ijl} = V(C_{ijl}) = Bel \left[V(C_{ijl}) \right] = m \left[V(C_{ijl}) \right]$，并运用 D-S 证据理论的合成公式（7-6）进行群决策过程中专家对方案属性偏好的信息融合，最终获得方案的偏好矩阵 V。

$$V = \begin{pmatrix} V_{11} & \cdots & V_{1q} \\ \vdots & & \vdots \\ V_{m1} & \cdots & V_{mq} \end{pmatrix} \tag{7-12}$$

⑤ 采用 D-S 证据理论中的信任函数描述专家对于方案偏好度，$V_{ij} = Bel(V_{ij}) = m(V_{ij})$，并运用合成式（7-6）进行群决策过程中专家对方案偏好冲突的信息融合，得到方案矢量偏好 $V = \{V_{*1}, V_{*2}, \cdots, V_{*q}\}$。

⑥ 依据方案矢量偏好 $V = \{V_{*1}, V_{*2}, \cdots, V_{*q}\}$，通过比较，其综合值越大的方案为决策者选择的最佳方案。

3. 计算实例——四川 4·20 雅安芦山县地震

2013 年 4 月 20 日，四川省雅安市芦山县发生 7.0 级地震，震源深度 13km，地震共计造成 196 人死亡，失踪 21 人，11470 人受伤。地震发生后，四川省立刻启动一级应急程序。指挥控制中心通过数据调研，应急协商确定并得到了 4 个地震应急救援方案 $Q = (Q_1, Q_2, Q_3, Q_4)$，每个救援方案都有优势，但也存在着不足。基于突发事件应急救援任务的紧迫性，需要决策者迅速作出决策，选择合适的救援方案展开救援工作，以降低地震发生时造成的严重伤害。

现设置 4 位专家 $G = (G_1, G_2, G_3, G_4)$，分别为时间紧迫型、时间急切型、资源耐心型和资源充裕型。根据各方案内容，建立考虑专家偏好群决策。将方案属性分为资源类和时间类。

① 建立地震应急方案二级指标权重。利用 D-S 证据理论的合成式（7-6）将二级指标进行信息融合，获得地震应急救援方案一级指标的权重值，同时将方案所涉及的资源类和时间类对应，得表 7-5。

② 结合每位决策专家的特征，进一步确定决策专家对于各个地震应急救援方案一级指标的权重，以时间紧迫型专家为例，考虑决策方案时间和资源的偏好函数，将表 7-5 的资源和时间进行综合，可得到时间紧迫型决策专家一级指标权重表，如表 7-6 所示。

表 7-5 地震应急救援方案一级指标资源时间权重表

一级指标	方案 1	方案 2	方案 3	方案 4
地震灾情 C_1	0.64			
救援队伍 C_2	（0.44，0.67）	（0.66，0.5）	（0.88，0.33）	（0.99，0.17）
指挥系统 C_3	（0.2，0.67）	（0.4，0.5）	（0.56，0.33）	（0.80，0.17）
救援运输 C_4	（0.06，0.57）	（0.22，0.43）	（0.6，0.29）	（0.90，0.14）
物资保障 C_5	（0.67，0.80）	（0.39，0.60）	（0.86，0.4）	（0.99，0.20）

表 7-6 时间紧迫型专家地震应急救援方案一级指标权重表

一级指标	方案 1	方案 2	方案 3	方案 4
地震灾情 C_1	0.64			
救援队伍 C_2	0.853	0.803	0.751	0.658
指挥系统 C_3	0.851	0.793	0.721	0.626
救援运输 C_4	0.818	0.762	0.696	0.618
物资保障 C_5	0.890	0.830	0.781	0.686

同理，可以得到时间急切型、资源耐心型和资源充裕型专家地震应急救援方案的一级指标权重表。因此，四位决策专家对于四个应急救援方案的决策偏好分别为：

$V_{11} = (0.64, 0.853, 0.851, 0.818, 0.890)$ ；$V_{12} = (0.64, 0.803, 0.793, 0.762, 0.830)$ ；

$V_{13} = (0.64, 0.751, 0.721, 0.696, 0.781)$ ；$V_{14} = (0.64, 0.658, 0.626, 0.618, 0.686)$ ；

$V_{21} = (0.64, 0.593, 0.514, 0.429, 0.551)$ ；$V_{22} = (0.64, 0.593, 0.514, 0.429, 0.551)$ ；

$V_{23} = (0.64, 0.584, 0.447, 0.432, 0.617)$ ；$V_{24} = (0.64, 0.522, 0.434, 0.463, 0.547)$ ；

$V_{31} = (0.64, 0.551, 0.403, 0.257, 0.365)$ ；$V_{32} = (0.64, 0.601, 0.457, 0.318, 0.494)$ ；

$V_{33} = (0.64, 0.649, 0.482, 0.487, 0.665)$ ；$V_{34} = (0.64, 0.646, 0.552, 0.596, 0.657)$ ；

$V_{41} = (0.64, 0.593, 0.422, 0.242, 0.327)$ ；$V_{42} = (0.64, 0.668, 0.520, 0.375, 0.542)$ ；

$V_{43} = (0.64, 0.737, 0.577, 0.591, 0.742)$; $V_{44} = (0.64, 0.760, 0.674, 0.719, 0.764)$ 。

③ 利用 D-S 证据理论的合成式（7-6）将四位决策专家对于四个应急救援方案属性的决策偏好进行信息融合，得到每位决策专家对于四个地震应急救援方案的决策偏好值，如表 7-7 所示。

表 7-7　专家偏好程度对于方案的偏好值

项目	方案 1	方案 2	方案 3	方案 4
专家 1	0.9996	0.9979	0.9921	0.9575
专家 2	0.7382	0.6650	0.7346	0.6340
专家 3	0.2471	0.5348	0.8659	0.9267
专家 4	0.2460	0.7539	0.9692	0.9909

根据表 7-7 形成专家偏好矩阵 V。

$$V = \begin{pmatrix} 0.9996 & 0.9979 & 0.9921 & 0.9575 \\ 0.7382 & 0.6650 & 0.7346 & 0.6340 \\ 0.2471 & 0.5348 & 0.8659 & 0.9267 \\ 0.2460 & 0.7539 & 0.9692 & 0.9909 \end{pmatrix}$$

④ 通过 D-S 证据理论合成式（7-6）融合每位专家对于该方案的决策偏好值，得到地震应急救援方案的综合值及其排序，如表 7-8 所示。

表 7-8　地震应急救援方案决策结果

项目	综合值	方案选择
方案 1	0.9872	
方案 2	0.9886	
方案 3	0.9913	√
方案 4	0.9894	

由表 7-8 可知，考虑应急救援方案特征偏好决策方法的排序，方案 3 为四位决策专家选择出来的最佳救援方案。与芦山县地震发生后，现场救援实际采用的方案基本一致，说明该方法可用于应急救援决策方案的选择。

通过 D-S 证据理论对应急决策方案优选进行定量分析，可以大大降低由于决策者偏好影响下的应急决策方案的选择，得出最佳的应急决策方案，降低指挥决策过程的风险。

本章在风险和应急指挥风险的基本概念的基础上，对应急指挥过程中存在的风险进行分析，提出应急指挥风险控制的途径，并采用 D-S 证据理论对应急指挥过程中现场态势预测和应急决策方案的选择进行合成，得到最终的计算结果。

第八章

应急指挥效能评估

应急指挥效能评估是突发事件应急指挥的重要组成部分，通过综合运用定性与定量分析相结合，对应急指挥体系在突发事件应急处置过程中所发挥作用的有效程度进行考核或评估。指挥效能评估不但是对应急决策方案及方案实施计划的评价，也是对应急指挥功能和指挥效果进行的全面分析和评估。应急指挥机构的结构形式、运行方式和组织管理模式对应急指挥效能的发挥有着重要影响。

第一节　概　述

指挥效能的概念来源于军事作战领域，随后逐步拓展到突发事件应急指挥领域。理解突发事件应急指挥效能的内涵，需要对效能、指挥效能、应急指挥效能等基本概念，以及指挥效能影响要素、指挥效能评估的特点等内容进行深刻理解和掌握。

一、基本概念

国内外不同研究领域的学者对效能有着不同的解释和定义。在军事领域，效能包含两个维度：武器装备效能和作战行动效能。根据 GJB 1364《装备费用-效能分析》，效能是指在规定的条件下达到规定使用目标的能力。军事领域的作战指挥效能可以理解为指挥系统对军队集团在其他条件相当情况下，达成作战最终目的，或在具体条件下在战役或战斗中发挥战斗潜力所产生的影响程度。也有学者认为指挥效能是指挥系统功能的客观表现，在战斗潜力一定时，实际战斗力的

大小取决于指挥效能，并将其定义为

$$K=P/F$$

式中，K 为指挥效能系数；P 为实际战斗能力；F 为战斗潜力。

还有学者将作战指挥效能定义为某一指挥系统在一定条件下对所属部队在作战中发挥战斗潜力所产生的有利作用，反映了指挥员及其指挥机关的指挥能力和水平、指挥信息系统运行状态，也是评价指挥效果的重要尺度和标准。

突发事件应急指挥过程涉及应急指挥机构、应急救援装备、应急指挥人员以及应急通信系统等多个要素。因此，应急指挥效能指应急救援过程中，指挥员及指挥机关对各层级应急救援队伍、应急救援装备、应急救援资源、应急指挥信息系统等要素的有效控制和支配程度。应急指挥效能是应急指挥主体的能力、指挥系统的运行状态及其共同活动结果的综合体现。因此，在应急指挥效能释放过程中，指挥员的能力、应急指挥系统的组织和运行等因素起着决定性作用，在应急救援行动中具体表现为对所属应急救援力量、应急救援资源的发挥程度，并最终通过应急救援效果体现出来。

根据上述对应急指挥效能的定义，应急指挥效能评估是对应急救援力量及其组织机构执行规定的应急救援任务时所能达到的预期目标程度进行评估。应急指挥效能评估是站在突发事件应急指挥和处置的角度，综合应急救援人员、应急救援装备、应急救援资源、应急指挥系统等核心评估要素，对应急救援行动所开展的一项综合性评估。因此，应急指挥效能评估是一个相对动态的概念，其时间特征较为突出，是贯穿于应急响应阶段、应急处置阶段和事故善后阶段的全过程评估。

二、应急指挥效能影响要素

在军事学领域，作战效能由指挥效能和指挥对象工作效能两部分组成。指挥效能是指对部队的控制和支配的有效程度，而控制和支配是借助指挥信息系统将正确的决策和组织实施实现。指挥对象工作效能是指被指挥的队伍在行动过程中，将自身所具备作战能力发挥的程度。信息化条件的应急决策指挥过程在一定意义上就是信息传递的过程，即利用海量信息形成决策优势，最终转换为行动优势的过程。大数据时代，突发事件应急救援现场海量信息涌现，而指挥机构短时间内处理信息能力有限，必然导致部分信息得不到及时处理，此种情况下，影响指挥效能的因素主要包括指挥机构的层级数量和单层指挥机构信息处理效率等因素。

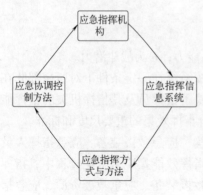

图 8-1 应急指挥效能要素构成

突发事件应急指挥既包括指挥者的复杂思维活动，也包括指挥者的指挥行为活动，是指挥者一系列思维活动和指挥活动的总和。因此，应急指挥既是指挥者的主观指导活动，也是指挥者定下应急行动决心和实现应急救援决心的活动，还是把应急救援队伍潜在战斗力转化为现实战斗力的活动。同时，应急指挥活动是应急指挥规律、原则在实践中的运用，具有极其丰富的内涵。因此，影响应急指挥效能的要素主要包括应急指挥机构、应急指挥信息系统、应急指挥方式与方法以及应急协调控制方法四个方面，如图 8-1 所示。

1. 应急指挥机构

应急指挥机构是处置突发事件的大脑中枢，其设置地点是否科学、启动时机是否及时、组织架构是否合理、运行保障体系是否全面等因素均会影响突发事件应急指挥效能。因此，应急指挥机构是影响应急指挥效能的第一要素。应急指挥机构对应急指挥效能的影响主要体现在指挥机构的设置和指挥机构的编组两个方面，其中应急指挥机构的设置包括指挥部设置的地点、启动时机、启动方式以及运行保障机制等。而指挥机构的编组主要涉及根据突发事件的类型及应急处置任务需求变化，及时动态调整指挥机构的任务编组，主要包括机构编组、指挥人员的专业素质和应急职能划分，应急职能划分又包括应急处置任务小组的职能和应急救援人员的职能。

2. 应急指挥信息系统

现代化的应急指挥越来越依靠先进的信息保障系统，因此，应急指挥信息系统对应急指挥效能有着重要影响。应急指挥信息系统对应急指挥效能的影响主要体现在指挥信息的获取、指挥信息的处理和指挥信息的传输三个层面。应急指挥信息系统对应急指挥效能的影响主要体现在信息获取的方式或手段是否丰富多样、各种信息手段之间是否互为补充、获取信息的速度、多源信息的融合与处理的速度和准确性等。当信息采集并经过初步处理后，还要保障指挥信息从采集端到用户端高效准确的传递等。受突发事件现场某些条件的限制，有些信息采集设备可能在事故发生后无法使用，例如救援现场受冲击波、强降雨、热辐射、电磁辐射等影响，无法获得清晰图像，所以，不能仅仅依靠单一手段获取准确现场信息，还应与其他手段互相配合获取所需信息。

3. 应急指挥方式与方法

重特大突发事件现场表现出的多样化指挥决策需求和信息化技术的应用，使得传统应急指挥方式与方法的水平不断提升，单一化的应急指挥方式与方法已无法满足重特大突发事件应急处置要求。因此，信息化的指挥方式和方法逐渐成为主流，且各种指挥手段的结构逐渐趋向一体，功能日益强大。信息化指挥方法以电子计算机为核心，集指挥、控制、信息、通信等功能于一体，可以迅速准确获取、传递、处理、利用各种信息，辅助指挥决策，高效地指挥和协调控制应急救援力量，是现代指挥的主要手段。随着人工智能、5G 通信技术和互联网技术的发展及应用，在信息处理与分发、辅助决策以及装备控制等方面，信息化指挥方法能够有效地减轻指挥者的体力和脑力劳动，使得指挥者能够集中精力从事更高级的创造性工作。

具体来说，指挥方式与方法对指挥效能的影响主要体现在以下三个方面。首先，指挥方法的水平影响、制约甚至决定着信息获取的质量和速度。人工侦察手段，往往只能利用勘查人员的眼睛、耳朵和常规工具进行观察、搜索、调查询问等，不仅获取的信息量少，且勘查范围小、渠道有限、准确度低，而且传递速度也慢。而运用诸如无人机、机器人、遥感、红外等先进技术，能够让指挥员在更广阔的范围和各种气候条件下，更直接、及时获取灾害现场情况及应急救援进展。其次，指挥方式和方法的水平影响、制约甚至决定着应急决策的质量和速度。传统的简单凭经验的决策手段，带有很大的主观、片面性，难以适应信息化条件下应急救援队伍履行各种职能指挥的需要。基于指挥自动化信息系统的计算机辅助决策系统，可以更加全面、及时准确、科学周密地进行辅助决策，从而大大提高了应急决策的质量和效率。

4. 应急指挥协调控制方式

应急指挥最基本的功能就是统一协调各参与主体的应急救援行动，有效整合各参与主体的力量，使各参与单位既充分发挥自己的作用，又能相互配合，提高整体应急指挥效能，应急指挥协调对应急指挥效能的影响主要以下面三种方式体现。

（1）各层级指挥机构的统筹、协调与配合　不同层级指挥机构的统筹、协调与配合，主要指实现中央、省（直辖市）、市、县、街道、社区的纵向各级指挥机构的统筹、协调与配合。武汉新冠疫情之所以能够逆转，也是各层级指挥机构的统筹、协调与配合的结果，从上至下成立了"中央应对新型冠状病毒感染肺炎疫情工作领导小组"—"湖北省新型冠状病毒感染肺炎疫情防控指挥部"—"武汉市新冠肺炎疫情防控指挥部"—各区级层面的疫情防控指挥部—各街道层面的疫情防控指挥体系以及防控指挥部社区工作专班，在信息汇总、综合协调、指挥调度等方面，建立了指挥中心的协调机制，实现了各层级指挥中心的有序衔接，做到中央和省市的防控工作决策部署对口传输，重点工作跟踪落实，保证指挥命令的一致性和稳定性，保证疫情防控有关工作的规范有序推进。

（2）行政机构与专业技术部门的协调与配合　现代社会科学技术高度发达，呈现出科学技术社会化和社会科学技术化的特点，政治与科学技术之间的相互联系、相互影响越来越密切，政府决策越来越依赖于科学依据和专业技术手段，行政部门的行政权力与专业技术部门的技术权力相互影响、相互渗透，如何平衡好、协调好行政权力和技术权力的关系，更好发挥行政部门和专业技术部门各自的优势和作用，对于突发事件应急指挥效能至关重要。武汉新冠疫情防控工作中，卫生行政部门与疾控中心分工协助，卫生行政部门组织全国数百支医疗队和数万专业医护人员支援湖北，通过疫情报告系统和新型冠状病毒感染的肺炎疫情分布系统精准统计与分析全国疫情数据，为卫生行政部门及时制定有效的疫情防控策略、为公众及时了解疫情信息提供专业知识的支撑。行政部门和专业部门的良好沟通与协调能够极大保证应急指挥活动的高效开展。

（3）跨行政区域指挥机构间的协调与配合　重大突发公共事件，例如跨河流环境污染事件、新冠肺炎疫情事件等，由于此类突发事件的传播速度快、波及范围广、防控难度大，已经远远超过单个行政区域的应对能力，对突发事件应急指挥效能影响显著。例如，2022年上海新型冠状病毒疫情应急处置过程表明，重大传染病疫情的防控已经超出单一大都市的应急能力，在交通保障、应急物资调度、人力资源保障等指挥层面需要跨区域、跨部门的综合协调与配合。

三、应急指挥效能评估的特点

1. 整体性

应急指挥效能评估的整体性，是由系统效能的度量属性决定的。系统在开始执行任务和执行任务过程中的状态及最后完成给定任务的程度，共同构成了系统的效能。由于从开始执行任务到最后完成给定任务的过程是完整的和连续的，因此，评估活动必须围绕该过程的每个环节进行总体把握，这就是评估的整体性。

应急指挥效能评估的整体性，是由应急指挥系统的整体性决定的。应急指挥系统的基本要素以实现同一目的而存在于系统中，只有每个要素都充分发挥作用和功能，该系统才能产生最大的整体效能，任何组成部分或某个方面偏离统一的目的，都会影响该系统整体最佳效能的发挥。因此，应急指挥效能评估是对指挥系统有序运行结果的评估，是对指挥系统内部各个要素与指挥环境相互联系、相互作用结果的评估。把握应急指挥效能评估整体性，才能在确定应急指挥效能评估指标时从整体性出发，构建出符合实际要求的评估标准体系。

2. 全程性

应急指挥效能评估的全程性，是由指挥活动的连续性决定的。例如，当考察指挥效能时，考察的是具体指挥活动的效能，评估的是应急指挥全过程中指挥对象潜力的实现程度。应急指挥活动的各个环节影响着应急指挥效能的发挥，只有通过将指挥活动各个环节工作状态所产生的潜力的积累，全部或部分转化为现实力量的那部分潜力，才对应急指挥进程和结局产生直接影响，生成应急指挥效能。因此，要从指挥活动的全过程研究应急指挥效能，对应急指挥效能全程跟踪评估。

应急指挥效能评估的全程性，是由指挥系统行为结果的往复性决定的。指挥系统的行为结果并不是一次性所能证实的，往往具有周期性、往复性，或经过多次反复模拟试验才能采集到数据。因此，要克服评价中的片面性，进行全程系统分析，以获得真实的评估结果。

应急指挥效能评估的全程性，还是由认知过程的主观性决定的。效能作为达标程度，不仅反映静态结果，而且反映系统参与者的主观认知过程。面对复杂的环境和影响因素，这种认知过程不是一次可以完成的，而是要经过实践和认知的多次往复，以减少由于人的知识和认识能力所限而产生的不确定性。因此，对应急指挥效能的评估必须全程跟踪。

3. 可比性

应急指挥效能评估的可比性，是由指标体系标准的统一性决定的。应急指挥效能评估是对应急指挥的某些对象（如指挥员、指挥机关）、某个方面（如实施方案、行动计划）、指挥要素（指挥主体、指挥客体、指挥信息和指挥手段）间的有机协调过程中一个局部的实现程度进行预测与评价。这种预测与评价的方法，主要是依据一定的评价指标，对不同评价对象进行相互比较，找出各自的优缺点，再进行排序。因此，评估结果要具有可比性。应急指挥效能评估是在规范的指标体系、统一的评估指标和统一尺度下进行的度量。评估结果既能纵向比较其自身的发展和变化，又能横向对比不同指挥对象的不平衡状况，还能比较不同评估对象之间的差异，依据评估结果进行排序。

应急指挥效能评估的可比性，是由评估方法的统一性所决定的。指挥效能评估是通过统一的标准、统一的测量单位和统一的测量方法对评估对象进行的鉴别、比较。尽管有多种评估方法存在，但在就同一项内容对不同对象进行评估时，采用的是通用的名称、概念与统一的计算方法。这就是应急指挥效能评估的可比性。

4. 相对性

应急指挥效能评估的相对性，是由测量标准的相对性决定的。由于评估本质上是对评估客体的状态、功能等能否满足和在多大程度上满足评估主体需要而作出的判断，因而评估具有明显的主观性。首先，评价的主体是人或以人为核心的组织，指挥系统功能的价值是从指挥系统分析中主观抽象出来的。其次，尽管某些指标本身是客观的，评估标准却是人确立的。因此，应急指挥效能评估是在统一评估指标体系下对若干个被评估"对象"的相对评估。这就使得评估对象间的比较是相对意义上的评估、排序，而不是绝对意义上的评估、排序。比如，进行应急指挥效能评估时，效能本身是一种软属性，它不仅反映在评估对象达标程度和结果，还反映在系统参与者的主观认知过程，这种认知过程不可避免地包含有尺度的多重性和主观性，因此，反映出的结果只能是相对客观的。应急指挥效能评估的相对性，是由静态评估的相对性决定的。一般对应急指挥效能评估主要是侧重于系统结构与功能，属于静态评估。另外，应急指挥效能评估是对指挥员及指挥机关在实施应急指挥活动中发挥作用有效程度的考核或评价。评价是在统一标准下对能够量化的因素作为评价指标，而没有对指挥活动进行动态跟踪，这就忽略了指挥系统对战场情况的反应能力，忽略了指挥过程动态变化中存在着的大量的不确定性因素，这也决定了应急指挥效能评估的相对性。

5. 模糊性

应急指挥效能评估的模糊性，是由评估因素描述的不确定性决定的。应急指挥效能评估包含的内容很多，影响应急指挥的不确定性因素也有很多，有可物化的和不可物化的，可定量描述的和难以定量化的，有的甚至连定性分析都比较困难。站在不同的角度，对评估指标的确定可能迥然不同，构成的评估指标体系也会不同。同时，因素描述的不确定性可能对指挥的成效产生难以估计的影响。因此，在应急指挥效能评估时，要采用多种组合方法(如采用模糊数学处理的方法)对评估因素进行描述和测量。

应急指挥效能评估的模糊性，是由评估数据采集过程的多重不确定性决定的。在应急指挥效能评估评价指标体系中，有许多是定性指标，在定性向定量转化的过程中，对其指标的测算存在着多样性，使得评估结论也具有不确定性。有些定量指标，由于制度或体制的制约，要采集到精确的数据或信息是不现实的。例如，进行应急指挥效能评估时，效能本身是一种软属性，具有信息的随机性、不确定性和不完整性等特征。因此，对指标进行测量过程中必然存在不确定性。但是，这种模糊性和不确定性并不影响评估结果，因为它是在统一的评估标准下对不同"对象"进行的相对评估，由评估的相对性就决定了评估的可行性。

第二节　应急指挥效能评估指标体系

指标体系是指挥效能评估的基础，只有建立的评估指标体系科学合理，才能得出科学公正的评估结论。指挥员能力素质、组织机构、指挥对象、信息系统等方面的实际情况，构成了突发事件应急指挥效能评估指标体系。

一、评估指标体系构建原则

突发事件应急处置过程中，影响应急救援效能的因素既有人的因素，也有物的因素，还有环境的因素等。但是，应急指挥效能评估指标并非越多越好，关键在于指标在评估中所起的作用大小，能否把应急指挥效能评估的核心要素反映出来。总体来说，评估指标体系应能全面客观反映各个决策方案的主要方面，它的结构取决于决策的目的、决策方案的性质等。指标体系越全面，决策的结果就越客观、合理，但指标太多会增加评估计算的复杂程度和难度，尤其是数据的计算量将以指数级增长。因此，在理想客观条件的基础上，应急指挥效能评估指标的构建应遵循以下原则。

1. 全面性原则

效能指标体系应能全面地反映前述提到的应急指挥要素的各个维度，特别是要把反映应急行动指挥效能的关键性指标选准、选全，这样才能对应急指挥全过程进行全面客观的评估。

2. 层次性原则

在建立效能评估指标中，不同指标之间的关系密切，构成一个指标类。所以在实际操作中往往需要把指标进行分类，构成不同层次的指标体系，由评价总指标到下层指标，逐渐分解到下层子指标。对指标进行分解，是为了得到更具体的指标，以便进行量化，分解到一般可以计算的子指标时，分解停止。

3. 客观性原则

所选效能评估指标不但应反映某一类型突发事件自身发展的特点和规律，还应反映应急指挥活动客观规律变化，这就需要效能评估人员深入理解应急指挥活动的全过程及其要素间的关系，能够把所评估的对象和环节同应急指挥有关的不确定性紧密联系起来。

4. 独立性原则

评估指标的独立性是指标间自由变动而不受相互牵制的性质，是与指标重叠性相对立的概念。对于效能评估指标，人们在评估过程中由于缺乏科学的指标筛选方法，往往靠评估者的经验进行选取，导致存在较大的主观不确定性，使得各个层级的指标存在大量重叠，指标的大量重叠直接影响评估结论的科学性和准确性。因此，各指标在整个建立过程中应相互独立，概念划分明确，即使相关也不能互相附属。需要特别指出的是，评估指标间的绝对独立是不存在的，指标独立与指标重叠是相对而言的。

5. 一致性原则

所谓一致性原则是评估指标体系的建立不但与应急任务相关联，还应与效能评估的目的相一致，评估指标不一致也会导致评估结果的不一致。导致评估指标不一致的因素有基础数据来源不同、对应急指挥要素的理解不同、评估指标反映的内容不一致等。因此，在评估指标体系构建过程中，由于可能存在着不同类型的指标，在进行评估之前必须将指标的类型做一致化处理，必须将主客观因素相结合确定评估指标。

二、评估指标体系建立

正确确定应急指挥效能的各项指标和指标体系是准确评估应急指挥效能的前提和必要条件。设计效能评估指标体系模型的过程实际上也是对目标进行分解的过程。由于指标与目标具有一致性，因此，可以采用逐层分解目标的方法来建立指标体系的结构，即以总目标为根，分列出一级指标，再根据每一个指标的内涵逐项分列出二级指标，依此类推，逐渐细化，最后一个层次就是具体的效能指标。由此建立的指标体系，不仅纵向相连，上级指标包含下级指标，而且横向沟通，各级指标之间既独立又相互联系、相互制约，使得整个指标体系是一个有机整体。图 8-2 为突发事件应急指挥效能评估指标体系。

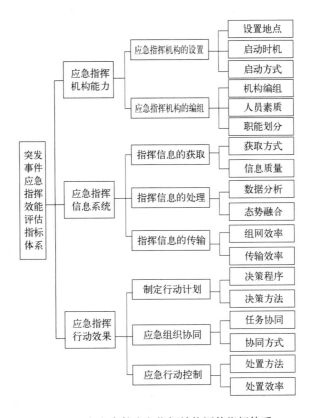

图 8-2 突发事件应急指挥效能评估指标体系

三、评估指标体系分级

解决宏观层面指挥效能评估问题通常采用层次分析法。在使用层次分析法时，首先面临层次系列化问题，就是要根据所要达到的目标和问题的性质，将问题分成不同的因素，按照因素之间的隶属关系和相互影响，进行分层聚类组合，从而形成有序、递阶的层次结构模型。其次，要依据人们对客观现实的判断，对模型中每层的因素进行定量表示，再使用数学方法确定每层中全部因素的权重。最后，通过综合计算各层因素的权重，得出最底层相对最高层的重要性次序的组合权重，作为选择和评价方案的基本依据。对灭火救援指挥效能进行评估，在构建了指标体系后，应确定具体的评价准则。

1. 应急指挥机构能力

（1）应急指挥机构的设置　应急指挥机构的设置综合考虑设置地点、启动时机、启动方式以及保障方式等因素的影响，详情见表 8-1。

表 8-1　应急指挥机构的设置分级标准

项目	优	良	中	差
应急指挥机构设置描述	设置地点靠近突发事件现场，启动迅速，启动方式多样，通信及应急物资保障得力	设置地点比较靠近突发事件现场，启动比较迅速，通信及应急物资保障比较得力	设置地点比较随机，启动速度一般，通信及应急保障一般	启动速度较慢，通信和应急保障较差

（2）应急指挥机构的编组　应急指挥机构的编组综合考虑机构的编组是否根据突发事件应急处置需要设置任务组、任务组之间职能划分是否清晰、参与人员是否职责明确等，详情见表 8-2。

表 8-2　应急指挥机构的编组分级标准

项目	优	良	中	差
应急指挥机构编组设置描述	根据突发事件应急处置需要设任务组，任务组之间职责清晰，参与人员职责明确	基本根据突发事件应急处置需要设任务组，任务组之间职责比较清晰，参与人员职责比较明确	任务组设置比较随机，任务组之间职责基本清晰，参与人员职责基本明确	任务组和参与人员之间职责有交叉

2. 应急指挥信息系统

应急指挥信息系统是指挥员在信息化应急指挥活动的重要支撑，也是指挥员及指挥机构进行高效决策的基础。主要包括指挥信息获取、指挥信息处理和指挥信息传输三部分内容。

（1）指挥信息的获取　指挥信息获取主要考察指挥员在获取信息过程中是否目标明确，能不能综合利用各种方法和手段及时准确获得信息，详情见表 8-3。

表 8-3　指挥信息获取分级标准

项目	优	良	中	差
指挥信息获取分级描述	获取信息非常迅速全面，目标极其明确，手段丰富，方法多样，实时不间断	获取信息较为全面，目标明确，手段较为丰富，方法较为多样，实时不间断	获取信息一般，目标明确，手段方法不多	获取的信息不多，目标不明，手段方法单一

（2）指挥信息的处理　指挥信息处理主要考察的是指挥员或信息保障中心面对海量指挥信息，能否运用信息处理手段对信息进行加工处理，能否鉴别提炼出可靠、准确、有用的信息，详情见表8-4。

表8-4　信息处理分级标准

项目	优	良	中	差
指挥信息处理分级描述	分类极其清晰，整理非常得当，鉴别很准确，提炼精干，判断绪论准确，共享高效	分类较为清晰，整理较为得当，鉴别准确，提炼精干，判断绪论较为准确，共享较为高效	分类和整理一般，鉴别准确度、提炼精干度一般，判断绪论准确性一般，共享程度一般	分类不清，整理模糊，鉴别不准确，提炼不精干，判断绪论不准确，共享不够高效

（3）指挥信息的传输　指挥信息传输是指指挥员运用各种技术装备传递信息，发布行动命令等。本指标主要考察指挥员及指挥机关在指挥过程中能否利用各种通信工具及时、准确进行信息传递，详情见表8-5。

表8-5　信息传递分级标准

项目	优	良	中	差
指挥信息传输分级描述	及时、准确利用各种通信手段进行信息传递	及时和较为准确利用各种通信手段进行信息传递	传递信息不及时，信息内容基本准确	未能及时、准确利用各种通信手段进行信息传递

3. 应急指挥行动效果

（1）制定行动计划　制定行动计划是在确定行动目标，综合考虑现场态势、专家组意见和救援资源现状等综合因素的基础上进行拟定。行动计划的制定主要考察指挥员在定下应急救援行动决心过程中目的是否明确，使用力量和资源是否合理，应急处置行动的主要方面把握如何，采取的决策方法和决策程序是否合适，行动时机把握得怎么样，详情见表8-6。

表8-6　制定行动计划分级标准

项目	优	良	中	差
制定行动计划分级描述	应急行动的目的极为突出，使用力量非常合理，策略方法方面把握极好，采取的行动方法极为合适，行动时机把握极好	应急行动的目的较为突出，使用力量较为合理，应急处置方面把握较好，采取的应急处置方法较为合适，行动时机把握较好	应急行动的目的突出程度一般，使用力量合理性一般，应急处置把握程度一般，采取的应急处置方法一般，行动时机把握一般	应急行动的目的不够突出，使用力量不够合理，应急处置方面把握不够好，采取的应急处置方法不够合适，行动时机把握不够好

（2）应急组织协同　这里所提到的应急组织协同主要是指突发事件现场，现场指挥部在应急处置过程中，对现场各种人力、物力等所开展的组织协同动作，主要考察指挥员及指挥机关的组织协同和应急保障能力，评价的依据包括任务协同和协同方式等，详情见表8-7。

表 8-7　应急组织协同分级标准

项目	优	良	中	差
应急组织协同分级描述	能将各应急救援力量协调一致，非常充分发挥出整体威力，协同效率极为高效	能将各应急救援力量协调一致，较为充分发挥出整体威力，协同效率较为高效	能将各应急救援力量协调一致，协同效率一般	未能将各应急救援力量协调一致，协同效率较差

（3）应急行动控制　应急行动控制主要考察指挥员及指挥机关是不是通过指令把自己的意图表达出来，并被指挥对象理解，以及在应急处置的过程中，能够根据现场态势变化及时调整应急处置行动，详情见表8-8。

表 8-8　应急行动控制分级标准

项目	优	良	中	差
应急行动控制分级描述	严格遵循应急救援行动方案，下达命令清晰准确，充分利用指挥自动化系统，及时根据需要调整应急任务	较为严格遵循应急救援行动方案，下达命令较为清晰准确，充分利用指挥自动化系统，适时根据需要调整应急任务	基本遵循应急救援行动方案，下达命令清晰准确，能利用指挥自动化系统，基本根据需要调整应急任务	未严格遵循应急救援行动决心，下达命令不够清晰准确，利用指挥自动化系统程度不够，不能根据需要调整应急任务

第三节　应急指挥效能评估方法

国外学者对指挥效能评估方法的研究始于 20 世纪 60 年代，根据评估对象和目的的不同提出了多种评估方法，从早期的定性评估逐步发展到定量评估，再发展到当前将大数据和人工智能等技术相结合，使得评估结论愈发客观、合理。本节主要介绍几种比较成熟的指挥效能评估方法及评估程序，这些方法在其他领域也得到了较为广泛的应用，主要包括解析法、层次分析法、专家评估法、灰色层次评估法、系统动力学评估方法和深度学习方法等。

一、专家评估法

专家评估法是以领域内专家自身的经验为主进行判断和评估的方法，它分为两类：一类是没有任何原始信息或数据支撑，完全依靠专家自身的经验进行主观判断并进行打分的一种方式；另一类是将定性分析与定量分析相结合，这个过程既有专家的主观判断，又有数学理论和基础数据的支撑，如层次分析法、模糊综合判断法、多属性决策法等，其中多属性决策法最大的优点在于能够在缺乏足够统计数据和原始资料的情况下作出定量估计，即该方法可以充分发挥专家的主观判断作用。然而，由于突发事件应急处置涉及多个领域的专业知识，专家评价的准确程度主要取决于专家的阅历经验以及知识的广度和深度，要求参加评价的专家对突发事件具有较高的学术水平和丰富的经验知识，同样也不尽合理。一方面，在专家的选择上，如何保证专家的权威性和专家小组构成的合理性，是实际工作中需要解决的重要问题；另一方面，专家们进行主观判断缺乏必要的科学理论支撑，主观性比较强，有时会使评估结果不够客观和准确。上述局限性就要求专家评估法必须与其他方法相结合，才能有效处理突发事件应急指挥效能评估中的实际问题。

利用专家评估法进行效能评估的步骤如下：首先根据评估对象选定评估指标构成，确定每个指标的评估等级并用分值表示；以此为标准，由专家对评估对象进行打分，采取加法评分法、乘法评分法或加乘评分法等方法求得评估对象的总分值，得到评估结果。基于专家评估的效能评估方法可细分为层次分析法、模糊综合评估法以及群体多属性决策方法等。

二、灰色层次评估法

考虑到灰色评估方法针对评估对象无法提出较为客观的评估指标体系，且无法针对每个指标给出客观的权重，因此，可以将层次分析法与灰色评估方法相结合，能够很好地解决上述问题。灰色层次评估法是以灰色系统评估理论为基础，以层次分析法为指导，将定性分析与定量计算相结合。具体来说，灰色层次评估法就是在评估模型中用层次分析法合理确定评估对象的层次结构及指标权重，再运用灰数和白化权函数对指标进行量化和比较分析。基于灰色层次分析法的效能评估程序如下：建立评估指标体系层次结构、计算评估指标体系要素组合权重、确定评估灰类、计算灰色评估系数、计算灰色评估权向量和权矩阵、进行不同评估指标的评估、进行综合评估。

1. 建立评估指标体系层次结构

评估指标体系层次结构的建立需要应用层次分析法，对评估对象进行逐层分解，按照目标层、中间层、基本层等层次构建科学的评估指标体系架构，力求做到同一层次评估指标的构成互不交叉，相邻层级之间的指标构成能够形成递阶层次结构。

2. 计算评估指标体系要素组合权重

指标权重是指标在指标体系中的重要程度，反映了相邻层次下层评估指标要素对上层指标要素的权重，以及底层指标要素对目标的组成权重。层次分析法的指标权重计算问题，可归结为判断矩阵的特征向量和最大特征值的计算，主要方法有精确法、简易表格法、方根法、和积法、幂法等，一般多采用方根法。

（1）确定指标权重标度　为了将各指标之间进行比较并对判断矩阵进行量化，要确定指标权重标度。首先选择标度系统，即将人的主观判断转换为一个定量的判断矩阵的关键，其标度值的具体意义如表8-9所示。

表8-9　1~9比例标度表

标度	含义
1	表示两个元素相比，具有同样的作用
3	表示两个元素相比，一个元素比另一个稍微重要
5	表示两个元素相比，一个元素比另一个明显重要
7	表示两个元素相比，一个元素比另一个十分重要
9	表示两个元素相比，一个元素比另一个极端重要

注：2、4、6、8为上述相邻判断的中值。

（2）构造评估指标值矩阵　对于三层指标结构，存在两种类型的判断矩阵，分别是"目标-准则"判断矩阵和"准则-措施"判断矩阵，其中，"目标-准则"判断矩阵主要用于计算准则层的各个指标的相对权重，"准则-措施"层判断矩阵主要用于计算某准则下的各个措施层指标之间的相对权重。两类判断矩阵的形式相同，只是层次不同。

（3）指标权重计算　根据判断标度建立好判断矩阵后，就要计算层次判断矩阵关于可用度向量的相对重要度，也即层次判断矩阵关于可用度向量的权重。经过归一化处理，即可求出层次判断矩阵关于可用度向量的重要度，也即权重。

（4）一致性检验　在构造判断矩阵时，由于客观事物的复杂性，主题认识的局限性，以及主体之间认识的多样性（也可称为决策者的不同偏好结构），所以判断经常伴随有误差，判断矩阵不可能具有完全一致性。

（5）制定评分等级标准建立评估样本矩阵 评价指标一般为定性指标，需依据实际情况，将其转换成定量指标。定性指标的定量化可通过制定评分等级来实现。针对各个指标在系统执行任务中的性能以及重要程度，对各个指标进行打分。将评价指标的优劣等级制定为 5 级评分等级标准并分别赋值（评分）为 9分、7 分、5 分、3 分、1 分，即优、良、中、一般、差五个档次。指标等级介于两相邻等级之间时评分为 8 分、6 分、4 分、2 分。

3. 确定评估灰类并计算灰色评估系数

确定评估灰类就是要确定评估灰类的等级数，以及灰类的灰数及灰类的白化函数。灰色白化权函数聚类法就是根据灰数的白化权函数将一些观测指标或对象聚集成若干个可以定义的类别，将系统归入某灰类的过程，用于监测对象是否属于事先设定的不同类别，以便区别对待。可将有限的信息进行合理的加工，形成更多的信息，使灰色系统变得清晰。

4. 计算灰色评估权向量和权矩阵并进行综合评估

在样本矩阵向量的基础上确定评估灰类并计算各个评价指标的灰色评价系数，通过假设灰类数量，构建灰色评估权向量，并获取不同评价指标对评估灰类的灰色评估权矩阵和评估权向量，进而获取下一层级指标相对上一层级指标的灰色评估矩阵。最后，通过计算得到不同层级评估指标的灰色评估权矩阵，得到最后的综合评价值。

三、模糊综合评估法

在进行效能评估时，经常会遇到一些难以用定量方法描述的指标变量，例如地震发生后应急通信保障能力的对策水平、应急救援装备与应急指挥能力之间的关系强弱等就是一些不易直接量化的因素，往往只能用"很高""比较高""不太高""较低"等模糊非定量化语言进行表述。由于这些描述大多是模糊不清的，很难明确界定属于上述哪一等级，往往只能靠专家的主观判断来决定。因此，应用模糊数学理论，可以对这些包含各种非定量模糊因素和模糊关系的指标进行合理的量化。

1. 确定评估对象的指标要素集合

根据评估对象的不同，比如哪一类突发事件，结合该类突发事件的应急救援任务和应急指挥特点，建立评估指标体系，具体包括从哪些方面和维度来评估该类突发事件应急指挥效能问题。

2. 确定评语等级集合

评语等级集合的确定，使得模糊综合评估法的结果是一个向量，被评估对象对应评语等级隶属程度的信息通过这个模糊向量表示出来，体现了评判的模糊特性。评语等级一般介于 4~9 之间，等级个数过多会超出人的语义区分能力，使得不易得出判断对象的等级归属。同样，等级个数过少也可能导致难以满足模糊综合评判结果的质量要求。

3. 建立模糊关系矩阵

根据隶属度关系，进行单因素评估，建立因素集合和评语等级集合之间的模糊关系矩阵，是模糊综合评估的基础。

4. 确定评判权重向量

评判权重向量反映了评估系统中各因素对被评估对象的隶属关系，可以通过层次分析法、专家打分法等方法确定评判权重向量。

5. 选择模糊算子并进行综合评估

根据构建完毕的模糊关系矩阵和评判权重向量合成得到模糊算子，模糊算子反映了评估要素与被评估对象之间的模糊关系，通过模糊变换器，最终形成评估对象和评语等级之间的模糊关系。在模糊综合评判中，模糊关系与模糊变换器的合成方法对评估结果影响较大，对模糊算子不同形式的选择能够反映不同的效能评估要求，以及不同的行动方案效能评估结果，因此，模糊算子形式的选择非常重要。

四、系统动力学评估方法

系统动力学方法于 1958 年由美国麻省理工学院 J.W.Forrester 提出，该方法以控制论、信息论、决策论等有关理论为基础，以计算机仿真技术为手段，主要应用于解决非线性、高阶次、多重反馈等复杂系统问题。系统动力学模型实际上是一种因果关系机理性模型，它强调系统与环境相互关系和相互作用，其行为模式与特性主要取决于系统内部的动态结构与反馈机制，不受外界因素干扰。同时，由于系统所包含的变量随时间变化，因此，可以用来解决军事作战、应急管理等领域的效能评估问题，系统动力学模拟仿真得到的结果用来对系统内在的结构和动态行为进行分析，并以此为系统优化提供决策依据。系统动力学方法的分析步骤如下：确定效能评估目标、对被评估对象进行系统动力学分析、构建效能评估数学模型、提供基础数据、开展仿真评估、对评估结果进行最后处理。

1. 明确目标，确定系统边界

由于一个系统所涉及的变量成千上万，实际分析时不可能面面俱到，需要提取所研究问题的关键变量进行分析。首先，明确系统动力学建模要解决什么类型的效能评估，即构建系统动力学效能评估模型的目的是什么。明确问题以后，根据系统建模的目的，通过文献研究、数据搜集、专家讨论等形式，确定系统边界，即系统研究所涉及的范围，并查找出系统的所有影响因子或变量，系统动力学模型中的变量主要包括状态变量、速率变量、辅助变量等。

2. 绘制因果回路图和系统动力学流图

一旦问题被确定和描绘出来后，建模者应详尽阐述解释问题行为的假说，并根据初始假设、关键变量、参考模式和其他可用的数据建立评估系统的因果结构图。通过对系统内部要素之间的反馈关系进行逻辑分析，绘制系统各变量的因果回路图以及系统动力学流图。也可根据系统的复杂程度，适当选用模型边界图和子系统图。

3. 构建数学模型

在对系统变量反馈因果关系研究的基础上，建立变量之间的数学模型，在系统动力学流图中加入数学方程，完成系统动力学模型的建立。建立系统动力学模型后，根据已经确定的参数、系统的行为关系以及初始化条件，写出全部变量方程。可以在建立系统存量流量图时同时考虑并建好，也可以在建立系统存量流量图后写出。

4. 进行模型测试

变量方程完成并进行相应的量纲等检查后，便可开始模型测试。通过不断调整改变模型中各变量参数，对所建立的系统动力学模型进行仿真模拟，根据仿真模拟结果对模型中的不合理之处进行适当修改。

五、ADC 评估方法

ADC 评估方法由美国工业界武器系统效能咨询委员会提出，其基本思想是以系统的总体构成为对象，以所完成的任务为前提对效能进行评估，综合反映了系统的可用性、可信度与固有能力。其中，可用度是在开始执行任务时系统状态的度量；可信度是在已知系统开始执行任务时所处状态的条件下，在执行任务过程中某个瞬间或多个瞬间的系统状态的度量；固有能力是在已知系统执行任务过程中所处状态条件下，对系统达到目标能力的度量。ADC 数学模型的基本表达式为：

$$E=A\times D\times C \qquad\qquad (8\text{-}1)$$

式中，A 是系统的可用度向量，$A=\{a_1, a_2, a_3, \cdots, a_m\}$，表示任务开始执行瞬间，系统可能出现的 m 种工作状态的概率；D 为 $N\times N$ 的可靠度矩阵，d_{ij} 是系统由初始状态 i 经历任务期间到任务结束时转移到状态 j 的概率；C 为固有能力向量，c_k 表示系统处于状态 k 时完成任务的效能指标值。

在效能评估模型中，效能 E 表示相应能力指标受可用度和可靠度影响后的实际效能值；A、D 在选定系统状态数的情况下可用解析法获得；C 中的元素在很大程度上取决于系统固有性能和应急任务要求。ADC 评估方法的基本步骤如下。

① 确定系统初始状态参数。通常来说，可以将突发事件应急指挥效能评估视为由多个系统组成或模块组成，例如应急指挥机构能力（指挥能力）、应急指挥信息系统能力（信息处理能力）、应急处置行动能力（处置方法运用能力）等多个系统组成。分别确定每个系统的状态及其数量，记录每个子系统的平均正常工作时间和平均故障时间，进而得到。设定每个系统的状态变量，由多个子系统的不同状态组合得到整个系统状态向量。

② 计算可信度矩阵。设定每个子系统的任务可靠度以及任务执行时间，获得每个子系统的任务状态转移概率。根据统计概率的正则性和规范性，得到系统的可信度矩阵。

③ 确定能力矩阵。上述提到的应急指挥机构能力、应急指挥信息系统能力、应急处置行动能力等多个子系统，都有自己独立的功能模块。如应急指挥系统的能力构成，包括指挥信息获取、指挥信息传输、指挥信息研判、指挥信息处理等多个二级模块，各模块又有自己相应的功能，如此就构成了系统功能树。通过对功能树的树突功能进行梳理，再根据树枝、树突确定各层级的指标权重。

分别计算系统从优到劣所代表的能力值，获得应急指挥系统在不同状态下的能力平均值，最终得到应急指挥系统的能力矩阵。

④ 计算系统效能。最后，将可用性向量式、可信度矩阵和能力矩阵式代入效能计算公式，就可得到系统的效能指数。

第四节 应急指挥效能评估实例分析

一、案例介绍

1. 基本情况

某地 8 月 8 日 21 时 19 分 46 秒发生 7 级地震，地震波及周边多个省市，地震发生后，引发泥石流灾害。根据移动人口大数据分析，震中 20km 范围内人口约 3 万人，50km 范围内人口约 8 万人。地震发生后，共造成 29 人死亡，1 人失踪，525 人受伤，216579 人（包括大量游客）受灾，12 个乡镇 130 个村社不同程度受灾，城乡住房不同程度受损，交通、通信、市政、学校、医院、工业园区等基础设施和公共服务设施也受到不同程度的损坏，给人员搜救和转移以及应急物资调度带来极大困难。

2. 应急救援

地震发生后，当地政府第一时间按预案成立抗震救灾指挥部和启动一级应急响应，同时启动跨区域应急指挥协调联动机制，驻地解放军、武警、社会组织等立即行动起来，由省委书记和省长任指挥长，其他分管其他相关工作的省级领导任副指挥长。一方面派出解放军、武警、消防、应急等多支救援突击力量从不同路线由地面向灾区开展救援，另一方面成立军地协同前线联合指挥体系，协调战区陆军航空兵某陆航旅，派出多架军用直升机在群众被困地点上方长时间反复搜寻，疏散安置好游客和受灾群众，最大限度减少人员伤亡。

二、评估步骤

1. 构建应急指挥效能评估指标体系

构建突发事件应急指挥效能评估指标体系是一项复杂的系统工程，必须遵循系统性、客观性、目的性、可比性、全面性以及可操作性的原则，确保指标体系符合评估内容的要求，全面准确地反映应急指挥效能。突发事件应急指挥效能由应急指挥机构能力、应急指挥信息系统性能和应急指挥行动效果三部分组成，按照图 8-2 构建此次地震效能评估指标体系。

（1）应急指挥机构能力评估指标　应急指挥机构能力评估指标，是针对应急指挥主体自身状况设计的，反映应急指挥主体基础能力的指标项目。应急指挥机构是应急指挥活动的发起者，也是实现应急指挥功能的核心要素。对应急指挥机构能力进行评估，应全面考察应急指挥过程的基本要素能力情况，其主要评估项目包括指挥机构的设置和编组。应急指挥机构的设置主要考察应急指挥机构根据应急处置行动需求，选择指挥机构的地点、时机和启动方式；指挥机构的编组包括人员编组、人员素质和职能划分三项，人员编组主要是考察指挥机构人员构成是否科学合理，职能划分是否有利于指挥功能的发挥。

（2）应急指挥信息系统评估指标　应急指挥信息系统是实施高效应急指挥活动的重要支撑，应急指挥信息系统性能评估指标，应是能反映应急指挥手段水平的综合性指标项目。指挥信息系统作为现代应急指挥活动的主要支撑手段，其性能高低在很大程度上决定了应急指挥活动的质量和效果。该指标通过对应急指挥信息系统的主要功能进行评价，反映其在指挥过程中的技术性能发挥情况，其评估内容主要包括应急指挥信息的获取、处理和传输。信息获取重点考察灾害现场各种信息的获取方式，以及信息的质量和时效；信息处理重点评估信息的自动化整理、鉴别、融合，以及生成应急处置信息产品的能力；信息传输则考察指挥信息系统的通信状况和传输效率。由于指挥信息系统性能可以由稳定运行时间、故障率、准确率等量化指标准确评价，因而具有较好的可测性和可操作性。

（3）应急指挥行动效果评估指标　应急指挥行动效果评估指标，主要反映应急指挥活动的动态特性，重点评估指挥活动过程所产生的指挥效果。该指标重点考察应急指挥过程中的主要指挥活动所产生的效果，并以此作为评价应急指挥行动整体效果的依据。评估内容主要包括制定应急行动计划、应急组织协同和应急行动控制三个基本环节。其中，制定应急行动计划是指挥行动的核心，也是效能评估的重点，应着重针对制定决策的程序是否规范、方法是否得当等加以评价。应急组织协同主要对参与应急救援的机构、部门和人员等进行调控，应急组织协同是调控应急处置行动的具体指挥行为，主要考察指挥员在实施指挥活动过程中所发出的应急指令、命令、指导等行为的时机和内容，以及相应产生的效果。应急行动控制主要对应急处置过程中所采取的处置方案和处置效率进行调控，也是应急指挥效能评估的重要事项。

2. 基于灰色层次分析法的应急指挥效能评估模型

灰色层次分析法是将层次分析理论与灰色理论有机结合，将层次分析法运用于构建系统效能评估对象的层次结构及指标权重，将灰色理论中灰数和白化权函数用于计算综合评估值，该方法适用于评估具有显著递阶层次结构且指标量化难度较大的评估对象，在军队作战指挥、突发事件应急指挥等领域得到了较为广泛的应用。根据上述构建的地震应急指挥效能递阶层次结构评估指标体系，需对上述一级指标、二级指标及三级指标做以下假设，如表 8-10 所示。

表 8-10 地震应急指挥效能评估指标集合

指标等级划分	指标集合构成
一级指标集合	$U=\{U_1, U_2, \cdots, U_i\}$, $i=1, 2, \cdots, m$
一级指标的权重集合	$V=\{V_1, V_2, \cdots, V_i\}$, $i=1, 2, \cdots, m$
二级指标集合	$U_i=\{U_{i1}, U_{i2}, \cdots, U_{ij}\}$, $j=1, 2, \cdots, n$
二级指标的权重集合	$V_i=\{V_{i1}, V_{i2}, \cdots, V_{ij}\}$, $j=1, 2, \cdots, n$
三级指标集合	$U_{ij}=\{U_{ij1}, U_{ij2}, \cdots, U_{ijk}\}$, $k=1, 2, \cdots, p$
三级指标的权重集合	$V_{ij}=\{V_{ij1}, V_{ij2}, \cdots, V_{ijk}\}$, $k=1, 2, \cdots, p$

评估指标体系明确了各指标之间的隶属关系，但同一层级的指标相对于上一层级指标的影响程度仍需要运用科学的方法加以确定。由于应急指挥效能评估指标体系的递进层次显著，可用层次分析法计算各指标要素的权重值。这里运用层次分析法解决指标权重的分配问题，采用一般做法，即利用 1~9 级标度法，对同一层级指标要素的重要程度进行两两对比和评分，根据所得分值构造相应的判断矩阵。并对判断矩阵进行一致性检验。不满足一致性要求则需要进行重新构造判断矩阵，直到能够满足一致性要求。

突发事件应急指挥效能评估指标既有定性指标，也有定量指标，所有指标直接进行量化较为困难，因此需要将部分定性指标转化为定量指标进行处理。制定评分等级的方法可以有效地进行定性指标定量化处理。根据作战指挥效能评估标准，设定四个评分等级，每个等级对应一个区间范围，如表 8-11 所示。

表 8-11 评分等级标准

分值	$0<g\leqslant2$	$2<g\leqslant4$	$4<g\leqslant6$	$6<g\leqslant8$
等级	差	中等	良好	优

选中从事突发事件应急指挥研究的 5 位专家对评估项目进行评分，设第 s（s=1, 2, 3, 4, 5）位专家给评估指标 U_{ijk} 的评分为 d_{ijks}，依次得到每位专家的评分，可得专家组的评分矩阵

$$\boldsymbol{D}_{ij} = \begin{pmatrix} d_{ij11} & d_{ij12} & \cdots & d_{ij1p} \\ d_{ij21} & d_{ij22} & \cdots & d_{ij2p} \\ \vdots & \vdots & & \vdots \\ d_{ijk1} & \cdots & & d_{ijkp} \end{pmatrix}$$

（1）确定评估灰类　根据表 8-11 中的专家评分标准等级划分，共设定 4 个评估灰类，即 e=1，2，3，4，对应的白化权函数如下。

第 1 类 "优"（e=1），设定灰数 $\oplus 1 \in [9,\ \infty]$，其白化权函数为

$$f_1(d_{ijk}) = \begin{cases} \dfrac{d_{ijk}}{9}, & d_{ijk} \in [0,\ 9] \\ 1, & d_{ijk} \in [9,\ \infty) \\ 0, & d_{ijk} \in (-\infty,\ 0] \end{cases} \tag{8-2}$$

第 2 类 "良"（e=2），设定灰数 $\oplus 2 \in [0,\ 8,\ 16]$，其白化权函数为

$$f_2(d_{ijk}) = \begin{cases} \dfrac{d_{ijk}}{8}, & d_{ijk} \in [0,\ 8] \\ 2 - \left(\dfrac{d_{ijk}}{8}\right), & d_{ijk} \in [8,\ 16] \\ 0, & d_{ijk} \notin (0,\ 16] \end{cases} \tag{8-3}$$

第 3 类 "中等"（e=3），设定灰数 $\oplus 3 \in [0,\ 6,\ 12]$，其白化权函数为

$$f_2(d_{ijk}) = \begin{cases} \dfrac{d_{ijk}}{6}, & d_{ijk} \in [0,\ 6] \\ 2 - \left(\dfrac{d_{ijk}}{6}\right), & d_{ijk} \in [6,\ 12] \\ 0, & d_{ijk} \notin (0,\ 12] \end{cases} \tag{8-4}$$

第 4 类 "差"（e=4），设定灰数 $\oplus 4 \in [0,\ 1,\ 5]$，其白化权函数为

$$f_3(d_{ijk}) = \begin{cases} 1, & d_{ijk} \in [0,\ 1] \\ \dfrac{(5 - d_{ijk})}{4}, & d_{ijk} \in ([1,\ 5] \\ 0, & d_{ijk} \notin (5,\ \infty) \end{cases} \tag{8-5}$$

根据灰数及其对应的白化函数，计算各评价指标评估灰类的灰色评估系数，可得到总灰色评估系数 x_{ijk}（g 为评估灰类个数）为

$$\begin{cases} x_{ijke} = \displaystyle\sum_{s=1}^{p} f_e(d_{ijks}) \\ x_{ijke} = \displaystyle\sum_{e=1}^{g} x_{ijke} \end{cases} \tag{8-6}$$

则第 e 个灰类的灰色评估权值 r_{ijke} 通过下式计算得到

$$r_{ijke} = \frac{x_{ijke}}{x_{ijk}} = \frac{\sum\limits_{s=1}^{p} f_e(d_{ijks})}{\sum\limits_{e=1}^{g} x_{ijke}} \qquad (8\text{-}7)$$

（2）设定评估指标 U_{ij} 各灰色评估权重向量 $\boldsymbol{R}_{ijk}=(r_{ijk1}, r_{ijk2}, \cdots, r_{ijkg})$，则指标 U_{ij} 的灰色权值矩阵为

$$\boldsymbol{R}_{ij}=[\boldsymbol{R}_{ij1}, \boldsymbol{R}_{ij2}, \cdots, \boldsymbol{R}_{ijk}]^{\mathrm{T}}$$

三级指标 U_{ij} 的综合评价结果为

$$\boldsymbol{B}_{ij}=\boldsymbol{A}_{ij}\times\boldsymbol{R}_{ij} \qquad (8\text{-}8)$$

二级指标 U_i 的综合评价结果可根据三级指标综合评价结果得到对应的灰色评估加权矩阵 $\boldsymbol{R}_j=[\boldsymbol{B}_{i1}, \boldsymbol{B}_{i2}, \cdots, \boldsymbol{B}_{in}]^{\mathrm{T}}$，二级指标的综合评价结果为

$$\boldsymbol{B}_i=\boldsymbol{A}_i\times\boldsymbol{R}_i \qquad (8\text{-}9)$$

同理，根据二级指标综合评价结果，可计算得到一级指标 U 的灰色评估加权矩阵 $\boldsymbol{R}=[\boldsymbol{B}_1, \boldsymbol{B}_2, \cdots, \boldsymbol{B}_n]^{\mathrm{T}}$，一级指标的综合评价结果为

$$\boldsymbol{B}=\boldsymbol{A}\times\boldsymbol{R} \qquad (8\text{-}10)$$

将各灰类等级按白化值进行赋值，将各评估灰类等级值设定为 d_t ($t=1$, 2, $\cdots$, g)，则评估灰类等级值向量为

$$\boldsymbol{D}=(d_1, d_2, \cdots, d_g)$$

应急指挥效能评估的综合评价值为

$$W=\boldsymbol{B}\times\boldsymbol{D}^{\mathrm{T}} \qquad (8\text{-}11)$$

3. 评估指标评分及分级标准

根据此次地震应急指挥实际情况，利用已经建立的地震应急指挥效能评估指标体系和指标分级标准，组织 5 位应急救援领域内专家对此次地震应急指挥效能的实际发挥情况进行具体评分。

（1）应急指挥机构能力

① 指挥机构的设置。指挥机构的设置是地震发生以后，应急指挥体系的核心构成要素，对后续应急救援行动的高效开展至关重要。本案例中，按预案启动应急指挥机构，影响指挥机构设置的因素主要包括指挥机构的设置地点、指挥机构的启动时机和启动方式，专家对三个指标要素的打分分别为（8，7，8，5，6）、（7，5，7，6，8）、（6，5，8，6，7）。

② 指挥机构的编组。指挥机构的编组是指挥机构成立以后，指挥部根据现场应急处置需要成立的任务分组，指挥机构的分组与突发事件的发展阶段、应急

救援需要以及可供使用的应急资源等密切相关,影响指挥机构分组效能的因素包括机构编组、人员素质和职能划分,专家打分为（7，7，7，6，8）、（6，8，7，6，7）、（8，5，6，6，7）。

（2）应急指挥信息系统

① 指挥信息的获取。指挥信息的获取主要考察指挥员对于侦察方法或工具的选择和运用,具体来说包括信息获取的方式和信息获取的质量。此次地震规模较大,短时间内需要获取的信息众多,例如伤亡人员分布、建筑倒塌情况、受灾面积等,需要利用的工具有遥感、无人机、卫星等。据此专家对两个关键要素的打分分别为（5，6，4，7，4）、（4，6，5，6，4）。

② 指挥信息的处理。指挥信息处理主要考察指挥员或指挥机构对海量信息的分析处理能力,包括海量数据的分析以及现场态势融合。此次地震波及的范围比较广,信息搜集的手段较多,灾害救援经验反馈,指挥员及指挥机构对灾害信息的分类和整理能力一般,没有很好在规定的时间内搜集到需要搜集的关键信息,据此专家对两个要素的打分分别为（5，3，4，4，3）、（4，3，3，4，2）。

③ 指挥信息的传输。信息传递主要考察指挥员在搜集并处理全部灾情信息后,运用各种通信工具或指挥决策系统将指挥信息传递到各个层级指挥员或下一层级指挥部的能力,此次地震救援中指挥员信息的传递能够做到及时迅速、方法多样、连续不中断,据此专家对两个要素的打分分别为（5，5，6，4，3）、（4，4，6，5，4）。

（3）应急指挥行动效果

① 制定行动计划。制定行动计划主要考察指挥员及指挥机关按照确定的行动目标对不同救援阶段、主要救援任务方向、救援策略和方法、救援力量及应急资源的使用等进行设想,提出方案轮廓,进而再进行运筹谋划,细化和完善构想的能力。地震发生后,现场救援任务繁重而紧迫,指挥员及指挥机关制定行动计划虽然受到一定干扰,但总体上能够根据现场救援需要和预案及时进行调整,分别在地震发生的前 2h 和 8h 等不同阶段,制定了相对合理的行动计划。据此,五位专家的打分分别为（7，8，6，7，7）、（8，7，6，6，7）。

② 应急组织协同。应急组织协同是重大灾害发生后,指挥部对参与现场应急救援的机构、部门和人员等的协同调配,以最优化应急救援力量和资源。此次地震发生后,尽管现场需要组织协同的部门较多,但指挥部总体上能够根据任务需要对参与应急救援的国家综合性消防救援队伍、军队抢险突击力量、社会组织的救援力量等进行高效协同,在人员搜救、救援抢险等优先事项发挥效用显著。据此五位专家的打分分别为（6，7，8，8，7）、（7，7，6，7，8）。

③ 应急行动控制。对应急行动控制进行评估主要考察的是针对灾情态势,是否采取了正确的处置方法和处置的效率,以及是否根据现场情况调整应急救援策略,具体来说包括对现场态势的研判,应急救援力量、装备以及应急救援资

源的部署和调度，抢救伤员的数量及时间等要素。就本次地震应急救援来说，既有大量受伤人员需要抢救和补充应急救援物资，也有遭到破坏的工业装置发生火灾和泄漏需要第一时间堵漏灭火，采取的战术方法较为合适行动时机把握较好，限于前期侦察手段和人力资源的限制，指挥部在应急行动控制方面表现一般。据此五位专家的打分分别为（5，4，5，6，4）、（5，4，3，3，4）。

表 8-12 为根据上述分析获得的专家评分等级标准，据此可以列出各级指标的评价样本矩阵。

$$\boldsymbol{D}_{11} = \begin{bmatrix} 8 & 7 & 8 & 5 & 6 \\ 7 & 5 & 7 & 6 & 8 \\ 6 & 5 & 8 & 6 & 7 \end{bmatrix}, \quad \boldsymbol{D}_{12} = \begin{bmatrix} 7 & 7 & 7 & 6 & 8 \\ 6 & 8 & 7 & 6 & 7 \\ 8 & 5 & 6 & 6 & 7 \end{bmatrix}$$

$$\boldsymbol{D}_{21} = \begin{bmatrix} 5 & 6 & 4 & 7 & 4 \\ 4 & 6 & 5 & 6 & 4 \end{bmatrix}, \quad \boldsymbol{D}_{22} = \begin{bmatrix} 5 & 3 & 4 & 4 & 3 \\ 4 & 3 & 3 & 4 & 2 \end{bmatrix}, \quad \boldsymbol{D}_{23} = \begin{bmatrix} 5 & 5 & 6 & 4 & 3 \\ 4 & 4 & 6 & 5 & 4 \end{bmatrix}$$

$$\boldsymbol{D}_{31} = \begin{bmatrix} 7 & 8 & 6 & 7 & 7 \\ 8 & 7 & 6 & 6 & 7 \end{bmatrix}, \quad \boldsymbol{D}_{32} = \begin{bmatrix} 6 & 7 & 8 & 8 & 7 \\ 7 & 7 & 6 & 7 & 8 \end{bmatrix}, \quad \boldsymbol{D}_{33} = \begin{bmatrix} 5 & 4 & 5 & 6 & 4 \\ 5 & 4 & 3 & 3 & 4 \end{bmatrix}$$

表 8-12 评分等级标准

一级指标	二级指标	三级指标	专家 1	专家 2	专家 3	专家 4	专家 5
U_1	U_{11}	U_{111}	8	7	8	5	6
		U_{112}	7	5	7	6	8
		U_{113}	6	5	8	6	7
	U_{12}	U_{121}	7	7	7	6	8
		U_{122}	6	8	7	6	7
		U_{123}	8	5	6	6	7
U_2	U_{21}	U_{211}	5	6	4	7	4
		U_{212}	4	6	5	6	4
	U_{22}	U_{221}	5	3	4	4	3
		U_{222}	4	3	3	4	2
	U_{23}	U_{231}	5	5	6	4	3
		U_{232}	4	4	6	5	4
U_3	U_{31}	U_{311}	7	8	6	7	7
		U_{312}	8	7	6	6	7
	U_{32}	U_{321}	6	7	8	8	7
		U_{322}	7	7	6	7	8
	U_{33}	U_{331}	5	4	5	6	4
		U_{332}	5	4	3	3	4

三、计算结果与分析

1. 计算灰色评估系数

按照上述给出的评估灰类等级和白化权函数表达式，评估指标的各灰类评估系数为

$$K=1 \qquad n_{11}^1 = \frac{8+7+8+5+6}{9} = 3.778$$

$$K=2 \qquad n_{12}^1 = \frac{8+7+8+5+6}{8} = 4.25$$

$$K=3 \qquad n_{13}^1 = 2-\frac{8}{6}+2-\frac{7}{6}+2-\frac{8}{6}+\frac{5}{6}+\frac{6}{6} = 4$$

$$K=4 \qquad n_{14}^1 = 0+0+0+0+0 = 0$$

则总评估系数为

$$n_1 = n_{11}^1 + n_{12}^1 + n_{13}^1 + n_{14}^1 = 3.778 + 4.25 + 4 + 0 = 12.028$$

2. 计算灰色评估判断矩阵

对于 D_1 中的指标进行矩阵分析，进行如下计算

$$R_1 = \frac{3.778}{12.028} = 0.314 \text{ , } R_2 = \frac{4.25}{12.028} = 0.353 \text{ , } R_3 = \frac{4}{12.028} = 0.333 \text{ , } R_4 = 0$$

同理，由上述介绍的步骤方法可得对应于 D_1、D_2、D_3、D_4 灰色评估权矩阵 $\boldsymbol{R}_{11}$、$\boldsymbol{R}_{12}$、$\boldsymbol{R}_{21}$、$\boldsymbol{R}_{22}$、$\boldsymbol{R}_{23}$、$\boldsymbol{R}_{31}$、$\boldsymbol{R}_{32}$、$\boldsymbol{R}_{33}$

$$\boldsymbol{R}_{11} = \begin{bmatrix} 0.314 & 0.353 & 0.333 & 0 \\ 0.307 & 0.345 & 0.348 & 0 \\ 0.299 & 0.336 & 0.364 & 0 \end{bmatrix}$$

$$\boldsymbol{R}_{12} = \begin{bmatrix} 0.313 & 0.352 & 0.335 & 0 \\ 0.306 & 0.344 & 0.351 & 0 \\ 0.340 & 0.360 & 0.390 & 0 \end{bmatrix}$$

$$\boldsymbol{R}_{21} = \begin{bmatrix} 0.278 & 0.313 & 0.385 & 0.024 \\ 0.263 & 0.296 & 0.394 & 0.047 \end{bmatrix}$$

$$\boldsymbol{R}_{22} = \begin{bmatrix} 0.231 & 0.259 & 0.346 & 0.164 \\ 0.204 & 0.230 & 0.307 & 0.259 \end{bmatrix}$$

$$R_{23} = \begin{bmatrix} 0.256 & 0.287 & 0.383 & 0.075 \\ 0.256 & 0.287 & 0.383 & 0.075 \end{bmatrix}$$

$$R_{31} = \begin{bmatrix} 0.313 & 0.352 & 0.335 & 0 \\ 0.306 & 0.344 & 0.351 & 0 \end{bmatrix}$$

$$R_{32} = \begin{bmatrix} 0.320 & 0.360 & 0.320 & 0 \\ 0.313 & 0.352 & 0.335 & 0 \end{bmatrix}$$

$$R_{33} = \begin{bmatrix} 0.265 & 0.298 & 0.413 & 0.025 \\ 0.237 & 0.267 & 0.356 & 0.141 \end{bmatrix}$$

3. 对指挥效能指标进行综合评价

设各评估灰类等级值向量为 $D = [0.9, 0.7, 0.5, 0.3]$，对应评价等级分别为"优""良好""中等""较差"，应用上述公式对矩阵 R_{11}、R_{12}、R_{21}、R_{22}、R_{23}、R_{31}、R_{32}、R_{33} 进行数据处理，可以得到总灰色评估矩阵 R。

$$R = \begin{bmatrix} 0.312 & 0.284 & 0.314 & 0.053 \\ 0.356 & 0.321 & 0.327 & 0.069 \\ 0.312 & 0.329 & 0.326 & 0.011 \\ 0.272 & 0.313 & 0.276 & 0.121 \end{bmatrix}$$

通过计算得到最终指标权重向量为

$$A = [0.241 \quad 0.268 \quad 0.361 \quad 0.07]$$

4. 计算效能综合评估值

最后通过归一化的方法处理，设各评估灰类等级值向量为 $D = [0.9, 0.7, 0.5, 0.3]$，对应级别为优、良、中、差，被评应急指挥效能的综合评价值为

$$W = BD^T = \begin{bmatrix} \dfrac{0.241}{0.940} & \dfrac{0.268}{0.940} & \dfrac{0.361}{0.940} & \dfrac{0.07}{0.940} \end{bmatrix} \times [0.9 \quad 0.7 \quad 0.5 \quad 0.3]^T = 0.644$$

5. 应急指挥效能等级划分

根据计算结果得到此次地震应急指挥效能评估数值，将应急指挥效能等级划分为三个等级，组成评语集：{A级，应急指挥效能好；B级，应急指挥效能较好；C级，应急指挥效能一般；D级，应急指挥效能差}，对应的得分区间分别为：0.9~1.0、0.7~0.9、0.5~0.7、0.5 以下，如表 8-13 所示。因此，本地地震应急指挥效能评估得分为 0.644，应急指挥效能等级为 C，应急指挥效能一般。

表 8-13   评估结果与应急指挥效能等级关系表

应急指挥效能等级	应急指挥效能水平	对应数值
A	应急指挥效能好	0.9~1.0
B	应急指挥效能较好	0.7~0.9
C	应急指挥效能一般	0.5~0.7
D	应急指挥效能差	0~0.5

6. 指挥效能提升建议

由于此次地震波及范围广，破坏程度大，地震救援初期，信息采集和通信受到较大程度影响，是影响此次地震指挥效能的主要因素。其次，由于事件初期参与救援的部门和力量较多，现场指挥部的成立速度较慢，是影响此次地震应急指挥效能的次要因素。因此，提升此次地震应急指挥效能应从现场信息采集及通信保障、应急指挥体系构建两个方面进行改进。

参 考 文 献

［1］ 钟开斌. 应急决策：理论与案例［M］. 北京：社会科学文献出版社，2014.

［2］ 商靠定. 灭火救援典型案例研究［M］. 北京：中国人民公安大学出版社，2012.

［3］ 商靠定，夏登友，贾定夺，等. 灭火救援指挥［M］. 北京：中国人民公安大学出版社，2015.

［4］ 郭铁男，李世雄，杨隽，等. 中国消防手册［M］. 上海：上海科学技术出版社，2006.

［5］ 袁文先. 军队指挥学新领域［M］. 北京：国防大学出版社，2008.

［6］ 任海泉. 军队指挥学［M］. 北京：国防大学出版社，2007.

［7］ 方文林. 应急指挥与处置［M］. 北京：中国石化出版社，2018.

［8］ 沙勇忠，牛春华. 信息分析［M］. 北京：科学出版社，2016.

［9］ 姚乐野，胡康林. 2000-2016 年国外突发事件的应急信息管理研究进展［J］. 图书情报工作，2016，60
（23）：6-15.

［10］ 熊卫平. 危机管理：理论. 实务. 案例［M］. 杭州：浙江大学出版社，2012.

［11］ 王占军，刘海霞. 公共安全管理［M］. 北京：群众出版社，2011.

［12］ 李雪峰. 应急管理通论［M］. 北京：中国人民大学出版社，2018.

［13］ 王宏伟. 公共危机与应急管理原理与案例［M］. 北京：中国人民大学出版社，2015.

［14］ 宋劲松. 突发事件应急指挥［M］. 北京：中国经济出版社，2011.

［15］ 薛澜，彭宗超，钟开斌，等. 中国公共卫生应急指挥体系探析［J］. 中国工程科学，2021，23（5）：1-8.

［16］ 赵广超，舒伟勇，张永亮，等. 军地联动应急指挥问题分析与故障模型［J］. 指挥控制与仿真，2018，
40（6）：33-38.

［17］ 钟开斌. 国家应急指挥体制的"变"与"不变"——基于"非典"、甲流感、新冠肺炎疫情的案例比较研
究［J］. 行政法学研究，2020（3）：11-23.

［18］ 史越东. 指挥决策学［M］. 北京：中国人民解放军出版社，2005.

［19］ 毕长剑，董冬梅，张双建，等. 作战模拟训练效能评估［M］. 北京：国防工业出版社，2014.

［20］ 张杰，唐宏，苏凯，等. 效能评估方法研究［M］. 北京：国防工业出版社，2009.

［21］ 李建勋. 系统效能评估方法与应用［M］. 北京：国防工业出版社，2022.

［22］ 杜维民. 应急决策学［M］. 北京：中共中央党校出版社，2007.

［23］ 李宁，陈晖. 基于灰色层次分析法的作战指挥效能评估［J］. 兵器装备工程学报，2017，38（5）：22-30.

［24］ 方国华，黄显峰. 多目标决策理论、方法及其应用［M］. 北京：科学出版社，2011.

［25］ 张照贵，鲁万波. 管理决策模型、方法与应用［M］. 成都：西南财经大学出版社，2006.

［26］ 王婵，刘志强. 中国卫生应急指挥体系的组织架构与运行机制研究［J］. 高原科学研究，2021，5（4）：
118-124.

［27］ 王国华，梁樑. 决策理论与方法［M］. 合肥：中国科学技术大学出版社，2014.

［28］ 郭景涛. 城市群重大公共安全事件应急指挥协同研究［D］. 武汉：华中科技大学，2016.

［29］ 李建华，黄郑华. 灾害现场应急指挥决策［M］. 北京：中国人民公安大学出版社，2011.

［30］ 王长江，夏登友，任少云，等. 消防参谋业务［M］. 北京：中国人民公安大学出版社，2015.

［31］ 李华成. 军队抢险救灾行动组织指挥问题研究［J］. 中国应急救援，2021（05）：4-7.

［32］ 李辉，张玲，王龙. 应急警务保障［M］. 北京：中国人民公安大学出版社，2018.

［33］ 缪燕子. D-S证据理论融合技术及其应用［M］. 北京：电子工业出版社，2013.

［34］ 侯士田. 再论警务实战行动决策风险的控制［J］. 北京警察学院学报，2016（1）：98-103.

［35］ 侯士田. 警务实战指挥决策学-对抗决策理论与实务研究［M］. 北京：中国人民公安大学出版社，2016.

［36］ 吴昊. 基于D-S证据理论的专家偏好型地震应急救援群决策研究［D］. 武汉：武汉理工大学，2020.

［37］ 刘娇，王雷. 应急决策、指挥与处置［M］. 北京：中国人民公安大学出版社，2016.